혁신학교가 제시하는 진로·진학 비결

일반고 리모델링
혁신고가
정답이다

혁신학교가 제시하는 진로 · 진학 비결

일반고 리모델링
혁신고가
정답이다

김인호 · 오안근 지음

맘에드림

일반고 리모델링
혁신고가 정답이다

발행일	2014년 11월 28일 초판 1쇄 발행
	2016년 10년 28일 초판 3쇄 발행
지은이	김인호, 오안근
발행인	방득일
편 집	신윤철
디자인	강수경
마케팅	김지훈

발행처	맘에드림
주 소	서울시 도봉구 노해로 379 대성빌딩 902호
전 화	02-2269-0425
팩 스	02-2269-0426
e-mail	nurio1@naver.com

ISBN 978-89-97206-24-7 03320

가끔은 혁신을 추구하다 실수할 때도 있습니다.
하지만 빨리 인정하고 다른 혁신을 개선해 나가는 것이 최선입니다.
- 스티브 잡스 -

저자의 말

이 책의 공동 저자는 2001년 양재고등학교에서 처음 만났다. 그리고 9년 후 인헌고등학교에서 다시 만나 4년을 함께 지냈다. 참좋은 인연이다. 우리는 그동안 함께 실크로드, 장강 유역, 바이칼호수 등 산과 들로 여행을 다니면서 교육의 이상과 실천 방법에 대해 토론했다. 우리는 함께 학교운영위원회 교원위원을 하면서학교 민주주의가 싹트는 모습을 지켜보았고, 권위주의적 관행이사라지면 무언가 함께할 일이 있을 것이라고 다짐도 해보았다. 그러던 우리가 2010년 인헌고에서 다시 만난 것은 운명이었다.

우린 함께 하지 못했다면 혁신의 이상을 실천하지 못했을 것이다. 기존의 일반고를 혁신학교로 바꾸는 일은 어려웠다. 시스템을변화시키는 가운데 적지 않은 진통이 뒤따랐다. 어떤 이는 교무혁신부장(오안근)이 '전횡'을 부린다고 생각했고, 다른 어떤 이는 3학년부장(김인호)이 입학사정관제로 '혹세무민'한다고 성토했다. 우리는 인헌고에 와서 조용히 쉬려는 교사들을 쉬지 못하게 했고, 자기 일에만 충실하던 교사들의 심장에 불을 지폈다. 그것은 순전히 우리 잘못이다. 하지만 욕먹지 않고 할 수 있는 일이 어디에 있단 말인가? 변화의 소용돌이 속에 들어가자면 그런 과정을 거쳐야 했다. 언제나 개혁하는 자에게는 시련이 닥치고, 무한 책임이 뒤따랐다.

이 책은 우리의 이상을 담았다. 우리는 혁신학교 이념의 원형질이 무엇인지 정리하고 싶었고 일반고가 되살아날 방법을 세상 사람들에게 보여주고 싶었다. 확신을 가지고 추진하더라도 때때로 막막해져 길을 잃곤 했다. 사실상 우리가 서로 힘을 합하지 못했다면 제풀에 주저앉거나 중도에 포기했을 것이다. 우리는 여러 스트레스와 사고로 병원에 입원하거나 수술을 받기도 했다. 하지만 우리는 서로 위로하며 끝까지 함께 갔다. 우리의 자발성을 가지고 학교에서 뭔가를 이뤄낼 수 있는 처음이자 마지막 기회였기 때문이다. 우리는 '내 아이가 다닐 만한 학교'를 만들고 싶었다. 우리가 아이들을 가르치는 학교가 즐겁고 행복한 공동체라는 것을 확인하고 싶었다. 그래야 30년 교육자의 길이 억울하지 않을 것 같았다.

혁신학교를 만들기 위해서 많은 사람들이 힘을 합쳤다. 우리가 인헌고에서 교직을 하는 동안 교장 선생님 한 분은 명예퇴직으로 교단을 떠났다. 그분이 없었다면 이런 운동을 시작하지 못했을 것이다. 새로 오신 교장 선생님은 의욕이 넘치는 교사들 때문에 변화의 한복판에서 몹시 혼란스러워했지만, 그 교사들의 섣부른 열정을 생산적인 에너지로 탈바꿈시켰다. 수많은 회의를 하며 때로는 감정이 상하기도 했을 부장 교사들은 학교의 중심이 되어 변화된 시스템을 이끌어갔다. 한 교무실을 쓰는 학년부의 담임교사들은 아이들을 지도하고 그것을 학생부에 기록하면서 우리 모두가 시도하는 진로·진학 혁신운동에 탄력을 불어넣었다.

이 책의 1, 3, 6, 8, 10장과 에필로그는 주로 김인호가 썼고 2, 4, 5, 7, 9장은 주로 오안근이 썼다. 하지만 '주로'라는 말이 무색할 정도로 각 장에서 진로와 입시에 관련된 부분을 김인호가 첨언했다면, 교무 업무와 시스템을 구축하는 일에 관해서는 오안근이 보완했다. 우리는 서로 덧붙여 쓰기를 반복하면서 4년간의 기억을 되살려냈고 서로의 이념을 점검했다. 그렇기 때문에 전체 내용에서 책임질 부분이 있다면 그것은 전적으로 두 사람 공동의 몫이다. 그런데 1인칭 화자 '나'가 뒤섞여 사용되어 누가 썼는지 잘 구분되지 않을 경우도 있을 것이다. 독자 여러분께서 넓은 마음으로 헤아려 주시기 바란다.

이 책이 혁신학교를 만들려고 꿈꾸는 교사들에게 희망을 주고, 일반고에서도 얼마든지 학교 변화를 이끌어낼 수 있다는 자신감을 심어주기를 바란다. 적어도 어떤 방식으로 준비하고, 어떤 각오로 변화에 대응하고, 진로·진학 혁신의 길은 어떻게 잡아나가야 입시에서 성과를 거둘 수 있는지, 특히 교사나 학부모는 특목고나 자사고가 전유한 비밀이 무엇인지 여기서 다 알아내기 바란다. 사실상 이 책은 학부모들에게 혁신학교를 소개하고, 일반고에 다니는 자녀들을 대학에 보내기 위해 고등학교에서 어떤 교육과 활동이 있어야 하는지 알려주고자 한다.

이 책을 인헌고에서 혁신학교를 함께 이룬 교사들에게 바친다. 그들과 힘을 합하지 못했다면, 현재의 인헌고는 없을 것이다. 우리는 폐교 위기의 학교를 구해내기 위해 수업을 바꾸고 활동을 늘리고 열정을 쏟았다. 여기에 교사들의 갈등상황을 그대로 보여준 것은 그것이 변화를 추구하는 과정에서 나타나는 필연적인 현상일 뿐만 아니라, 갈등에 빠지거나 맞서면서 극복한 것들을 미리 체험해 시행착오를 줄일 수 있다고 생각했기 때문이다. 교육청의 '혁신학교' 정책이 없었다면 혁신을 꿈꾸지도 못했을 것이다. 교사 말년에 자발성을 가지고 뭔가를 도모해 볼 수 있도록 해준 '시대'의 소명에 감사한다. 우리 모두 변화의 주역이 되어 일반고를 회생시키고 혁신학교를 꽃 피우며, 학생과 교사, 학부모까지 함께 어우러진 교육공동체를 이루어내길 소망한다. 끝으로, 『진짜 공부』를 출간할 때 작은 역할을 한 것에서 시작된 방득일 대표, 신윤철 주간과의 인연이 이 책을 만들게 했다. '맘에드림' 출판사의 무궁한 발전을 기원한다.

혁신은 진화한다!

10월 중순 관악산 기슭에서

김인호, 오안근

차 례

일반고 리모델링 혁신고가 정답이다

1장

일반고,
왜 혁신이
필요한가?

1. 슬럼화되는 일반고

　전국의 1,520개 일반고는 모두 위기에 처해 있다. 특수목적고 등학교(이하 '특목고')는 차치한다 하더라도, 서울에 25개 자사고가 생기고, 30%~60%의 중학교 졸업생들이 특성화고등학교(이하 '특성화고')로 몰리고, 고교 선택제도를 통해 성적 우수 학생들이 강남구와 서초구의 학교로 빠져나가면서 일반고는 더욱 심한 위기를 겪고 있다. 과학고와 외국어고만으로도 40여 년 전의 명문고 숫자를 훨씬 상회하건만, 서울의 자사고도 70~100위권의 고교 서열화에 편승하고자 안간힘을 쓰면서, 이제 일반고를 짓밟고 자기들만 꿈꾸는 세상을 만들고자 한다. 고교 정상화를 토대부터 무너뜨린 상태에서 자기들만의 자구책을 찾으려는 것이다. 그러면서, 너희들도 남의 탓 하지 말고 자기 길을 가라고 조롱한다.

일반고 현실을 보자. 학교는 이미 위탁소를 넘어서 슬럼화되었다. 심하게 말해 부랑자 집단이 되었다. 학생들은 공부하지 않을 뿐만 아니라 교사를 희롱한다. 그마저도 귀찮으면 점심시간이 되어서야 학교에 나와 어슬렁거리다가 집에 가는 경우도 적지 않다. 서울의 일반고 남학생 교실에 들어가는 교사의 경험에 비추어 보면 그렇다. 일반고는 성적이 우수한 학생을 과학고, 외국어고, 국제고, 자사고, 마이스터고, 일부 특성화고, 그리고 고교 선택 과정에서 강남 8학군 고등학교 등에 다 빼앗긴다.[1] 일반고 한 학급(남학생 학급)에 중학교 성적 누적분포 비율에서 상위 50% 이내의 학생은 5~6명에 불과하다. 그들 중에서도 몇 명은 입학식을 치른 3월이 지나기 전에 정원이 미달된 자사고로 빠져나간다. 일반고의 가장 중요한 목표 가운데 하나가 아이들을 대학에 보내는 것인데, 중학교 성적 누적분포 비율에서 상위 80% 바깥에 위치하는 학생이 절반을 넘는 교실에서 교사가 할 일이 무엇이 있겠는가? 무슨 일을 도모하기에는 너무나 절망적이다. 차라리 일반고가 대학 보내는 곳이 아니라고 명시해야 할 정도다. 요즘 일반고 교사들의 절망은 여기서부터 시작된다.

신문 기사에서 마주하게 되는 일반고 붕괴 현상을 살펴보자. 그것은 이미 교육의 장이 아니라 부랑자들의 소굴이다. 이 현상을 단순히 교사의 탓으로 돌릴 수 있을까. 교실에서 뭔가 해보고자

---

1. '과학고', '외국어고', '국제고', '자사고'는 각각 초·중등교육법 시행령 상의 '과학계열 고등학교', '외국어계열 고등학교', '국제계열 고등학교', '자립형 사립고등학교'를 뜻하는 줄임말로 널리 쓰이는 표현이다.

하는 교사일수록 절망에 빠지는 일이 많다. 다음의 기사는 공교육 붕괴 현상을 잘 보여준다.

2012년 11월 8일 충남 천안시 동남구의 한 배수로에서 40대 남성의 시신이 발견됐다. 인근의 한 고등학교에서 근무하던 ㄱ교사였다. ㄱ교사는 전날 심한 두통으로 병원을 가겠다고 학교를 나선 후 행방불명됐다. 사인은 뇌출혈이었다. 병원으로 가던 길에 뇌출혈이 일어나 배수로에 추락했던 것이다. 지난 6월 13일 서울행정법원은 ㄱ교사의 죽음을 공무상 과로와 스트레스로 인한 것으로 판정했다.

(…) 학생들의 일탈은 도를 넘었다. 수업 시간에 절반 이상의 학생들이 수업에 참여하지 않았고, 수업 시간 도중에 나가는 경우도 많았다. 조회·종례 시간에 들어가면 학생들이 "담임 왔어?", "야! 잘가"라고 반말로 인사하는 것은 다반사였고, ㄱ교사가 거기에 대해 말투가 그것이 뭐냐고 지도하면 욕설을 하고 비아냥거리기도 했다. 학부모들의 협조도 없었다. 무단 지각, 무단결석, 무단 조퇴하는 학생들 때문에 학부모들과 통화를 하면서 지도를 요청하면 오히려 학부모들은 불만을 토로하며 거친 언행으로 대응했다. 동료 교사였던 박종건 교사는 ㄱ교사가 학생들을 안고 가려고 하다 보니까 스트레스가 더 심했다고 전했다. 박 교사는 "ㄱ교사가 학생들에게 잘하다 보니까 학생들도 학부모들도 더 심하게 대했다. ㄱ교사가 차라리 일부 학생들을 포기하고 '가지치기'를 했다면 좀 나았을 수도 있는데, 그걸 끌고 가려다 보니까 스트레스가

위낙 많이 쌓였던 것"이라고 말했다.[2]

ㄱ교사의 영전에 명복을 빈다. 공교육의 추락은 교사들을 절망에 빠뜨렸다. 심지어는 잘해보겠다는 의지를 가진 교사들이 위의 기사처럼 죽음에 이르기도 한다. 죽음을 피하는 방식에는 두 가지가 있다. 첫째, 월급만 받으면서 아이들과 타협하며 스트레스를 줄일 것. 둘째, 시스템을 고쳐서라도 그 아이들이 '학생'으로 돌아올 방법을 찾을 것. 당신은 어느 쪽을 택할 것인가?

아이들을 기존 방식대로 가르칠 수 없다. ㄱ교사는 아이들을 안고 가면서 가르쳐보려고 했기 때문에 더 절망하고 더 스트레스를 받았다. 순환으로 돌게 되어 'B급지' 일반고에 부임하게 되는 서울의 공립학교 교사들도 마찬가지다. 곧바로 위의 기사와 같은 현실과 마주치게 된다. 대다수 교사들은 자신의 역할을 찾지 못한 채 아이들과 타협하거나 냉소주의자가 되어 '가지치기'를 한다. 아이들을 지도하기보다는 적당히 시험에 나올 내용만 알려준 뒤에는 핸드폰을 가지고 놀거나 화장을 하더라도 모른 척하든지, 교권을 무시하거나 정당한 지시에 따르지 않는 아이들을 내보내는 것이다. 그런 가운데 학생 인권 조례가 확정되고, 해마다 한 차례씩 학생들의 교사평가가 진행된다. 그러니 '싹수가 없는' 아이들을 사무적으로 '가지치기'하거나 교실을 더 망가뜨리더라도 모른 척 방기하는 것이다.

---

2. 『경향신문』 2014. 7. 19.

이건 교육이 아니다. 결코 학교일 수 없다. 어떤 여교사가 수업 중에 돌아다니는 아이에게 출석부로 머리를 한 대 때렸다고 아이가 112로 신고해 경찰차가 달려온다. 수업 시간에 잠만 자는 덩치가 거대한 체육 특기자를 흔들어 깨웠다고, 그 아이가 키 작은 음악 교사를 신고하겠다고 담임교사를 찾아와 묻는다.

"선생님, 저 늙은 아줌마 112로 신고하는 방법 좀 알려주세요."

그래도 이 아이는 지금 당장 분노하고 있지만 조금만 달래주면 정신을 차릴 수 있는 순진한 아이다. 아이들에게 규칙과 예절을 강조하는 '학주'(학생주임)가 아이들의 교사평가에서 골탕을 먹는 일은 흔한 사례다. 문제아 몇 명의 지시에 따라 학급 전체 아이들이 교사평가 설문지에 1번을 찍어 특정 교사를 재교육(평균 평점 2.5 이하를 받은 교사는 재교육을 받음)받게 하는 일도 다반사다. 이제 교사가 아이들의 눈치를 보아야 하는 시대이고, 교실의 주인 자리를 힘센 부랑자가 차지한 것이다. 그래서 많은 교과 담당 교사들은 그 아이들의 잠을 깨우지 않도록 신경 쓴다. 어떤 교사는 그런 모욕감 때문에 학교를 그만둘 정도로(실제로 이것은 수많은 교사들이 명예퇴직을 하는 이유이다.) 대다수 일반고 교사는 자기 자신의 무기력에 한탄하며 환멸을 느낀다.

이런 상황에서 학교가 아이들에게 하는 역할은 무엇인가? 무엇을 가르치기보다 함께할 수 있는 무언가를 찾아내야 교사 자신의 존재 근거도 찾게 된다. 그러나 단 한 마디도 들을 준비가 되어 있지 않은, 세상을 분노와 조롱의 대상으로 생각하는 아이들만 교실에 가득 차 있다면, 정말 어떻게 해야 할까? 그들에게는 적어도 다른 방식의 교육이 필요하다. 그들에게 뭔가 주입식으로 가르치고자 하면 대뜸 부작용이 발생한다.

"○발, 맘대로 해!"

이 정도는 약과다. 아이들은 '○발'을 입에 달고 산다. 그런 태도를 나무라면, 어떤 아이는 교사 이름을 부르며 조롱하고, 심지어 욕설을 퍼부으며 나가 버린다. 여기서 합리성은 불필요한 것이 된다. 상식이 사라진 교실에서 교사가 할 일은 무엇인가? 적어도 기존의 교수법으로는 안 된다. 아이들을 때리거나 야단치기도 어렵다. 그렇다면 아이들과 어울리고 아이들이 수업에 참여할 수 있도록 동기를 부여하는 방법을 찾아야 한다.

일방적 독백보다 '대화'가 필요하다. 독백이 자기 사상을 강요하는 것이라면, 대화는 상대방을 인정하고 소통하는 행위이다. 탈근대주의는 독백을 넘어서 대화를 촉구한다. 그것은 근대성을 보완해, 과학과 합리성이라는 이름으로 자행된 횡포를 반성하며, 새로운 패러다임을 연다. 그 구조에서는 평면적인 것을 입체적인 것으로, 멈춘 것을 움직이는 것으로 바꾼다. 다시 말해 '고정된 진리'(독백)는 없고, 모든 것은 '움직이는 상태'(대화)에서 입체적으로 이루어진다. 그 맥락 속에서만 진실을 볼 수 있다. 이 입장에 따르면 세상에 진리(고정된 것)란 없다. 어떤 생명체의 종도 바뀌고,

심지어 우주조차 바뀐다. 어떤 관점, 어떤 이론을 택하느냐에 따라 인간마저도 다르게 정의할 수도 있다. 따라서 지금 우리를 절망하게 하는 아이들을 새롭게 볼 수 있는 인식의 전환이 필요하다.

누군가는 교사들이 뭘하고 있었느냐고 탓한다. 하지만 교사의 탓으로만 몰기에는 일반고를 슬럼화시킨 제도권의 책임이 너무 크다. 인문계 일반고 남학생의 교실을 들여다보면 한 교실에 대학 강의도 들을 만한 수준의 아이로부터, 영어와 수학 실력이 초등학교 4학년 수준에도 미치지 못하는 아이들이 공존한다. 그 아이들의 관심을 하나로 모으기란 참으로 어렵다. 수업 자체를 거부하는, 아니 그 필요성을 전혀 느끼지 못하는 아이들에게 뭔가 집중시켜야 하는데, 그럴라치면 대번에 아이들에게 핀잔을 받는다.

특목고와 자사고를 개설한 뒤 평등 교육의 벽은 무너졌다. 우리는 지금 '명문 대학' 서너 개만 인정받는, 지독한 학벌 중심 사회에 살고 있다. 심지어 대학 내부에서조차 어떤 입시 전형으로 대학에 들어왔느냐, 어느 고교 출신이냐 하는, 심화된 서열화가 진행되고 있다. 이제 승자 독식의 경쟁 교육에서 자기 테두리에 속하지 않는 모든 아이들을 배격하고 짓밟아야만 살아남는 세상이 된 것이다. 실제로 국제고, 과학고, 특목고, 자사고 등 100여 개 고교 서열이 이미 정해져 있고, 그 뒤로도 고교 선택제로 인해 200위권 안에 들어야 하는 서열화가 진행되고 있다. 그것은 도대체 누구를 위한 일인가? 누가 그것을 조장하는가?

자사고를 없앤다고 모든 일이 해결되지 않는다. 교육계에서도 시스템 정비가 필요하고, 교사들의 의식도 바뀌어야 한다. 물론 졸업하기 전부터 낙오자를 만들고 사회적 위화감을 심어주는 고교 서열화는 막아야 한다. 아무리 한 명의 빌 게이츠가 수백만 명을 먹여 살린다고 할지라도, 미리 수십만 명을 낙오시키는 그런 교육정책은 재앙이다. 빌 게이츠는 빌 게이츠대로 자기 역할을 다해야 하겠지만, 그것과 별개로 마이크로소프트와 같은 다국적기업에 저항해서 학교와 마을이 결합한 공동체, 진정한 삶을 찾는 자생적 공간을 만들려고 노력하는 아이들도 존재하게 해야 한다. 그리고 오바마와 같은 다문화 가정 출신도 좋은 대학에 들어갈 수 있는 제도가 마련되어야 그 사회에 희망이 있는 것이다.

일반고의 회생은 우리 사회의 희망과 관련이 있다. 소외된 계층이 희망을 가져야 사회가 건강해지고, 그럴 때 사회적 화해가 이루어진다. 현재 우리 사회는 계층의 불균형이 심화되고 하층 계급의 분노는 폭발 직전에 있다. 사회 구성원들은 서로 불신하고 무시하고 모욕을 준다. 생각이 다른 집단, 계층이 다른 집단, 지역이 다른 집단에서 그런 일이 벌어지고 있다. 서로 힘을 합해 일반고를 살릴 때 우리 사회의 불만이 상당 부분 해소되고 결국 사회 전체가 평화로워진다. 일반고 출신의 사회 진출을 도와야 진정한 국가 발전의 동력을 마련할 수 있는 것이다.

2. 인헌고의 소중한 경험이
널리 퍼지기를

교사라면 누구나 자기 학교가 잘되기 바란다. 다만 자신만은 찍히지 않고 무사하기 바란다. 상급자에게 '문제 교사'로 낙인찍히지 않고 편안하게 살자면 눈 감고 귀 닫고 3년을 지내라고 했던가. 그래서 '자발성'을 끌어내지 않는다. 그런데 '혁신'이란 누가 만들어주지 않는다. 교사 스스로 만들지 않으면 이내 사라지는 것이다. 별일 없이 지내려는 교사에게 그것은 귀찮은 일이다. 특히 교장이라는 지위는 뭔가를 하려는 자리가 아니라 '하지 않으려는' 자리라서, 아무 일도 하지 않은 채 무사히 정년을 마치려는 교장이 많은 것도 사실이다. 이런 교장들은 교사의 자발성을 싫어한다. 그것은 교사나 학생에게 불행한 사태이고, 나아가서 국가적으로도 큰 손해라 할 수 있다. 교장이든 교사든 누군가 일을 저질러야 한다. 학교를 위해 뭔가를 해보자는 말에는 누구도 반발하지 않지만, 정작 뭔가 해야 할 때에는 대부분 주춤거린다. 변화에 대한 공포감이 있다고나 할까. 그런데 그들을 끌어내지 않고 어찌 변화를 시도할 수 있겠는가.

인헌고에서 교사 몇 명이 결의를 했다.

"학교를 살려봅시다."

"우리도 뭔가 해봅시다."

"내 어린 아이를 보낼 학교를 한번 만들어봅시다."

일반고의 침몰 위기에서 누군가 나서야 했다. 교장이 동의했고, 몇몇 교사가 힘을 보탰다. 힘을 합해 새로운 방안을 찾아내야만 조금 더 교사 생활을 지속할 수 있을 것 같았기 때문이다. 그런데 일반고에서 교사가 학생과 학부모에게 신뢰를 받자면 대학 진학에서 좋은 성적을 거둬야만 했다. 대학만 잘 보내면 모든 것이 허용되는 나라였다. 그런데 그 아이들을 모두 대치동 학원에 보낼수 없었고, 논술을 시키고자 해도 주요 대학이 요구하는, 수능 최저 등급을 맞추지 못했다. 온 힘을 다해 야간 자율 학습을 시켜도 수능 성적은 좀처럼 올라가지 않았다. 그렇다면 어찌해야 하나?

한 교사가 입학사정관제가 대안이 될 수 있다고 말했다. 실제로 2010년 당시 대학에서 입학사정관제로 선발하는 학생 수를 늘렸다. 입학사정관제는 대학에서 뛰어난 인재를 얻기 위한 시대적 요구에서 비롯된 전형이지만, 일반고 현실에서 공교육 정상화를 도모해볼 만한 하나의 방법이 되었다. 그것은 '과정 중심'의 교육과정을 강조했다. 그 말대로 따른다면 아이들과 어울려 활기찬 학교를 만들면 아이들을 대학에 보낼 수 있었던 것이다. 과정 중심의 교육과정은 일부 대안학교에서 추구하는 교육 과정이었는데, 일반고에서도 그것을 따르고 교육과정을 제대로 운영한다면 거꾸로 대학을 잘 보낼 수 있다는 말이기도 했다. 교과 담당 교사들이 수업에서 발표나 토론, 그 밖의 다양한 수업 형태를 찾아내고, 그 수업에서 활약한 아이들의 성장하는 모습을 기록하는 것만으로도 대학에 보낼 수 있다면, 그건 얼마나 멋진 일인가?

나는 입학사정관 전형에 승부를 걸자고 주장했다. 그것만이 학교도 살리고, 아이들도 살릴 수 있다고 판단했다. 그렇게 해서 우리는 진로·진학 쪽에 초점을 맞춘 혁신학교를 해보기로 결의했다. 그것이 학생에게 기쁨을, 학교에 활기를, 교사에게 보람을 가져다주리라고 믿었다. 다시 말해 교사가 자발적으로 학교 혁신을 결의하면 아직도 아이들에게 희망을 심어줄 가능성이 많았다. 우리는 그 희망을 붙잡고 싶었다.

신설된 선사고나 삼각산고보다 1년 늦었지만, 우리는 기존 일반고 가운데 혁신학교로 지정된 첫 번째 학교가 되었다. 서울형 혁신학교란 특정한 시스템이나 룰이 있는 것이 아니었다. 그런 점이 더 매력적이었다. 교사들이 모여 자기가 원하는 모델을 만들면 되었다. 우리가 부족한 것은 선사고의 '생활 혁신', 대안학교인 이우

학교, 한가람고의 '교과교실제', 분당중앙고의 '야간 자율 학습 운영'에서 얼마든지 배워오면 되는 것이었다. 다만 그것이 우리의 현실에 맞아야 했다.

먼저 오픈스페이스(Open Space: 전교생 참여 대토론회)를 열어 아이들 스스로 자신들의 규칙을 만들게 했다. 여학생과 남학생이 어울리고, 선배와 후배가 뒤엉켜서 자신들의 규칙을 만들었다. 그런데 열심히 참여하는 아이들은 교사들보다 더 엄격한 규칙을 원했다. 그들 생각에도 학교가 이렇게 붕괴되어서는 안 된다고 판단하는 것 같았다. 반면에 학교생활에 적응하지 못하는 아이들은 체육관 바닥에서 뒹굴 뿐 자신의 의견을 내지 못했지만 그들조차 조별로 의견을 모을 때에는 학습 분위기를 망치는 아이들에게 학교가 엄격하게 대해야 한다고 주장했다. 그것은 신기한 일이었다. 부적응 아이들은 교실에서 터무니없는 짓을 했지만 자신이 다니는 학교가 좋은 학교가 되기를 바랐던 것이다. 그렇게 해서 '8조 법금'이라는 더 엄격한 규칙을 자신들의 힘으로 만들었다. 이제 그 규칙을 어긴 자는 벌을 받거나 학교를 떠나야 했다. 더욱 놀라운 일은 자신들이 만든 규칙에 따라 학교를 떠나게 되어도 그 아이도 학교에 대한 불만이 없었다. 그런 가운데 학교도 급속도로 변화되기 시작했다.

그간 공부할 기회를 얻지 못해 1학년 때 7등급에서 머물러 있던 아이가 2학년 때 몇 개 과목에서 1등급을 받는 놀라운 일이 벌어졌다. 그것은 발표 수업에서 인정받고 '경제'와 '국어' 과목의 토론 수업에서 칭찬을 받은 뒤 자신감을 얻게 된 것이지만 사실상 수업 혁신을 통해서 한 불행한 영혼을 구한 결과가 되었다. 따지고 보면 학습이 떨어지는 아이들도 기회를 놓쳐서 그렇지 누군가의 귀한 자식이었고, 기회가 되면 공부하고 싶어 하는 아이들이었다. 분명한 것은 방법을 몰랐을 뿐, 그들 또한 이 나라의 미래를 책임질 동량이었다. 대학 진학에 초점을 맞추어 놓고 보아서 그렇지 그들 또한 선량하기 짝이 없고 자기를 인정해 주면 그리 좋아하는 아이들이었다. 인식을 바꾸자 방법이 보였고 아이들에 대한 애정도 생겼다.

문제를 아이에 두지 않고 교사 자신에 두니, 내가 얼마나 무책임한 교사인지 깨닫게 되었고, 그 순간 길이 보였다. 나 개인적으로 고백을 하자면, 국어교사를 하면서도 문학박사가 되고, 문학평론가로서도 적잖게 활동을 해왔지만, 그것을 현장의 아이들에게 쏟아본 적이 거의 없었다. 그런데 아이들은 지적으로 풍부한 나의 주입식 교육을 좋아하지 않았다. 문제는 내가 우리 시대의 변화에 대응하지 못해서 발생한 일이었다. 다시 말해 내가 그들에게 가르칠 내용이 없다는 것은 아직 그들을 제대로 파악하지 못했고, 그들에게 맞게 가르칠 방법을 찾아내지 못한 것이었다. 아이들의 성향을 파악하고 맞춤형으로 어느 방향으로 유도할 때 아이들은 따라왔다. 그때 가장 중요한 것이 자신만의 형식적 틀, 즉 교수법을 바꾸는 것이다. 아이들만 탓하면 가르치는 교사나 배우는 아이 모두가 불행해진다. 나 자신의 문제를 인정하고 그것을 극복하려고 노력할 때 아이들과 소통하게 되고 그런 가운데 교사든 아이든 기쁨을 누리게 된다. 억지로 가르칠 것이 아니라 함께 만들어가야 한다. 그런 교수법이 필요한 시대다.

인헌고는 혁신학교를 시작할 무렵, 이미 비선호 학교로 낙인찍혀 폐교 위기에 몰려 있었다. 그래서 학교를 구해보자는 의견에 교사라면 누구나 직접적으로 반대하기 어려웠고, 더욱이 학생 수가 줄어들어 예산 부족으로 허덕이는 것을 좋아하는 교사는 없었다. 그래서 '혁신학교' 지원금을 받아와 학교를 변화시키자는 말에 많은 이들이 공감을 나타냈다. 그것이 뭐든, 어찌 되었든, 사라질 수도 있는 학교에서 마지막 몸부림을 칠 수 있는 기회는 그렇게 해서 만들어졌다. 인헌고는 교사 82%의 합의로 혁신학교를 신청했다.

가장 중요한 것은 민주적 운영 체제를 갖추는 것이었다. 인헌고는 2011년 2학기에 예비 혁신학교로 지정되자 새로운 시스템을 만들기 시작했다. 그것은 교육청이 하달하거나 교장이 지시해서 하는 일이 아니라 교사 스스로 만들어가는 것이었다. 누군가 학교 발전의 아이디어를 내놓으면 몇 날, 몇 시간이고 그것을 검토하며 토론한 뒤 결론을 내렸다. 그것은 놀라운 경험이었다. 내 의견이 학교 시스템으로 만들어진다는 것은 누구나 쉽게 겪어보지 못한 일이었다. 수동적으로 자기 할 일만 하던 교사들이 아이디어를 내놓기 시작했다. 우리는 그 많은 아이디어를 시스템과 프로그램을 만드는 데 활용했고, 그것도 부족해 더 많은 독창적 견해를 요구했다. 단순한 아이디어가 아니라 항구적으로 활용할 프로그램을 만드는 일은 쉽지 않았다. 한번 결정되면 모두가 따라야 하는 일이었다. 그래서 심사숙고해야 했고 좋든 싫든 모두 회의에 참석해야 했다. 몇 시간이나 계속되는 회의에서 자신의 생각과 다른 견해에는 강하게 반발하기도 했다. 심지어 어느 경우에는 10시간 넘게 회의가 진행되는 일도 있었다. 하지만 1/n의 힘들은 하나씩 시스템을 갖추어 나갔고 올바른 방향을 찾아갔다.

둘째, 학생들의 자치 시스템을 제대로 운영해야 했다. 학생들은 오직 대학을 들어가기 위한 도구적 존재가 아니라, 주인 의식을 가지고 학교를 만들어가야 할 주체였다. 교사는 떠나도 졸업한 아이에게는 평생 이 학교가 모교가 되었다. 학생회에 대한 규칙뿐만 아니라, 학교 발전에 대한 구상을 교사와 학부모와 함께 하면서 아이들은 자기 학교의 이념을 확실히 이해하기 시작했다. 전교생이 참여하는 오픈스페이스를 통해 8조 법금을 정하고, 그것을 교사와 학부모가 추인했다. 그렇게 해서 만들어진 교칙을 학생들 스스로가 지켜야 했다. 핸드폰을 걷기로 하고 제출하지 않은 학생에게는 벌점 5점을 주기로 규칙을 만든 뒤로는 그런 가혹한 벌점을 받아도 누구 하나 불만을 토로하지 않았다. 학급에서 제안한 장소로 수학여행을 가고, 숙소와 식당까지 교사와 학생이 힘을 합해 찾아냈다. 이런 방식으로 진행되는 학교 활동에 학생들은 보람을 느꼈다.

셋째, 수업이 바뀌어야 했다. 교사가 지식을 전달하는 방식으로는 아이들의 개성을 찾아내고 창의성을 꽃피게 할 수 없다. 학생들이 발표하고 토론하며 조별로 연구하는 수업이 필요했다. 학생 스스로 찾아가는 교육을 해야 했던 것이다. 그것은 암기식 문제 풀이보다 내용을 파악하기까지 시간이 많이 걸리는 수업이었지만, 아이들이 자신의 진로를 정하게 되는 동기가 될 수 있었다. 또한 교사에게는 학생의 특성과 활동을 학생부에 기록해줄 수 있는 기회가 되었다. 그래서 우리는 적어도 한 학기에 한두 차례라도 발표와 토론 수업을 하자고 서로를 독려했고, 누구라도 블록 수업을 한다면 적극적으로 지원했다. 그래야 아이들의 성향과 잠재력을 찾아낼 수 있었던 것이다.

변화의 과정에서 수많은 우여곡절이 있었다. 지금까지 해오던 것과 다른 방식이어서 불쾌감을 드러내고 당황해하는 교사도 많았다. 어떤 교사는 이런 학교에서 이런 아이들을 데리고 뭘 할 수 있느냐고 화를 냈다. 혁신이 쉽게 되는 것은 아니었다. 교사가 자신의 의식 자체를 바꾸고, 자신의 내부에 있는 모든 에너지를 꺼내야만 될 수 있는 일이었다. 새로운 에너지가 공급되지 않으면 혁신의 동력은 멈춘다. 그것이 시스템으로 정착되기까지 무수한 진통으로 나타났다. 구세력과 신세력, 보수와 진보의 갈등이 여기에서도 벌어졌다. 본격적으로 혁신학교가 시작될 때 변화가 싫은 교사는 다른 학교로 옮겨갔고, 또 한 해를 버티다가 혁신학교 추진에 동참할 수 없는 원로 교사들은 명예퇴직을 신청하기도 했다.

우리가 잡은 교육 혁신의 두 가지 방향은 업무 혁신과 진로·진학 혁신이었다. 어쨌든 일반고이니 입시에서 성과를 거두어야 했고, 그것을 위해 담임교사의 역할을 강조하되 업무를 대폭 줄이자는 것이 그 핵심이었다. 담임교사에게 업무를 맡기지 않으니, 교무, 연구, 창체, 생활자치, 상담, 과학, 인문사회, 예체능 부에는 부장과 기획 담당자 등 소수의 사람에게 엄청난 업무가 쏟아졌다. 다행히 예비 혁신학교 지원 예산으로 업무행정사 두 사람을 고용할 수 있었다. 담임교사들은 함께 모여 학생 상담과 입시 전략을 짜는 데 시간을 보냈다. 이제 학교에서 한가하게 시간을 때우는 교사는 한 사람도 없어졌다. 담임교사를 하지 않으려면 산더미 같은 업무를 맡아야 했던 것이다. 교과교실제까지 받아들여 학교가 조금 혼란스럽고 아이들이 힘들어하는 점도 있었지만 조금씩 블록 수업을 통해 수업 혁신이 일어나고, 다양한 진로 체험 활동과 동아리 활동들이 기획되었다. 그것은 교사 개개인이 가진 1/n의 힘을 극대화시켰다. 학교가 월급만 받는 수동적인 공간이 아니라 자기 역할이 필요한 장소가 되자 교사들이 일어선 것이다. 동아리 활동, 독서 활동, 학생 자치 활동, 진로 활동 등 무수한 일들이 교사들의 창의성을 발휘하게 했고, 아이들은 신이 나서 학교 활동을 시작했다. 세상 어디에도 없는 혁신학교가 만들어져 갔다. 교육청이나 교장이 교사의 변신을 요청했다면 아마 그런 일은 발생하지 않았을 것이다. 교장은 시스템이 잘 돌아가도록 도와주고, 교육청은 옆에서 지원만 잘해주면 된다. 그리고 성공 사례를 널리 알려주면서 다른 교사들에게 용기를 불어넣으면 된다. 한편 담임 장학과 종합 장학을 폐지하고 컨설팅 장학을 최우선시하면 더욱 좋다.

일반고에서 혁신학교로의 변신은 많은 진통을 불러왔다. 더욱이 혁신학교 방식으로는 입시 성과를 낼 수 없다는 것이 정설로 되어 있었다. 따라서 혁신 교육을 수행하는 초등학교 주변에서는 집값이 올라도 고등학교 주변에서는 그런 일이 발생하지 않았고 실제로 혁신 고등학교도 몇 개 되지 않았다. 그래도 학생들이 즐겁게 학교생활을 하자 학부모들도 기대 반 우려 반으로 학교 방침에 따라왔다. 그때까지만 해도 경기도의 대부분 일반고에서는 야자와 방과 후를 강제적으로 시켰다. 서울의 많은 일반고도 상위권 100명 정도를 잘라 야자실에서 집중 학습을 시켰다. 반면에 이우고 같은 대안학교나 숭덕여고 같은 학교에서는 발 빠르게 움직여 학교 활동과 입시를 연결해 좋은 성과를 거두고 있었다. 2008년부터 대학에서 입학사정관제가 시범 운영되기 시작하면서, 수능이나 내신의 서열보다 학생 자신의 진로 준비 상태가 입학에 더 중요한 전형 요소가 되었다. 학교생활기록부(이하 '학생부') 입학사정관 전형의 핵심 자료가 되었다.

처음에 입학사정관제는 대단한 외부 활동을 한 학생에게만 기회가 가는 것처럼 여겨졌다. 그래서 학생들이 외국에 봉사 활동을 나가고, 영어 인증을 위해 토플과 텝스 점수를 따고, 과학과 수학 올림피아드에 나가려고 노력했다. 하지만 그런 교외 활동이나 교외 수상을 입시에서 배제하게 되자, 학생부만 공식 자료로서 결정적 역할을 했다. 그것만으로도 공교육 정상화가 가능하게 되었다.

학교에서 자기소개서와 진로 포트폴리오에 적을 수 있는 활동을 해야 했던 것이다. 교내 활동만 잘해도 대학에 갈 수 있는 시대가 열렸고, 학교와 교사가 어떻게 노력하느냐에 따라 대학 진학이 가능해진 것이다. 그렇다면 승부를 걸어볼 만했다. 입학사정관제는 공교육을 정상화 시키면서 학생들의 대학 진학률을 높일 수 있는 가장 성공적인 제도였던 것이다.

학교 활동이 우수한 학교로 인정받는 데 딱 2년이 걸렸다. 학교의 인지도란 교사들의 노력 여하에 따라 이삼 년 사이에 바뀌었다. 대학에서 인정하는 유일한 공식 문서인 학생부가 충실해지고, 학교 활동이 원활해지면서 학교의 위상도 올라갔다. 대학 면접관이 학생부를 읽으면서 한 아이가 활동한 학교의 모습을 선명하게 떠올릴 수 있게 된다면, 그것만큼 중요한 학교 프로파일이 없었다. 문제는 고3 아이에게 야자나 방과 후 학습보다 진로 강연과 동아리, 학교 행사가 중요하다는 것을 납득시키는 일이었다. 처음에 많은 교사들이 시큰둥했고, 학원에 다니는 상위권 학생들은 귀찮아했다.

입시란 어둠 속 길 더듬기이다. 한 치를 알아볼 수 없는 어둠 속에서 희망이 있다고 믿으면서 더듬어가야 하는 길이었다. 교사가 확신을 갖지 못하면 아이들은 더 흔들렸다. 그래도 많은 아이들이 교사의 지도에 잘 따라왔다. 그것 말고는 달리 믿을 게 없기도 했지만, 불가능을 가능하다고 말하는 3학년 담임교사를 전적으로 믿어보고 싶은 마음도 있었던 것이다. 학생부 기록을 위해 학급에서 자청해 분리수거를 하고, 멘토링(mentoring)을 하는 아이들이 늘어났다. 저절로 학급 분위기가 좋아지고 협력적인 분위기가 만들어졌다. 첫해에는 3학년 학생부밖에 기록이 없어 노심초사하면서 혹독한 구술 면접 훈련을 시켰는데, 사실상 수능으로 대학을 가는 아이들보다 원하는 대학에 많이 들어가는 사태가 벌어졌다. 3학년 한 학기 동안 성의 있게 활동하고 기록한 내용만으로 대학 입시에 합격했다는 소식을 전하자 1학년, 2학년 아이들의 눈빛도 달라졌다. 그리고 그들은 더 열심히 준비를 했다. 2011학년도보다 2012학년도에, 다시 2012학년보다 2013학년도에 두 배 가까운 성과를 거두었다. 긴 암흑의 동굴에서 빠져나와 빛의 세계로 나온 듯한 충격이 그럴까. 입학사정관 전형 합격자를 발표하는 11월 초에 느끼던 그 감동을 지금도 잊을 수 없다.

매년 입시가 쉬운 것은 아니었다. 언제나 확신을 가질 수 없었다. 그래도 아이들에게 활동만 강조하지 않고 멘토링 일지와 자기주도학습 일지, 그리고 NIE와 같은 자료들을 잘 만들도록 독려한 것은 입시에 대한 노하우가 많이 생긴 탓이었다. 그것도 많은 양식에 담임교사나 지도교사가 서명을 하고 조언을 할 수 있는 영역을 만든 게 주효했다.[3] 아이들은 더 열심히 활동했고 어떤 아이는 거기에 사진을 오려붙이면서 자신이 멘토를 한 내용과 멘티의 반응을 세밀하게 적기도 했다. 그리고 그 아이들은 3학년이 되어서도 전공 관련 강연이나 전공 독서 자율 동아리 활동에 참여했다.

---

3. 자세한 양식은 6장 소개되어 있다.

봉사 활동을 가거나 진로 활동을 하는 경우 반드시 사진을 찍게 하고 담임교사는 그 내용을 학생부 특기란에 기록했다. 그래야 나중에 자료를 만들기가 쉬웠고, 자기소개서의 내용을 적기도 좋았다. 물론 3학년부장으로서 아무리 연수를 많이 다니고 전년도의 통계수치를 가지고 있다고 하더라도 입시에 대한 부담감은 줄어들지 않았다. 게다가 학생부 기록을 독려하는 것에도 한계가 있었다. 무엇을 어떻게 써야 하는지 아무도 모르는 시절이었다. 따라서 메신저로 전체 교사에게 이렇게 쓰면 된다고 설명하면서도, 그것은 절대적으로 관련 교사만의 권한이었으므로 개입할 수 없었다. 그런데 의외로 입시 설명회 연수를 받은 학부모들이 담임교사들을 더 잘 설득했다.

학생부 기록의 8할을 담임교사가 적었다. 인성이 올바르게 갖춰지지 않은 아이들에게 긍정적인 내용을 적어줄 수는 없는 노릇이었다. 담임교사와 쓸데없이 갈등을 벌이는 아이들에게는 큰 해가 돌아온다는 사실을 알려주면서 예절 교육을 시켰다. 나눔과 배려의 리더십이 없으면 대학 가지 못한다고 강조하자 아이들이 멘토링과 소규모 동아리 활동에 적극성을 보였다. 학부모에게도 담임교사와 팀워크를 이뤄야 아이의 입시에서 좋은 결과가 나온다는 사실을 거듭 강조했다. 한 달에 한두 차례씩 입시 설명회와 비슷한 학부모 연수를 진행했다. 입학사정관제를 설명하고, 준비 방법, 자료 만들기와 자기소개서 쓰기까지 할 수 있는 한 모든 연수를 진행했다. 그리고 그것에 관심을 가진 학생들도 함께 와서 들게 했다. 그러자 말썽 많던 아이들도 한결 성격이 온화해졌고 교사와 학부모의 관계도 부드러워졌다.

그것은 종합적인 연주였다. 학교를 살리고 아이들이 서로 협력하게 만들고 학부모들을 신바람 나게 했다. 그때까지 학부모 총회를 하면 1시간 넘게 학교에 대한 불만을 토로하던 학부모들이 한사람도 없이 거짓말처럼 사라졌다. 아직 몇몇 교사들은 학교 활동이 입시에 결정적이라는 사실 자체를 받아들이지 않고 방과 후 학습을 통해 뒤처진 영어와 수학 성적을 올리려고 노력했으나 그 성과는 거의 나타나지 않았다. 물론 아이들 기초학력을 올리는 일이 그 무엇보다 중요했지만 모의 학력고사 성적이 안 좋은 아이들이 서울에 있는 대학에 들어갈 정도의 실력을 만드는 것은 학교 활동을 하는 것보다 몇 배나 더 어려웠다. 비판적인 교사들은 확신할수 없는 준비로 아이들을 혼란시킨다고 주장했지만, 결과는 언제나 논술이나 적성 중심의 수시 전형보다 입학사정관 전형 성적이 더 좋았다. 정시에는 수능 등급이 좋지 않아 불가능했다면, 논술이나 적성은 경쟁률 자체가 너무나 높아 따라잡기 힘들었다. 입학사정관 전형만 경쟁률이 10:1 이하였다. 학생부와 자기소개서를 잘 갖추고 구술 면접 준비만 잘 한다면 다른 전형보다 경쟁에서 훨씬 더 유리했다. 우리는 3학년 아이들에게 봉사 활동 수행 과제를 주고, 전공 관련 서적을 읽혔다. 그리고 그것을 학생부 '봉사'란과 '진로'란에 기록했다. 또 멘토링을 하게 해 그 내용을 '자율 활동'이나 '개인별 세부 능력'란에 기록했다. 그러자 성적이 우수한 아이들이 한 반에 학습이 부진한 아이 두어 명씩을 붙잡고 멘토링을 시작했다. 일지에는 멘토 내용과 학습목표, 그리고 멘토와 멘티, 담임교사의 소감을 적게 했다. 어느 아이는 거기에 사진을 붙여 자료의 신뢰성을 높였다.

입학사정관제는 학생부에서 정량적 평가(내신, 출결, 봉사 활동)와 정성적 평가(비교과)를 하고 면접을 통해 합격자를 뽑는 전형이다. 2015학년도 입시의 학생부 교과 전형에도 자기소개서나 추천서 없이 면접을 보는 전형(한양대, 이화여대, 서울교대, 국민대, 명지대, 상명대, 가톨릭대 등)도 있지만, 그런 것도 크게 보아 입학사정관제로 보면 된다. 그것은 응시한 학생이 자기소개서로 자신의 매력을 표현하고, 그에 맞는 다양한 활동을 했음을 증명해야 면접을 통과할 수 있는 전형이었다.

대학은 응시한 학생의 습관, 개성, 열정, 잠재력, 표현력, 창의력, 협동성, 도전 정신 등을 보면서 인재를 선발한다. 이때 대학이 믿을 수 있는 공인 자료는 교사와 학생부뿐이다. 교사의 양심에 따라 쓴 학생부의 기록은 사교육의 거품을 걷어내고 공교육을 부활시킬 수 있는 자료가 되었다. 대학에게도 그것은 수능 성적 1점~2점 차이로 합격 여부를 결정하는 것보다 훨씬 유익한 것이었다. 많은 경우 학생들은 1점차로 원하지 않는 대학에 왔다고 투덜대며 대학이나 전공을 옮길 생각을 하거나 적응하지 못한 채 한두 해 방황하는 경우도 많았다. 그에 비해 입학사정관 전형으로 들어오는 학생은 그 대학에 맞는 인재상이 무엇인지 알고 뚜렷한 소속감을 가지고 자신의 진로를 만들어 나갔다. 결국 과정 중심의 교육과정을 거친 학생들이 학업 성취도 측면에서 훨씬 우수했던 것이다.

고등학교 때부터 자기 희망 전공을 찾아 그것에 대해 탐구하고 논문을 쓸 수 있어야 하기 때문에 입학사정관제(학생부 종합 전형)에서 요구하는 것은 전공에 대한 이해, 글로벌 리더십, 협동 정신과 도전 정신, 창의력, 잠재력, 그리고 열정이다. 대학의 이념을 이해하고 전공에 대한 열정을 보여줄 때, 고등학교에서 민주적 역량과 비판 정신과 상상력을 길렀을 때, 문예체나 동아리 활동, 독서와 토론 활동에 적극성을 보였을 때, 대학은 그 학생을 선발할 가능성이 많아졌다. 그것은 수월성 교육으로 사라진 것을 돌려주었다. 아이들은 다시 정의감과 공동체 의식을 되찾았다.

학생들의 숨통을 조이고 문제집만 풀게 하는 것으로 그들의 다양성을 자라게 할 수 없다. 야자와 방과 후보다 더 중요한 것은 학교 활동과 같은 '관계들의 놀이'이다. 그러다 보면 저절로 공부할 전공을 찾게 되고, 미래의 직업을 찾게 된다. 또한 이데올로기의 억압과 음모를 파헤칠 능력을 가져야 자기가 사는 공간에서 해방감을 누릴 수 있고, 진정한 주체성을 획득할 수 있다. 특히 학교에서 다른 아이들을 돕고, 서로 협력하면서 공동체를 만든 기억은 훗날 아무리 어려운 상황이 되어도 이웃과 함께 살아가는 방법을 터득하게 할 것이다. 따라서 이제 중요한 것은 단위학교 교사의 노력이다. 교육부나 교육청이 개혁의 축이 되는 것이 아니라, 단위학교 교사들이 혁신의 중심이 될 때, 교육은 살아나고 아이들은 행복해진다. 그 공동체 속에서 춤추는 아이들을 상상해 본다.

혁신학교에서 학교 혁신은 탈구조주의 담론, 복잡계 이론의 원리를 따른다. 인헌고의 개혁은 수많은 시행착오와 함께 진행되었다. 교사들이 혁신학교를 해보자고 뭉쳤지만 때로는 서로 불신하고 반대하며 증오감을 드러내는 경우도 없지 않았다. 기존의 관행을 벗어나 새로운 사고를 하고, 적절한 시스템을 만드는 일은 사람들을 당황스럽게 만들었고, 그것을 따라가지 못하는 사람들을 좌절하게 만들었다. 어떤 사람은 따라가다가 내가 선두에 서야 하겠다고 욕심을 냈다. 때로는 모든 일이 실처럼 엉켜 풀리지 않기도 했다. 그래도 교사들이 변화의 필요성을 인식하고, 서로 힘을 합했기에 그것을 하나하나 풀어내고 혁신을 이뤄냈다. 그리고 그것은 계속해서 진행되고 있다. 시스템을 만든 자는 떠났지만 여전히 그것을 활기차게 돌려야 하고, 또 새롭게 변화되어야 한다. 교사들이 그 많은 우여곡절을 겪으면서 끝까지 참고 버틴 것처럼 계속해서 부족한 점을 개선하면 빈틈을 채워 갈 것이다. 그것은 교사들의 열망이 있는 한 가능하고, 그럴 때 혁신은 더 가속화될 것이다. 교사들이 모여 협의하고 결정하는 과정은 힘들지만 가장 아름다운 장면이기도 하다. 언제 우리가 그런 모습을 지녀본 적이 있었던가. 교육의 중심이 교육부나 교육청에서 학교로, 그것도 교사들로 넘어가는 모습은 교육을 새롭게 살아나게 만든 핵심이다.

이 책에서 우리는 우리가 겪었던 시행착오를 그대로 보여주고자 한다. 물론 그것이 '나'의 관점에서 기록되었기에 어느 정도 미화되거나 과장되기도 했을 것이다. 하지만 우리가 일반고를 변화시키며 혁신학교를 만드는 모습을 그대로 보여주는 것은 다른 많은 일반고 교사들에게 희망을 줄 것이다. 그리고 우리가 겪어낸 시행착오를 일반화할 수 있다면, 그만큼 충격을 완화시키면서 더 나은 혁신의 대안을 찾게 될 것이다.

2장

혁신학교, 입시의 벽을 뚫다

1. "혁신학교에서도 입시를 중시합니까?"

혁신학교는 경기도에서 김상곤 전 교육감의 공약으로 처음 시행된 정책이다. 서울에서는 진보 성향의 교육감이 뽑힐 가능성은 거의 없었기 때문에 기대하기 어려웠다. 그런데 곽노현 교수가 4%의 지지도에서 출발해 교육감에 당선되는 이변을 연출했다. 보수가 분열되었기 때문에 어부지리로 되었다는 이야기도 있었지만, 교육의 변화에 대한 시민들의 열망이 그만큼 컸다고 말할 수도 있다. 서울은 경기도와는 다르게 '서울형 혁신학교'라는 명칭으로 혁신학교를 도입했다.

그렇다면, 서울형 혁신학교의 특징은 무엇인가? 서울시 교육청 학교혁신과가 주관한 연수에서 "혁신학교가 무엇인가요?"라는 질문에, 혁신 담당 장학관은 "무엇이든지 바꾸면 혁신입니다."라고

답했다. 이 말은 방향성이 없는 무책임한 발언 같지만 역으로 서
울형 혁신학교의 특징을 잘 보여주는 것이기도 하다. 기존 학교의
제반 사정을 고려하지 않고 교사·학생을 대상으로 윗선에서 정
책을 집행하는 관료주의 교육정책은 해방 이후 계속되었다. 그런
권위주의적 방식을 타파하지 않고서는 혁신이 이루어질 수 없다.

'서울형 혁신학교'는 학교 구성원들의 자발적 합의에 따라 학교
와 교육을 변화시키고, 그것을 교육청에서 재정 지원하는 제도이
다. 이런 정책 방향은 혁명적이었다. 지금까지 학교와 교사에게
전적으로 자율성을 주는 교육 정책은 실행되어 본 적이 없었다.
역사적으로 교사 대중은 개혁의 걸림돌로 받아들여져 교원평가가
도입되었고, 스승의 날 언저리에는 항상 '촌지'받은 교사가 방송
되어 국민 불신의 대상이 되었으며, 변화를 거부하는 '철밥통'으로
매도되어 왔다. 그런데 '서울형 혁신학교'를 통해 교사가 개혁의
중심에 선 운동이 시작된 것이다. 선사고등학교는 생활 혁신, 삼
각산고는 수업 혁신, 인헌고는 진로·진학 혁신을 마중물로 삼아
죽음의 트라이앵글에 빠진 고등학교를 살리자고 나섰다.

어떤 사람은 인헌고가 입시 중심의 진로·진학 혁신을 한다고
평가절하했다. 혁신학교와 대학 입시와는 맞지 않다는 것이다. 심
지어 곽노현 전 교육감까지 인헌고가 진로·진학 혁신을 도모한
다는 말을 듣고는 의아한 표정을 지은 적이 있었다. 곽 교육감이
재임 중에 인헌고를 방문했을 때, 우리는 혁신학교 성공 사례로
진로·진학에 대해 보고했다. 미네소타주립대학에 2명, 북경과기

대에 1명, 호주 유타스대학에 1명 합격한 것을 포함해서, 입학사
정관제로 10월에만 약 60건의 합격한 사례를 보고했더니, 곽 교육
감은 "혁신학교에서도 입시를 중시합니까?"라고 물으면서 놀라워
했다. 나는 그때 그분의 표정이 잊혀지지 않는다. 그분이 우리의
실적에 경탄한 것이라고 생각하지는 않지만, 혁신에 대한 인식의
지평을 조금 더 넓힐 수 있는 기회를 주었다고 생각한다. 진보 교
육감과 함께 보낸 2년이라는 세월이 있었기에 혁신은 가능했다.
나는 "교육감님은 해방 이후 서울 교육에, 교사들에게 최초로 '자
율성'의 바람을 불어넣으신 분이십니다."라며 그분에게 진심으로
고마움을 표했다. 곽노현 전 교육감은 서울 교육 전체를 바꿀 수
있는 기운을 불어넣은 것이다. 그러다가 조희연 진보 교육감의 탄
생은 우리나라 교육 전체를 바꿀 수 있는 소중한 기회가 된 것이
다.

왜 인헌고는 진로·진학 혁신부터 시작했는가? 신설학교와 다
르게 기존 학교는 학교에 대한 학부모와 지역주민의 부정적 평가
를 극복하는 것이 급선무였다. 신입생은 가기 싫은 학교에 배정된
것만으로도 분노하고, 2학년은 가정과 학교와 사회에 대한 분노
가 폭발하여 거친 욕설과 난폭한 행동을 일삼고, 3학년은 밤에는
아르바이트하고 낮에는 학교에 와서 수면을 취했다. 그야말로 학
교 붕괴의 현장이었다. 학생들이 대학에 들어가겠다고 생각해야
수업을 살리고, 학교 활동을 도모하고, 생활지도를 할 수 있다. 실

제로 인문계 남학생 학급의 경우에 중학교 때 내신 성적이 50% 이내에 드는 학생이 5명~6명도 되지 않는 경우가 많았다. 그렇다면 70% 학생들도 끌어올려 '대학 입시'에 희망이 있다는 생각을 하게 해야 학교가 변할 수 있다.

인헌고는 2010년도에 성공적으로 입학사정관 전형 준비 시스템을 도입했다. 처음에 쭈뼛거리던 아이들이 교사와 학교를 믿고 따라와, 서울 소재 대학에 합격한 학생 수가 전년보다 2배 이상으로 늘어났다. 그러자 곧바로 학부모들과 지역 주민들의 평가가 호전되어 갔다. 근처 이발소 주인이 말했다. 그건 주민들의 이야기이기도 했다. 미장원 아주머니들이 수군대기 시작했다. 그것은 또한 엄마들의 이야기였다. 동료 교사들도 신바람이 났다. 몸은 힘들지라도 보람을 느꼈다.

"인헌고가 무섭게 달라졌어요!"
"아이들이 학교를 좋아하더라고요."
"계속 앞으로 나아갑시다!"

교장, 교감의 전폭적인 지지를 바탕으로 하여 교직원 회의, 부장 회의, 학부모 연수, 학생회 임원 수련회 등에서 인헌고는 대학 입시를 목표로 한 진로·진학 혁신을 표방한다고 선언했다. 물론 혁신학교가 아이들을 대학 보내려고 생겨난 것은 아니다. 하지만 수업 혁신과 생활 혁신이 이루어지고 이를 기반으로 하여 입학사정관제를 준비하면 진로·진학 혁신으로 연결된다는 것이 우리의 생각이었다. 기존 일반고에서 제2의 개교에 해당할 만큼 역사적인 사건을 벌이자면, 일반고 기본의 목표인 진학에서 성과를 거두어야 학생과 학부모, 지역사회 인사들이 호응할 것이라고 생각했다. 3학년부장과 교사들이 노력해 준 결과 2012년과 2013년도에 놀라울 만한 입시 성과를 나타냈다. 그러자, 창의체험부와 인문사회부가 지도하는 동아리, 특색 수업(진로 독서), 소규모 자율 동아리 등의 활동에서도 활기가 넘치기 시작했다. 대학에 잘 가기 위해서는 학생부 기록이 좋아야 하고, 그러기 위해서는 좋은 활동을 많이 해야 했던 것이다.

2014년, 인헌고 발전은 눈부시다. 중학교 3학년 학부모들이 입학 문의 전화를 하거나 학교에 방문하는 경우가 많아졌다. 신입생으로 배정된 상위권 학생들이 다른 학교로 전출하는 현상은 사라졌다. 특히 1학년부에서 진행하는 '일과 중 휴대폰 수거' 제도가 안착되고, 수학여행이 반별로 시행되고, 융합 수업이 활발하게 진행되며, 학급 간 뮤지컬 경연 대회가 열리자, 학생들의 학교에 대한 자부심은 커지면서 '왕따' 현상이 사라지고 흡연 학생이 격감했다.

학급별 뮤지컬 경연 대회가 9월 5일 추석 연휴 직전에 열렸다. 대회를 만들기 위해 함께 노력한 담임교사들은 뮤지컬 경연 대회가 소규모 대안학교가 아니면 꿈도 꿀 수 없는 대단한 행사라며 감격해 했다. 1학년 전체 학급이, 그것도 반별 전체 학생이 무대에 오른다는 점에서, 그것은 놀라운 행사였다. 입시에 찌든 아이들이 입시를 벗어나 자신의 꿈을 펼치는 광경이라고 할까. 혁신학교에서 불가능한 꿈이 실현되고 있었다.

음악 교과를 선택하는 학생들은 미술 교과를 선택하는 학생들에 비해 학업성취도가 낮아 수업이 안된다고 푸념하던, '그' 음악 교사가 수업의 일환으로 시작한 계획이 실현되어 학년 전체가 하모니를 이뤄낸 것은 정말로 '놀랍고 즐거운' 일대 사건이었다. 그것은 아이들이 '공부 기계'에서 벗어나 '진짜 공부'를 찾아가는 시간이었다. 이상의 소설 〈날개〉의 주인공이 미스꼬시백화점 옥상에서 뛰어내리는 장면을 '억압에서 해방으로' 소화해낸 아이들이 춤추고 노래하는 장면은 자기 꿈을 찾아가는 아이들의 행복한 모습이었다. 이런 수업 혁신은 대학에 제출하는 '자기소개서'의 학습 경험으로 중요한 것이기도 했다. 자기주도적으로 문학을 알아가고, 연극이나 뮤지컬에 관심을 갖고, 나아가서 그 분야의 전문가를 만나고, 마침내 소논문을 쓰게 되는 학습이 인헌고에서 벌어지고 있었다. 그리고 그로 인해 자신이 희망하는 대학까지 갈 수 있게 된 것이다.

2. 폐교 위기를 딛고
실마리를 찾다

공립고 순환 원칙에 의해 나는 인헌고를 최우선으로 지원하여 2006년 3월에 발령을 받았다. 등산에 재미를 붙인 직후였기 때문에 사당에서 관악산 정상까지의 등산 코스가 학교 정문 바로 옆으로 나 있는 학교 위치는 매력적이었다. 그러나 학교에 부임한지 얼마 되지 않아 학생들의 이상한 기류를 감지했다. 첫해 3학년 남학생 문과반 담임을 맡았는데 교실은 붕괴 그 자체였다. 근태가 좋지 않아 출석부 관리가 엉망이었고, 조퇴하거나 수업을 빼먹는 학생에 대한 지도가 힘들었다. 담배 연기로 자욱한 학생 화장실에 들어가면 구역질이 났다. 무엇보다 가장 힘들었던 것은 수업을 듣지 않고 떠드는 학생들의 태도였다. 아이들의 절반 이상은 교사가 무슨 말을 하는지 알아듣지 못했고, 조용히 하자고 달래면 화를 냈다. 몇몇 아이들은 담임교사의 조회와 종례마저 거부하는 반문화적 성향을 보였다. 그들에게 학교는 알바 후에 잠시 휴식을 취하는 공간이었고, 그들에게 필요한 것은 교육보다 졸업장이었다.

〈그림 2-1〉은 학교 현장을 우화적인 동물 사진으로 나타낸 것이다. 학교 상황에 분노하고 있는 교장과 교감, 놀란 부장 교사와 당

〈그림 2-1〉 동물로 풍자한 학교 상황

황하는 담임교사, 학교에만 오면 수면을 취하는 공신(공부의 신), 그리고 매사에 부정적이고 까닭없이 분노하는 대부분의 학생들로 이루어진 학교 모습. 바로 인헌고의 모습이었다. 그렇게 인헌고에서 교사로서의 생활은 시작되었다. 3학년 담임 2회, 1학년 담임 1회를 하면서 나는 무력한 교사로서 할 일이 거의 없었다.

어느 날 퇴근하는 길에 정문에서 술에 취한 주민이 시비를 걸어왔다.

"당신, 전교조야?"
"왜 당신이 전교조인지 아닌지 말 못 해?"
"전교조가 인헌고를 망치고 있어. 당신, 알아?"
"학교를 살려내!"

그것은 학교에 대한 절망감을 표출한 것이면서, 특정한 노조에 대한 편견을 드러낸 것이기도 했다. 전교조는 참교육을 실천하자는 기치로 모여 퇴행적 학교 문화를 많이 뜯어고쳤다. 하지만 학교에서 자행되는 권위주의적 관행에 맞서고, 아이들의 인권을 보호할수록, 학교 붕괴, 교실 붕괴 현상을 불러일으킨 책임자로 지목되었다.

2000년대 전반기는 민주진보 세력의 김대중·노무현 대통령 시절이었다. 정치적 민주주의가 실현되고 이를 기반으로 하여 사회적 민주주의로의 전환이 요청되던 시기였다. 그러나 민주주의는 학교 담장 밖에 멈춰버린 반쪽짜리였다. 권위주의적 학교문화를 민주적으로 바꾸기 위한 학내 투쟁이 치열했는데 거기까지였다. 신자유주의 물결에 휩쓸려 학교 서열화는 더욱 심해졌는데도 누구도 그것을 막을 방도를 찾지 못했다. 그런 가운데 일반고는 점점 슬럼화되었다. 그래도 나는 교장의 권위주의에 문제를 제기하고 수정을 요구하는 일을 멈추지 않았다. 그때마다 부장들은 나에게 물었다.

"당신이 교장이라면 이런 상황에서 어떻게 할 것인지 대안은 있어?"

〈그림 2-2〉는 2011년 인헌고 SWOT 분석을 나타낸 것이다. 인헌고는 학부모가 기피하는 학교였다. 강남의 'A급지'에서 근무하고 돌아온 교사들이 휴식을 취하며 아이들에게 별다른 에너지를 쏟지 않는 학교였다. 학교 주위에는 아파트가 거의 없고 다세대주택이 많았다. 게다가 월세나 전셋집 자녀는 인헌고에 오지만 집주인 자녀는 버스로 두 정류장 거리인 강남 학군으로 학교를 다녔다. 심지어 골목길을 사이에 두고 있는 건너편 중학교에서는 3학년 담임교사가 학부모와 진학 상담을 해주는 자리에서 거주지를 이전해서라도 '강남'으로 진학할 것을 권유했다.

제5회 전국동시지방선거(2010년 6월 2일 실시)에서 서울특별시 교육감에 곽노현 방송통신대 교수가 당선될 즈음, 서울시 교육청에서는 인헌고를 폐교하고 지역 교육지원센터로 전환하려는 계획을 세웠다. 그 대신 서울대학교 사범대학 제2 부속 고등학교를 낙성대 지하철역 근처에 신설하는 안이 교육청, 구청, 지역구 국회의원을 중심으로 폭넓게 추진되고 있었다.

Strength	Weskness
− 학교를 바꾸어 보려는 열의와 실력을 갖춘 교사진 − 학부모의 높은 관심과 학교장의 적극적 리더십 − 학교활동을 적극적으로 뒷받침하는 시스템 − 관악산을 뒤뜰로 삼은 친환경적인 학습여건 − 교장, 교감, 교사의 소통 중시와 민주적 환경 − 자기주도학습 및 참여 수업에 대한 태도가 좋음 − 과정을 중시하는 입시에 대한 대안 마련	− 학과성적 우수자의 강남권으로의 진학 − 부모의 경제력이 낮은 학생이 20~30% − 학력부진아의 비율이 20~30%에 육박함 − 지역사회의 학교에 대한 몰이해 − 학생별 학업성취도 차이가 크며 상위권 학생 부족 − 강남과 인접한 지역사회의 피해의식 확산 − 학생들의 급감으로 학교운영 지원비의 격감 − 학습부적응 학생의 전입이 많음
Opportunity	**Threat**
− 2010년 수시입시체제로의 전환으로 높은 진학률 − 학생 중심으로 학교의 변화를 갈망 − 외부강사의 진로교육을 통한 자신의 꿈 탐색 − 구청·교육청으로부터의 부진아에 대한 지원 확대 − 지역사회로부터의 학교에 대한 긍정적 인식 확산 − 수업개선을 통한 소통하는 학습분위기가 조성됨 − 다양한 방과후 활동을 통한 학생들의 만족도 향상	− 구암고등학교의 개교(2012년) − 낙성대에 자공고 서울사대 제2부고 개교(2014년) − 정신질환 및 학습부진, 부적응 학생들의 전입 − 기초생활보호자와 차상위계층의 확대 − 낙후된 지역의 학생들의 진취적 기상 부족

仁憲高

〈그림 2-2〉 2011년 인헌고 SWOT 분석 결과

일이 그렇게 진행되어서는 안 되는 것이다. 존 롤스(John Rawls)는 『정의론』에서 '차등의 원칙'을 제시한다.

그것이 사회에서 가장 불리한 입장에 처한 사람들에게 최
대한의 이익을 주는 조건에서만 허용되어야 한다.

프란체스코 교황은 세월호의 아픔을 상징하는 노란 리본을 4박
5일 일정뿐만 아니라 귀국 비행기에서도 가슴에 달고 있었다. 중
립을 지키기 위해 노란 리본을 떼어내시라는 조언을 하자, 교황은
"세월호의 큰 아픔, 고통 앞에서 중립을 지킬 수 없었다."라고 말
했다. 생때같은 자식을 가슴에 묻은 부모가 사회적 최약자이기 때
문에 이들을 외면하지 않겠다는 것이다. 바로 그것이 정의인 것이
다.

부모의 경제적 배경을 근거로 선행 학습을 하는 학생들 위주의
학교, 수월성 교육 우수학교를 관악구에 유치하는 것은 교육수혜
자의 측면에서 최약자를 포기하는 것으로 정의롭지 못한 처사였
다. 부모의 경제력과 무관하게 학생들은 행복해질 권리가 있고 교
육받을 권리가 있는데, 우리는 진정 그런 학교를 만들 능력이 없
다는 말인가.

뭔가 돌파구를 찾아야 했다. 일반고의 돌파구는 입시 성적 말
고는 없었다. 그렇다면 대학 입학률을 높이는 방법을 찾아야 했
다. 입학사정관제에 대한 막연한 호감은 갖고 있었지만 이를 학교
에 적용하자고 결심한 것은 우연한 사건에서 비롯되었다. 3학년
담임을 하던 2009년 가을 숙명여대에서 열린 박권우 선생[1]의 입

---

1. 『수박먹고 대학간다』 시리즈의 저자. 당시에는 인천 숭덕여고 교사였고, 현재는 이화여대부속고에서
   교편을 잡고 있다.

시 설명회에 참석했다. 인천 숭덕여고는 전입 대기자가 있을 정도로 지역사회로부터 평가가 높은 일반고였다. 그는 설명회에서 전교생이 야간 자율학습을 하며 다양한 학교 활동을 하는데, 그 활동 모습을 학교생활기록부에 상세히 기록할 수 있어서 진학률이 높다고 설명했다. 그리고 독서 활동 일지 한 쪽을 내면 학생부에 100자 정도를 기록했는데, 250권을 읽은 학생이 서울대 국문과에 합격했다는 이야기도 전해 주었다. 학부모의 경제력이 낮은 지역임에도 불구하고 매년 서울대 등 주요 대학에 50여 명, 그리고 서울에 있는 여러 대학에 150여 명을 합격시킨다는 사실을 들으면서 등골이 서늘해지고 심장이 뛰었다. 입학사정관제로의 전환이야말로 그렇게 찾아 헤매던 대안이었다. 그것만이 대학 입학률을 높일 수 있기 때문이다.

> 천국은 마치 밭에 감추인 보화와 같으니 사람이 이를
> 발견한 후 숨겨 두고 기뻐하며 돌아가서 자기의 소유를
> 다 팔아 그 밭을 사느니라.(마태복음 13:44)

3학년 부장을 자원하였다. 부장이 된 다음, 연간 활동 계획을 마련하여 동참할 담임교사를 찾았다. 가장 중요한 계획은 대학 입시를 정시에서 수시로 변경하는 것이었다. 350명 정원에 서울 소재 대학 진학 학생수가 20여 명에 불과한 상황이었고, 아이들이 정시로 대학을 가기에는 수학능력시험 성적이 너무 초라했기 때문이다.

학년 업무 중에 입학사정관제 관련 업무를 막 전입해 온, 절친

한 친구이자 동료인 김인호 선생에게 맡겼다. 그 당시 입학사정관 제도는 이명박 정부의 교육정책으로서 4대강 사업과 함께 대중적 지지를 받지 못하는 제도로 경원시되었지만, 그도 그것이야말로 학교를 살릴 수 있는 유일한 방법이며 선진적인 선발 제도라고 뜻을 같이했다.

10명의 담임교사가 한 마음이 되어 준비해 나갔다. 성과는 놀라워서 2010년 대학수학능력시험을 보기 전에 합격 사례가 80건을 넘어섰다. 무에서 유를 창조한 것이다. 그해 서울 소재 대학 진학 학생 수가 50명이 넘었다. 지난해보다 무려 2배 이상의 성과를 가져왔다. 내 인생에 가장 보람찬 시절이었다. 담임교사들이 서로 힘을 합쳐 놀라운 결과를 만든 것이다. 저녁 늦게 자장면을 먹어가면서 교육과 진로를 이야기하고 입학사정관제로 인한 학내 갈등 상황에서 서로 위로하며 지내던 시간 덕분이었다. 책상에 엎어져 2년 동안 잠만 자던 학생이 입학사정관제로 대학에 진학하고, 평소에 말이 없어 '농아 학생'처럼 알려졌던 학생이 면접반에 들어와 당당하게 의견을 말하는 모습을 지켜보았다. 그러자 학교에 소극적이던 학부모들의 얼굴이 밝아지고 지역사회의 부정적 인식이 긍정적으로 바뀌어 갔다.

5년 순환의 마지막 해를 3학년 부장 교사로 근무하고 새로운 학교를 모색했다. 그때 교장으로부터 3학년부장을 1년 더 해달라는 유임 요청이 왔다. 진학지도를 입학사정관제 중심으로 전환하는 과정에서 온 몸으로 지지해준 교장의 간곡한 부탁이 있었고, 긍정적 변화를 시도해 놓고 중간에 떠나는 것은 무책임하다는 동료 교사들의 요청도 있어서 고민하던 차였다. 그런데 가까운 사람들의 의견이 둘로 갈렸다. 한쪽에서는 '초빙 교사'는 노동조합이 반대하는 제도로 만기 근무한 후에는 떠나는 것이 순리라고 말하는가 하면, 3학년 담임교사들을 포함해 입학사정관제를 도입해 학교의 발전가능성을 본 일부 교사는 강력하게 학교에 남아야 한다고 말했다. 학교 상황은 매우 유동적이었다. 입학사정관제를 반대하는 교사들 중심으로 신학년도에 주요 부서를 장악해 수능 정시 위주의 체제로 되돌리자는 움직임이 있었다.

나는 교장과 담판 지었다. 교장에게 3가지를 요청하면서 그것이 충족이 되면 유임하겠다고 말했다. 입시만을 바꾸는 것에서 한 차원 높여 학교를 바꿀 수 있도록 교무부장으로 임명해 줄 것, 혁신학교를 받아들이고 혁신업무를 교무부장에게 줄 것, 유임보다는 초빙해 줄 것 등이었다. '강남'이라는 등잔 밑의 그림자처럼 '깜깜한 인헌고'를 '밭에 감춰진 보화를 발견한 농부'처럼 변화시킬 수 있을까? 나는 정말로 학교를 바꿔 보고 싶었다. '사랑은 눈물의 씨앗'이라는 대중가요의 노랫말처럼, 사랑이라는 꽃말을 가진 하트 모양의 라일락 잎사귀를 씹을 때의 쓴 맛처럼, 나는 인헌고에 대한 사랑 때문에 개인적으로 겪을 눈물을 미처 예상하지 못했다. 세 가지를 유임의 조건으로 내건 이유는 이렇다.

첫째, 교무부장 자리를 요구했다. 권력은 칼에서 나온다고 했다. 학교에서의 칼은 회의에서 사회를 보는 사회자의 마이크였다.

교무부장은 공식적으로 마이크를 관리하는 사람이다. 학교 변혁의 핵심은 마이크를 쥔 교무부장에게 달려 있다는 것이 나의 판단이었다.

둘째, 교무부장이 혁신 업무를 맡아야 한다고 주장했다. 1990년대 후반에 우리나라 교육은 학교 붕괴, 교실 붕괴의 쓰나미를 경험했다. 이에 대한 대안으로 전국교직원노동조합 내에 유럽식 교육을 연구하는 '새로운 학교 교사 동아리'가 꾸려졌는데, 거기에서 혁신 학교를 이론적으로 탐구하고 시스템이 잘 갖추어진 학교를 견학하면서 새로운 학교를 준비하고 있었다. 2010년 서울시 교육감 보궐선거에서 곽노현 교수가 교육감으로 당선되었다. 그렇게 해서 서울에도 서울형 혁신학교라는 명칭으로 혁신학교 개설이 가능해졌다.

학교의 절차적 민주주의 실현에 치중하던 교사들에게 상향식 학교 개혁의 기회가 서울에서도 주어진 것이었다. 2010년도 입학사정관제 중심으로 학교 변혁을 꾀하다 보니 인헌고는 이미 혁신학교의 모습이 갖추어졌고, 이를 제도적으로 뒷받침하기 위해 혁신학교로 전환하는 것이 필요했다. 대부분의 혁신학교에서는 혁신부장을 따로 두어서 학교 혁신에 대한 연구와 기획을 맡겼는데, 기존의 학교에서 혁신을 하자면 기획의 집행력을 담보하기 위해 교무부장이 혁신을 맡아야 한다고 판단했다.

혁신학교 연도별계획

2012
업무혁신을 통한 학교정상화
교무업무와 담임업무의 분리
문예체 교육의 교육 과정화를 통한 책임교육 기반 구축
국어교과의 수업 및 평가의 혁신화
인헌협약의 제정으로 수업 생활의 혁신 구축
선진형 교과교실제의 도입으로 수업의 질 향상 도모

2013
수업 혁신과 문예체 교육을 통한 행복공동체의 기틀 마련
전교과 수업혁신 실시
전교과 수업공개(동료교사, 학부모 및 외부인사)
교과교실제의 제도적 정착으로 수업만족도 제고
학급자치회와 학생회의 제도적 활성화
학부모회의 주체적 역량 강화로 3주체의 역량 극대화

2014 어울림 속에서 꿈을 키워가는 행복공동체의 구현

2015 인헌혁신학교 운영의 제도적 여건 및 주체적 역량 확산

〈그림 2-3〉 인헌고의 혁신학교 연도별 계획

셋째, 유임보다는 초빙을 요청하였다. 유임으로는 최장 2년을 있을 수 있지만, 초빙은 5년까지 가능했기 때문이다. 또한 초빙의 사유가 충족되는, 2년~3년 후에 학교를 옮길 생각이었다. 시스템을 구축하는 세력은, 시스템이 구축된 이후에는 이를 지키기 위해 보수적 성향을 지니게 된다. 그래서 시스템의 안착을 위해서는 다양한 조건에서 변용을 겪어야 한다. 시스템의 안착 단계에서는 시

스템을 구축한 세력은 걸림돌이 되기 때문이다. 교무혁신부장의 역할은 '학교 시스템의 구축'이라고 여겼기 때문에 그 기간이 최소 3년 정도가 필요했다.

학교 시스템의 혁신은 혁명적 차원의 전환이다. '빨리 가려면 혼자 가고, 멀리 가려면 함께 가라.'는 말이 있지만 학교 시스템의 혁신은 다수가 합의한 사항을 속전속결의 방식으로 '빨리 가야하는 작업'이다. 빨리 가는데 혼자서 모든 짐을 짊어지고 갈 수도 있고 함께 분담하여 수월하게 갈 수도 있지만, 나는 '함께 그리고 빨리' 가기로 했다. 방향과 속도를 동시에 얻는 방법이었다.

그러나 변화에 대한 구성원 간의 인식의 차이와 미래 상황의 불확실성에서 발생하는 불편함이 갈등의 요인으로 남았다. 변화에 대해 불편하게 생각하는 사람들이 끝내 다듬어지지 않은 모난 돌을 수시로 던졌다.

〈그림 2-3〉처럼 혁신학교로 지정되기 이전부터 학교 시스템을 혁신하는 데 2년을 잡았다. 그리고 3년~4년째는 안정적 정착을 통해 행복공동체를 구현하는 시기로 정했다. 나는 교무부장 1년과 교무혁신부장 2년 총 3년을 근무하여 학교 시스템을 구축하고 2014년도에 다른 학교로 옮겼다.

3. 예비 혁신학교를 거쳐

2011년 교무부장을 맡았다. 25년 교직 경력 중 교무부 업무는 고사계를 1년 해본 것이 전부였는데, 학교를 바꾸겠다는 생각으로 시작한 교무부장 업무는 만만치 않았다. 초빙된 것을 두고 3월초부터 안 좋은 소문이 돌기 시작했다. 주된 내용은 '인헌고에서 교장하려고 유임했다.'라는 것이었다. 그러나 법적으로 내부형 교장 공모제(교사가 교장이 될 수 있는 제도)는 해당 학교 교사에게는 신청기회 자체가 없으며, 다른 학교 근무 기간이 3년이 경과되어야 하고, 교장이 정년퇴직할 경우에만 가능했다. 그래서 내가 교장이 되려고 초빙에 응했다고 하는 것은 악의적인 소문이었다. 2개월 정도 지나서 소문을 잠재우기 위해 법적 근거를 제시하며 근거없는 비난이라고 반박했다. 혁신학교를 하기 위해서는 제반 준비를 해야 했고, 2학기에 맞추어 예비 혁신학교를 신청하기 위해서였다. 그리고 그들에게 "교장이 되기 위해 초빙된 것이 아니라 학교를 혁신하기 위해 남았다."고 말하자 그때부터 뜬소문이 수그러들기 시작했다.

지난해 입학사정관계에서 활동한 김인호 선생은 3학년부장을 맡아 입학사정관제를 안착시켰다. 입학사정관제를 반대하는 교사들은 방과 후 보충 수업을 중시하는 교사와 학생부에 기록하는 것을 버거워하거나 주입식 수업을 최상의 수업으로 생각하는 일부 교사들이었다. 하지만 변화하는 시대에 대응하려는 움직임이 많아 그 영향력이 크지 않았다. 특목고나 강남의 일반고는 수능에서 1등급, 2등급을 받는 학생들이 많아서 정시 위주의 입시전략을 취한다. 하지만 그것도 사실상 재수생을 양산해서 얻는 결과였다. 그러나 인헌고는 350명 중 1등급을 받은 경우의 수를 모두 더해도 20건이 채 되지 않는 상태였다. 그 상황에서 수능 중심의 정시 위주를 택한다는 것은 300명 이상의 학생을 포기한다는 말이기도 했다.

예비 혁신학교란 혁신학교를 하기 전에 2,000만 원을 지원해 주고 일정 기간 시범적으로 운영을 해보게 한 후, 혁신학교로 전환할 것인지를 최종적으로 학교에서 결정하도록 하는 유연한 정책이었다. 우리는 다양한 단위에서 지속적으로 회의를 하고 최종적으로 혁신학교 추진단에서 추인하여 대강을 마련했다.

〈표 2-1〉 예비 혁신학교 지정을 위한 혁신학교 추진단 활동 내역

★ 6.13. 제1회 혁신학교 추진단 교사 회의 개최
　— 예비 혁신학교 신청 여부 및 계획서 토의
　— 학교의 像 마련 : '어울림 속에서 꿈을 키워가는 행복 공동체'
　— 활동 일정 확정
★ 교과교실제에 대한 토의
★ 업무 경감 방안 논의 및 대안 마련
　— 부장 회의에서 논의
　— 2학기에 2명의 업무사 채용
★ 8.22. 제2회 혁신학교 추진단 전체회의
　— 추진단 구성 : 교사(12), 학부모(2), 학생회(3), 동창회(1)
　— 창의적 체험활동案 마련
★ 9.5. 제3회 혁신학교 추진단 교사회의
　— 교사위원 13명 참석, 교사 4명 참석
　— 복수담임제 도입 여부 : 현행대로 유지하기로 함
　— 업무 분장 원칙 마련

　혁신학교의 이념을 '어울림 속에서 꿈을 키워가는 행복 공동체'로 하여 교사와 학생 및 학부모가 행복할 수 있는 공동체를 만드는 것을 목표로 삼았다. 그것은 이런 의미도 지니고 있었다. '우리 학교는 학생들을 가르치고 돌볼 뿐만 아니라, 교사와 학생의 어울림 속에서 학생들을 인격체로 대우해 주면서 학생들의 꿈을 키워주는 공동체를 이상으로 삼는다. 학력 수준 때문에 차별받지 않으며, 부모의 경제적 수준 때문에 교육기회를 박탈당하지 않고, 학생 개개인의 특기와 적성을 신장시켜 주며, 학생이 행복을 스스로 찾아가게 해주는 것이 인헌고 혁신학교의 이념이다.'

■ 관계의 깨어짐과 회복

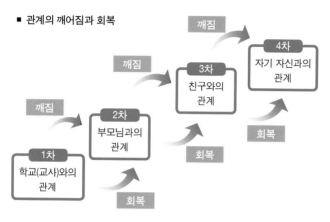

〈그림 2-4〉 하태민 교수의 플래너 강의에서

하태민 교수는 〈그림 2-4〉와 같이 아이들이 교사와의 관계를 시작으로 하여, 부모와의 관계를 형성하고, 친구와의 관계에 이어 자기 자신과의 관계로 나아간다고 주장했다. 학생은 교사와의 관계 파탄의 경험을 갖고 있는데, 결국 이를 회복시킬 적임자는 교사이다. 따라서 학교상을 만드는 결정적 책무를 갖는 이로 교사를 설정했다.

혁신학교에서 혁신의 주체는 교사가 된다. 지원금으로 학교 운영과 교육 활동을 지원하며, 학교 시스템 전체가 원활하게 돌아가자 교사들의 관심이 수업 혁신에 쏠렸다. 예비 혁신학교가 시작되면서 가중되던 업무를 교무부에서 책임지자 처음에 불평을 많이 하던 교사 사이에 신뢰가 싹트고, 혁신이라는 사업을 자신의 일로 받아들이기 시작했다.

〈표 2-2〉 혁신학교의 학교상과 학생상

★ 학교상
 − 지적, 정의적 성장을 이끌어내는 학교
 − 학습의 즐거움을 느끼게 하는 학교
 − 스스로 공부하는 법을 터득하게 하여 평생학습사회를 준비하는 학교
 − 가족공동체, 학교공동체 내에서 인권을 생각하고 배려와 존중을 실
   천하게 하는 학교
 − 지역사회 및 우리 사회에 참여하며 민주 시민을 키워내는 학교
 − 청소년 발달단계에 맞는 성장 과업을 배려하는 학교
 − 신체적, 정신적 건강을 배려하는 학교

★ 학생상
 − 학습의 즐거움을 맛보고 스스로 찾아서 학습하는 학생
 − 공동체 내에서 민주적 주체로서 적극적으로 참여하는 학생
 − 자신과 타인의 정서적 필요를 파악하고 이를 배려하는 학생
 − 청소년기에 키워야 하는 삶의 능력들이 고루 발달한 학생
 − 책읽기를 즐기며 글쓰기, 토의·토론에 적극적인 학생
 − 신체적, 정신적 건강을 유지할 수 있는 학생
 − 기본 예절을 잘 지키는 학생
 − 나를 사랑할 줄 아는 학생

　예비 혁신학교 지원금 2,000만 원은 학교의 숨통을 트이게 했
다. 인헌고의 재정 상황은 극히 열악했다. 인헌고의 학생 수는
평균 28명 정도였다. 학생 수가 점점 줄어들었는데, 이는 공정
택 전 교육감의 고교 선택제 정책의 시행으로 지원 학생이 적었
기 때문이다. 이웃의 선호 일반고인 D고의 학생 수는 평균 38명
이다. 학생들의 납부금 중 약 25%는 학교 운영 지원비로 사용되
는데, 학생 1인당 한 분기에 6만 5천 원 정도였다. 1년이면 학생
1인당 학교 운영 지원금은 26만 원이다. 어떤 학급이 학생 수가
다른 학급보다 10명 적다면, 그 학급의 학교 운영 지원금은 비교

되는 다른 학급보다 260만 원 적게 된다. 한 학교에 이런 학급이 30개가 있다면, 그 학교는 다른 학교와 비교해서 연간 학교 운영 지원금이 7,800만 원 부족한 상황이 된다. 인헌고와 같은 비선호 학교에서는 고정비용으로 지출되는 학교 예산을 빼면, 남은 예산으로는 교사 연수나 교직원 단합 대회 등은 꿈도 꿀 수 없는 상황이었다.

〈표 2-3〉 예비 혁신학교 예산 지출 내역

		8월	9월	10월	11월	12월	소요경비
업무경감	교무행정지원사 고용				→		6,400,000
복지사업 전문화	학교사회복지사 고용				→		6,400,000
혁신연수	교사연수		→				1,500,000
	학교방문				→		900,000
	혁신학교추진단연수	→					3,200,000
	학부모 연수				→		200,000
분과활동 지원	분과별 활동3				→		1,400,000
	교재 및 자료 구입				→		350,000

우리는 지원금으로 제일 먼저 업무행정시스템을 구축해 업무 행정사 2인을 고용하였다. 교사의 업무 중 잡무에 해당하는 부분이 상당히 많아 교육적 의미가 거의 없는 일에 시간을 빼앗기는 일이 많았다. 그것은 교육 행위에 방해만 되는 일이었다. 교사의

손에서 잡무를 제거하고 수업과 상담에만 전념하게 한다면 더 나은 '돌봄과 교육'이 가능할 것이다. 업무행정사에게는 4대 보험 포함하여 월 150만 원을 지급하였으며, 청년 실업 해소 차원에서 지방대학 졸업자 2인을 선발했다. 이들에게 학교의 모든 결재를 맡겨 실질적으로 교사들의 업무를 경감시켰다. 예비 혁신학교로서 서울시 교육청으로부터 받은 예산 2,000만 원 가운데 이들의 고용에 1,280만 원을 여기에 사용했다.

인헌고의 혁신학교로의 전환이 성공할 수 있었던 것은 업무행정사 체제 구축을 통해 업무를 경감한 것을 최우선으로 꼽을 수 있다. 업무 행정사 두 사람이 하는 일은 결재 뿐만 아니라 야간 자율 학습 업무와 방과 후 수업 업무 등 손이많이 가는 일이었다. 이들이 담임교사의 이러한 업무를 대신하자 상담과 학생지도에 숨통이 트였다.

학교 혁신의 핵심은 수업이다. 궁극적으로 학교를 변하게 하려면 사토 마나부의 '배움의 공동체'처럼 수업을 바꿔야 했다. 그런데 수업을 바꾸기 위한 제도적 장치는 교과교실제였다.

교사와 학생 전체에게 취지를 설명하자 교사들은 지지했고 교실을 옮겨다는 것을 싫어한 학생들은 '비판적 지지'를 했다. 그리하여 우리는 전 과목을 교과교실제로 운영하는 선진형 교과교실제를 신청하고, 부족한 교실 지원을 요청했다. 마침내 교실 6칸 신설 지원을 약속받았고, '2012년 선진형 교과교실제 운영학교'로 지정되었다.

<표 2-4> 혁신학교 지정 신청 투표 결과

구성원 동의		총 인원	찬성 인원	동의율(%)
	교원	57	47	82.4
	학교 운영위원	12	10	83.0

6개월의 예비 혁신학교를 거쳐 혁신학교로의 전환 여부를 결정하는 긴급한 시기가 돌아왔다. 2학기에 새로 부임한 교감의 설득력 있는 호소와 교장의 전폭적인 지지 및 학교 변화를 갈망하는 교사들의 의견이 모아져 전 교직원 82.4%, 학교 운영위원 83%(참석자 전원)의 찬성으로 혁신학교 지정 신청이 통과되었다. 예비 혁신학교 중에서 가장 높은 찬성률이 나온 것은 학부모와 학생들의 긍정적 지지가 있었지만, 교사들도 학교를 변화시켜야 한다는 것을 자각했기 때문이다. 비판적인 교사들도 혁신학교 지정에 적극적으로 찬성했는데 혁신학교가 되면 첫해에 한해서 정원의 50%까지 다른 학교로 옮겨갈 수 있었기 때문이다. 그러나 막상 혁신학교가 싫어서 비정기 전보로 전출한 교사는 전출 대상자 17명 중에서 4명(23.5%)에 불과했다. 그만큼 변화의 바람이 크게 불었던 것이다.

3장

학교생활기록부 전형
(입학사정관제)을
학교교육의 내실화에
활용하다

1. 학교생활기록부는 오롯이 학교와 교사들의 책임

　2010년 관악산 자락에 자리잡은 인헌고에 희망을 담뿍 안고 부임했다. 선유봉과 낙타봉에 잔설이 남아 있는 겨울 나뭇가지의 숲 속 풍경은 눈부셨다. 특히 3학년부 교무실에서 바라보는 산 풍경은 세상의 어느 카페에서 바라보는 풍경 못지 않게 좋았다. 하지만 인헌고의 상황은 좋지 않았다. 서울에서 몇 개 되지 않는 비선호 학교라는 낙인이 찍혔고 학부모들의 불만은 하늘을 찔렀다. 당시 3학년부장이던 오안근 선생의 부탁으로 3학년 담임을 맡고 보니, 그 사정이 암담했다. 서울 시내에 있는 대학 입학처에 근무하는 친구도 나에게 비선호 학교에서 근무하느라 고생이 많다고 위로했다.

　2009년 서울에 있는 대학에 진학한 학생은 총 23명에 불과했다.

그래도 서울대에 두 명 들어간 게 다행이었다. 한 학급에 약 38명 씩이었는데 그 중에서 두세 명이 서울 소재 대학에 들어간 꼴이었다. 그러니 아이들도 학교를 신뢰하지 않았고, 학부모들의 불만은 하늘을 찔렀다. 물론 고등학교를 대학 입시 결과만으로 평가할 수는 없다. 하지만 어떤 특별한 진로 계획도 갖지 못한 채 대학에 들어가는 데 필요한 성적까지 나쁠 때 아이들과 학부모는 학교를 막막한 심정으로 바라보았다. 아예 입시 지도를 받지 못한 아이들은 밤새 아르바이트를 했는지 1교시 이전부터 잠에 빠졌다. 3교시 정도가 되면 학급의 반이 책상 위에 쓰러져 잠을 잤고, 점심을 먹고 난 5교시가 되면 학급에서 5명 정도를 제외하고는 모두 책상 위에 엎어져 일어날 줄을 몰랐다.

3월 모의고사를 통해 아이들의 실력을 점검했다. 인문계에서 5명, 자연계에서 5명 정도가 수능을 통해 서울에 있는 대학을 갈 수 있을 듯했다. 그렇다면 수능 성적을 올리기 위해 최선을 다하는 것과 함께, 다른 방법도 모색해야 했다. 그 당시 수시로 58%, 입학사정관 전형으로 10% 가까이 선발했고, 논술과 적성이라는 전형으로 그보다 많은 학생들을 선발했다. 하지만 인헌고 아이들은 정시 이외의 입시 전형에 대해서는 알지 못했다. 그 당시 인문계에서 정시로 대학을 가자면 언어, 수리, 외국어, 사회탐구 또는 과학탐구 영역에서 모두 1등급을 받아야 서울중앙대 경영학과에 들어가는 정도였으니, 뒤떨어진 수능 점수를 따라잡기는 만만치 않았다. 건국대에 가려면 1등급 3개, 숭실대에 가려면 1등급 2개를 받아야 했다. 하지만 그런 성적을 받는 아이들은 전체적으로 두세 명에 불과했다. 그렇다면 논술이나 적성 등 수시에서 방법을 찾아야 했다. 하지만 그것이라고 쉬울 리 없었다.

인문계에서 수능 2등급이 2개 정도 나올 만한 상위권 아이들을 모아 논술 지도를 시작했다. 내신 3~5등급의 중위권 아이들에게는 적성을 지도했다. 하지만 논술은 우선 선발에 끼지 못하면 경쟁률이 100:1 가까이 되어 수능에서 최소한 2등급 두 개를 맞춘다고 하더라도 대학 들어가기 어려웠다. 또한 적성은 한성대, 가천대, 가톨릭대, 경기대 등에서 선발했는데, 전체적으로 경쟁률이 80:1에 가까웠고, 수학을 잘하는 아이들에게 유리한 전형이었다. 더욱이 3학년이 되어 1주일에 한 차례씩 몇 달간 논술을 가르친다고 해서 실력이 급속도로 느는 것은 아니었다. 그래서 기본적으로 논제에 대한 정확한 답을 쓰게 하는 논술 지도를 했는데, 눈에 확 띌 만큼 글을 잘 쓰는 아이나, 10:1 정도면 들어갈 수 있는 우선 선발[1]에 낄 수 있는 아이가 없어 아쉬웠다. 더욱 큰 문제는 적성을 준비하는 아이들이 내신과 수능을 포기한 채 적성에만 '올인' 한다는 사실이었다. 어차피 수능도 힘들고 수시에서도 노릴 만한 전형이 없으니 아예 적성만 파겠다는 것이다. 그런데 어느 누구도 적성을 어떻게 준비해야 하는지 그 방법을 알고 있지 못했다.

그때 나는 3학년부 교무실에서 입학사정관계를 담당하고 있었

---

1. 2011학년도에는 지원자는 무한정으로 수시 전형에 응시할 수 있었다. 따라서 10:1 정도가 되면 경쟁률이 그다지 높다고 말할 수도 없었다. 또한 예비번호가 2배수 안에만 들어도 어느 정도 합격이 보장되었다. 따라서 10:1은 실제적으로 3:1 수준밖에 되지 않았다.

다. 3학년부장 생각은 입학사정관 전형을 교사와 학생들에게 소개하고, 그 전형을 뚫을 방법을 찾자는 것이었다. 그런데 입학사정관제는 1학년 때부터 준비를 해야 하는 것이라서 주로 10:1의 낮은 경쟁률을 보여도 감히 덤벼들기가 쉽지 않았다. 그래도 3학년 담임교사들은 한 가지 입시 전형만 고집하지 말고, 입학사정관제와 논술, 입학사정관과 적성, 혹은 논술과 수능, 적성과 수능을 겸해서 준비하자고 의견을 모았다. 하지만 그것이 뜻대로 되지는 않았다. 많은 아이들이 논술이나 적성, 혹은 수능 한 가지 방식만 고집하다가 낭패를 보았다. 그래도 준비가 부족한 대로 가장 큰 성과를 보인 것이 입학사정관제였다. 나는 대학 입시 설명회에 꾸준히 쫓아다녔고, 우리 학교에 적용할 방법을 한 가지씩 메모해 돌아왔다.

3학년에 올라올 때 대다수의 아이들의 '학생부'는 너무 빈약했다. 대부분 다섯 장 정도였고 거기에 3학년 기록을 더해 보았자 일곱 장밖에 나올 수 없었다. 게다가 전국 규모의 대회[2]에서 상을 받거나 수학이나 과학 올림피아드에 나가서 상을 받아온 아이는 전무했다. 영어 인증 점수를 받은 아이도 토익 800점을 받은 아이가 한 명 정도 있었다. 그렇다면 전국 규모의 인재들이 몰리는 학과에는 승산이 없었고, 적어도 학교 활동이 우수한 것만으로 뽑는 학과에 지원해야 했다. 백일장에 나간 경력이 많아야 하는 국어국문학과(문예창작학과), 방송반 활동이나 광고 동영상을 많이 만

---

2. 2010년에는 대외 경시 대회 수상도 입시자료로 허용되었다.

든 경력이 있어야 하는 신문방송학과(언론정보학과), 모의 유엔이나 모의국회, 인권 관련 활동을 요구하는 정치외교학과, 독도 지킴이, 문화재 관리, 동북공정에 관심이 많은 학생들이 가는 사학과를 피한다면, 뚜렷한 활동 경험이 요구되지 않는 학과에서는 경쟁력을 가질 수 있다고 판단했다. 경영학과나 행정학과, 그리고 자연계의 기계나 전기 공학과 등은 내신 성적이 좋고, 학교에서의 협동, 봉사, 리더십 활동만 좋으면 얼마든지 합격할 가능이 많았다. 이른바 '최고 명문' 대학만 피한다면 인기 있는 학과에서도 경쟁력을 가질 수 있을 것 같았다.

우리는 일주일에 한 번씩 담임교사 회의를 했다. 나는 일단 3학년 1학기만이라도 그동안 빠진 학생부 기록을 채워주자는 의견을 내놓았다. 먼저 독서 활동 기록을 보완했고, 담임교사가 수업하는 학과별로 학생들의 수업에 대한 평가를 기록하도록 했다. 어떤 교사는 동아리 활동에도 아이가 원하는 전공과 관련해서 기록을 해주었다. 하지만 그것만으로는 경쟁력을 갖기 어려웠다. 학생부 기록이 적어도 15매를 넘어야 입학사정관제로 경쟁력을 가질 것 같은데, 10매를 넘기기도 힘드니 문제였다. 게다가 담임교사들은 대부분 입학사정관제가 전국적으로 특별한 활동을 한 아이만 선택할 수 있는 제도라고 생각하고 있었다.

그래도 입시에서 총 10% 정도를 합격시키는 입학사정관제에 부합한 활동을 시키는 학교가 많지 않을 터이니 한 번 시도해 보자고 설득했다. 다른 방법이 없어 보였으므로 대부분 처음 입시를 맡은 3학년 담임교사들은 흔쾌히 받아들였지만, 강남에서 근무하다가 새로 전입해 온 담임교사는 시큰둥해 했다. 그래도 담임교사들이 힘을 합하고 학교 차원에서 받쳐주면 학생부 열 장 정도는 채울 것 같았다. 그래서 학급에서 멘토링을 하거나 학급의 리더십, 봉사 활동을 부각시키자고 독려했다. 출석부 관리, 학급 청소, 칠판 정리 등에 모범을 보이는 아이들에게 그 활동 내용을 적극적으로 기재했다. 그런 뒤 입학사정관제 지원을 늘려보는 편이 논술이나 적성보다 훨씬 더 유리하다고 담임교사들을 설득했다. 주어진 여건에서는 3학년 시절의 리더십이나 학교 활동만 잘 기록해도 대학에 갈 수 있다는 생각이 들었기 때문이다. 우리는 뒤늦게 학생들이 읽었던 책들을 정리해 기록하고, 3학년이라서 너무 늦었을지라도 봉사 활동도 50시간 이상을 채우게 했다. '자율 활동'에는 학교에서 진행한 강연의 내용을, '개인별 세부 능력'에는 방과 후 학습 수강 태도도 기입하도록 했다.

어떤 교사는 우리 학교 3학년 아이들 중에서 학생부 교과별 세부 능력에 기록해줄 만한 아이가 반에서 한 명도 없다고 노골적으로 반발하기도 했다. 결국 그는 우리 반 아이들에 대해 한 줄도 기록하지 않았다. 그래도 다른 담임교사들은 수업 시간에 활동한 내역을 서너 줄씩 써주려고 노력했다. 나는 교사들에게 기록 예시문을 만들어 주었다. 그것이 맞는지 어쩐지 몰랐지만 그런 식으로라도 독려해야 방법을 찾을 것 같았다. 그런데 발표와 토론 수업이 많지 않았고 모두 주입식 수업을 하던 때여서 아이들의 특성을 파

KAIST 1, UNIST 1, 고려대 1, 성균관대 1, 서강대 1, 이화여대 1, 건국대 1, 서울시립대 5, 중앙대 3, 경희대 4, 숙명여대 3, 숭실대 3, 단국대 2, 인하대 1, 아주대 1, 성신여대 3, 세종대 2, 한성대 3, 가톨릭대 2, 경기대 1, 광운대 1, 명지대 3, 서울여대 1, 성결대 1, 성공회대 1, 가천의대 1, 강남대 1, 한림대 5, 안양대 2, 수원대 1, 평택대 1, 한신대 1, 한세대 1, 한국전통문화학교 1 등(119명)

4년제 대학 - 92명 / 2년제 대학 - 27명
(논술 - 12명 / 입학사정관제 - 39명 / 학생부 - 56명 / 적성 - 12명)

〈그림 3-1〉 2011학년도 수시 합격 중간 현황

악하기에는 어려움이 많았다. 아직 수업을 바꾸어야 한다는 절박감을 가지고 있지 않았기에 교사들에게는 학생부 기록하는 일이 힘들었고 실효는 없을 것 같았다. 그래도 달리 방법이 없어 그렇게라도 매달려 보았다. 그런 결과로 1학기가 끝날 무렵에는 열심히 담임교사의 지시에 따른 아이들에게 10장~13장 정도의 학생부가 만들어졌다.

우리는 8월 중순에 원서를 접수시킨 뒤 자기소개서를 쓰게 하고 면접 연습을 시켰다. 논술과 적성은 최소한 50:1이 넘었지만 입학사정관제는 10:1이 넘지 않았기 때문에, 1차만 통과하면 3:1 정도가 되어 합격 가능성이 많아졌다. 잘하는 아이가 동시에 몇 개씩 합격한 사례가 많을 테니 1차를 통과한다면 면접만 잘해도 예비번호로 합격할 가능성이 있었다. 면접 연습 한 번 제대로 하지 않고 시험을 보러 가는 아이들이 많을 때였다. 하지만 아무리 똑똑한 아이들이라고 할지라도 면접관 앞에 서면 주눅이 들었다. 아이들에게 무섭고 혹독하게 면접 연습을 시키자, 놀랍게도 1차에 뽑

〈자료 3-1〉 중앙대, 동국대, 서울시립대에 동시 합격한 학생의 학생부 기록

과목	세부능력 및 특기사항
독서 : 문학에 대한 조예가 깊고 문학을 무척 사랑하는 모습이, 역대 국어교사로서 가르쳐 왔던 학생 중에서 가장 뛰어난 학생이라 오래도록 기억에 남을 학생임. 교사도 모르는 현대 시인들에 대해서도 알고 있을 정도로 문학에 대한 애정과 관심이 커서 동학년의 학생들 수준을 뛰어넘었다고 판단됨. 독서 과목의 성적도 학년 전체에서 1등을 할 정도로 매우 우수하면서도 성적을 위한 공부가 아닌 즐기며 하는 문학 공부를 하고 있어 바람직함. 신춘문예 작품을 스스로 찾아서 읽고 감상하며 평론에도 관심이 많음. 수업시간에 예리한 질문을 잘 해서 수업 분위기를 진지하고 적극적으로 이끄는 학급 내 최고의 학생임. / '현대시 스무고개'라는 교사 자체 제작 교재를 방학동안 스스로 탐구하고 학습함.	

힌 학생들이 대부분 2차에 합격하는 결과를 얻었다. 면접 태도와 자세를 교정하고, 시사와 전공에 대한 심층 질문을 통해 그 학과에 대한 자신감을 불어넣은 것이 주효한 것이다.

〈그림 3-1〉은 2011학년도 대학 합격 중간 집계 결과이다. 모의고사 수학에서 4등급을 받고, 내신 성적도 간신히 3등급을 받는 아이가 중앙대, 동국대, 서울시립대 국어국문학과에 동시에 합격하는 쾌거가 나왔다. 그 아이는 문학을 좋아하고 책을 많이 읽는 아이였다. 도서관에서 책을 많이 빌려 읽고, 독서 토론회도 많이 했던 아이였다. 무엇보다 국어 교사가 "이 아이는 국어 교사인 저보다도 시집을 많이 읽고 문학에 대해 해박한 지식과 자기 견해를 갖고 있다."고 기록한(〈자료 3-1〉 참조) 학생부의 내용이 결정적 역할을 했다.

모범적인 아이들이 서울시립대에 5명 합격했는데, 세무학과와 경영학과에 합격한 아이는 평범하지만 모범적인 아이였고, 글을

많이 쓴 아이가 국어국문학과, 중학교 때 과학 올림피아드에 나간 경험을 가졌으나 고등학교에서는 3등급 수준을 간신히 유지하던 아이가 전자전기컴퓨터 공학부에 들어갔다. 누구도 예상하지 못한 결과였다. 국어국문학과를 들어간 아이만 교내 수상과 활동이 많았을 뿐 다른 아이들은 합격 가능성이 높지는 않았다. 이렇듯 우리 아이들이 논술이나 수능 성적으로는 '어림없는' 학교에 들어가는 것을 보고 우리는 입학사정관제의 비밀을 알게 된 듯했다.

3학년에 올라와서야 입학사정관 전형을 준비한 아이들이 내신 1등을 하던 아이들보다 더 좋은 결과를 얻었다. 그 아이들은 자신들의 내신 등급으로 보통 학생들이 들어가는 것보다 몇 등급이나 높은 내신을 가진 학생들이 들어가는 대학에 합격했다. 4등급을 받던 아이가 숭실대에 들어갔고(〈자료 3-2〉 참조), 3.5등급을 받던 여학생이 단국대에 들어갔다. 3학년 때의 학생부 기록과 구술 면접 준비만으로 얻은 결과였다.

한편 논술과 정시를 준비한 아이들은 원하던 결과를 이루지 못했다. 논술 우선 선발로 가자니 수능 1등급을 두세 개씩 받아야 했다. 그런데 수능 2등급 두 개를 받아야 하는 일반 선발은 거의 100:1이 넘었다. 그러니 3학년이 되어 논술을 준비한다고 해도 A급 글쓰기에 이르기가 너무나 어려웠고, 수능 최저 등급을 맞추기도 어려웠다. 적성을 준비한 학생들은 응시 인원의 1/3 정도만 합격하였다. 자연계를 중심으로 8명이 붙었지만, 인문계에서는 수학을 잘하는 아이가 네 명 붙었을 뿐 적성에 '올인' 하다가 입

〈자료 3-2〉 입학사정관제로 숭실대에 합격한 학생의 내신 등급

교과	과목	1학기	
		단위수	석차등급 (이수자수)
체육	체육과 건강	1	3(329)
교양	진로와 직업	2	이수
국어	독서	6	4(329)
국어	문법	2	4(259)
도덕	윤리와 사상	3	5(259)
사회	사회 · 문화	3	5(259)
사회	한국근 · 현대사	1	5(259)
사회	한국지리	3	3(259)
수학	확률과 통계	3	4(259)
과학	지구과학 I	2	4(172)
외국어	영어독해	5	5(329)
외국어	일본어 II	3	2(194)
이수단위 합계		34	

학사정관제와 정시 둘 다 놓쳐 갈 곳을 잃은 아이가 많았다. 그렇지만 인헌고 전체를 따져보면, 입학사정관제로 한국과학기술원(KAIST)에 합격한 학생을 비롯하여, 고려대, 성균관대 등에 합격한 학생들도 있었다. 이런 입시 결과는 강남, 서초 학군에서 보기에는 '한심하다'고 할 지도 모르지만, '비선호' 학교에서 거둔 성과치고는 놀랄 만한 것이었다.

이로써 첫해 합격자는 서울 소재 대학에서만 68명이었다. 입학사정관제에서 놀랄 만한 성과를 거둔 것이다. 입학사정관제로 합격한 학생들은 예절 바르고 적극성을 지녔다는 공통점이 있었다. 교사를 믿고 잘 따랐으며, 멘토링을 열심히 하고, 자기소개서를

쓰고 면접 준비를 하는 데 최선을 다했다. 그런 사실에 1학년, 2학년 학생들도 고무되었고, 합격 소식이 들릴 때마다 담임교사들이 환호했다. 이제 방법이 마련되었다. 1학년, 2학년부터 학생부 기록에 좀 더 관심을 기울여야 했다. 나는 이듬해 3학년부장이 되면서 적극적으로 입학사정관제를 밀어붙였고, 한 달에 한두 번씩 학부모 입시 설명회를 가지면서 학부모들을 변화시켰고, 아이들과 교사들에게도 입학사정관 전형 준비 방법에 대해 숙지시켰다.

어떤 이들은 입학사정관제에 대해 사교육비가 많이 들며 강남의 학부모에게 유리하다고 하면서 반대한다. 그러나 입학사정관제에서 가장 중요한 서류가 학교생활기록부인데 사교육으로 학교생활기록부에 한 자라도 적을 수 있는가. 오롯이 담임교사와 교과 교사 몫 아닌가. 강남에 불리한 입시 제도가 언제 도입된 적이 있는가. 수능 위주의 입시에서 무력했던 교사가 진학지도를 실속 있게 할 수 있는 것은 입학사정관제뿐이다. 입학사정관제는 신입생 시절부터 자신의 목표를 정하고 준비하는 것이 중요한데, 2013학년도 대입 전형을 치른 학생들은 그 전년도 학생들보다 성적이 좋지 않다는 우려가 있었다. 그러나 우리는 그런 우려에 상관없이 입학사정관 전형을 꾸준히 준비해 나갔다. 그리하여 입학사정관제 선도 대학인 중앙대, 경희대, 서울여대 등에서 좋은 결과를 얻었다. 특히 중요한 것은 서울의 중상위권 대학으로 진학하는 비율이 높아졌다는 점이다. 진로·진학 혁신은 의식주 문화처럼 기초적인 성격을 지니고 있어, 그것이 충족된 다음에야 비로

소 수업 혁신이나 생활 혁신과 같은 고급스런 교육 혁신의 추진이
가능했다.

<표 3-1> 2013학년도 4년제 대학 입시 최종 현황

대학교	합격자수	대학교	합격자수	대학교	합격자수
연세대	3	서울여대	2	한동대	1
고려대	2	성신여대	1	공주대	1
서강대	1	서경대	1	충남대	1
한양대	2	성공회대	1	한국전통문화대	1
성균관대	1	가톨릭대	3	관동대	4
경희대	5	을지대	3	한라대	1
서울시립대	2	경기대	2	호남대	1
중앙대	8	아주대	1	중부대	1
한국외국어대학교	1	단국대	3	건양대	1
건국대	4	인천대	1	목원대	1
동국대	4	인하대	4	한밭대	1
숙명여대	3	한세대	2	한서대	1
홍익대	2	가천대	2	순천향대	3
광운대	1	한국산업기술대학교	3	나사렛대	1
세종대	3	안양대	3	남서울대	5
숭실대	2	한신대	2	백석대	3
울산과기대	1	강남대	1	청운대	1
포항공대	1	평택대	2	중원대	1
공주교대	1	수원대	3	세명대	1
KAIST	1	신경대	1	미네소타주립대	2
청주교대	1	협성대	1	중국 북경과기대	1
국민대	2	한림대	9	중국 연변대	1
명지대	6	부산대	3	캘리포니아주립대	1
상명대	2	계명대	1	호주유타스대	1
서울과기대	4				

<표 3-1>은 2013학년도 대학 입시 최종 결과인데 졸업생 298명
이 중복 합격을 포함해서 154곳에 합격했다. 이는 졸업생 중 약

50%에 해당하는 것이었다. 언론에서도 이러한 놀라운 성과에 주목했다.

> 서울 관악구 인헌고는 지난해 졸업생 300명 중 80명이 수도권 소재 대학에 입학했다. 혁신학교 지정 뒤 행정 업무를 전담하는 팀을 만들어 담임교사를 행정 업무에서 해방시켜 학생지도와 수업에 집중하도록 했다. 동아리 활동을 지원해 120여 개의 동아리가 생겼고, 오케스트라 동아리처럼 교사들이 가르칠 수 없는 영역은 외부 강사를 초빙했다. 협동해서 프로젝트를 수행하는 수업 방식은 교사들이 학생들의 생활기록부를 충실하게 쓸 수 있는 근거가 됐다.[3]

2014년도에는 서울 소재 4년제 대학에 88명이 합격하였고 중복 합격을 포함한 합격 건수는 176건에 달했다. 또한 전문대에 120명이 합격하여 모두 296곳에 합격하는 결과를 가져왔다.

데이비드 호킨스(David Ramon Hawkins)는 『의식 혁명』에서 "의식의 커다란 진전은 '내가 안다'는 착각을 버릴 때 비로소 가능하다. 기꺼이 변화하려는 태도는 흔히 개인들의 믿음이 다 허물어지고 더 나아갈 수 없는 '밑바닥'에 처했을 때에만 가능하다. 위기의 좋은 점은 바로 그것이다. 위기가 높은 수준으로 가는 통로가 될 수도 있다는 것이다."라고 말한다. 인헌고의 절망적인 상황에

---

3. 『한겨레신문』, 2014. 6. 10.

서 이를 극복한 것은 순전히 교사들이 위기 속에서 변화를 일구어
낸 결과였다.

2. 학생의 모든 발달 상황을 기록하자!

2010년 당시 교사들은 학생부가 입시에 중요한 자료라고 생각하지 않았다. 그것은 단순히 대학에서 형식적으로 요구하는 장부일 뿐이라는 것이다. 그리고 그것으로 대학에 입학한다는 생각은 누구도 하지 못했다. 또한 누구도 학생부에 무엇을 어떻게 기록해야 할지 제대로 알지 못했다. 지금은 많이 줄었지만, 그 당시에는 입학사정관 전형은 바로 없어져야 할 입시제도로 생각하는 교사가 많았다. 돈 많은 사람들이 자료 조작해서 대학 가는 것으로 폄하하는 교사까지 있었다. 하지만 전체 수험생 중에서 10%가 넘는 학생들을 선발하는 입시 전형에서 그것이 아무리 주관성이 많이 작용한다고 할지라도 근거 없이 선발할 수는 없었다. 따라서 가장 중요한 공식 자료는 학생부였다. 그 공문서에 어떤 내용, 어떤 활동 기록이 담겼느냐에 따라서, 그 학생의 운명이 결정되었다. 아무리 재능이 많아도 학생부 기록이 부실하면 대학에 붙을 가능성이 적었다. 이런 판단이 들자 학생부 기록으로 경쟁력을 갖추자는 운동을 시작했다.

먼저 학생부 첫 장에 나타나는 출결이 깨끗해야 했다. 무단결석이나 무단 지각이 많으면 대학에서 좋아하지 않는다는 것을 강조했다. 심지어 병결조차 대학에서는 좋아하지 않는다. 이런 식으로 이야기하자 아이들이 자신의 근태를 잘 관리했다. 심지어 3학년 직업반에 갈 때에도 출결 상태는 중요한 평가 요소가 되었고, 다른 학교로 전학을 가고자 할 때 교사들이 제일 먼저 살펴보는 것도 출결 상태였다. 다음으로 진로 사항은 되도록 1학년 때에는 폭넓은 것을 희망하고, 3학년 때 구체적인 것을 적게 했다. 왜냐하면, 성적이 중간도 되지 않는 아이가 1학년 때 의사가 되겠다고 적는다면, 그 아이가 전교 1, 2등으로 성적을 올리지 않는 한 어떤 학과에서도 받아주지 않기 때문이다. 특히 전국에서 아주 희소한 학과를 지원해야만 하는 경우, 혹은 특별히 우수해야만 되는 경우에 조금 신중하게 생각도록 지도했다.

하지만 처음에는 무엇을 기록해야 할지 모든 게 막막했다. 학생부에 아이들의 발달 상황을 기록하자는 것에 공감했지만 방법을 몰랐다. 누구도 그런 일을 해보지 않았기 때문이다. 그래서 아이들이 독서 활동기록을 가져오면 저자와 책 소개를 곁들여 아이들의 감상까지 100자 이내로 기입해주자고 의견을 모았다. 자치 활동의 경우, 학급 정부회장은 이미 정해져 있으므로, 학급에서 출석부를 관리하거나 분리수거를 하고, 자발적 진로 정보를 제공하거나 핸드폰 수거, 점심시간 자습 지도를 하는 아이들을 중심으로 행동 발달 사항을 기록했다. 그런데 동아리란, 봉사란에는 적어 놓을 만한 내용이 없었다. 3학년 동아리 지도는 담임교사가 했고, 봉사 활동도 1학년~2학년에서 대부분 끝냈기 때문이다. 한편 진로와 연관되지 않은 강연도 듣게 하는 등 처음에는 억지로 학교 활동을 시키고 어떻게든 학생부를 늘리려고 노력한 점도 없지는 않았다. 3학년 아이들은 모두 주입식 수업을 받고, EBS 문제집을 풀었다. 그것 이외에 달리 방법을 몰랐다. 그러니 모범적이고 성실하다는 식의 추상적인 내용 말고는 학생부에 기록할 내용이 없었다.

담임교사들이 매주 모여 한 학기에 한 번씩이라도 발표 수업과 토론 수업을 해 그 내용을 학생부에 기록하자는 이야기를 했다. 그리고 어떤 수업 형태로 어떤 내용을 가르쳤고 개별적 아이가 어떤 답변을 하고 무슨 반응을 보였는지 기록하도록 했다. 하지만 교사들은 낯선 일에 거부감을 드러냈고 수업을 변화시키자는 말에 거부감을 드러냈다. 마치 그것이 자신의 고유 권한을 침해한 것처럼 생각하는 교사도 있었다. 그래도 몇 명의 국어과, 사회과, 화학과 교사가 발표 수업이나 토론 수업을 시도했고 그 내용을 학생부에 기록했다. 고3 때 토론 수업은 맞지 않다고 얼굴을 붉히며 그런 사기 행각은 비교육적이라고 몰아붙이는 교사도 있었다. 내가 학생부에 모든 아이의 성장 과정을 기록하자고 말하면, 다른 교사들은 교과별 세부 능력 영역에는 수업에 모범적인 아이 한두 명만 적어 주는 것이 교사가 해야 할 일이라고 반박했다.

다른 학교에서는 핀란드식 교육, 사토 마나부의 '배움의 공동체' 방식의 교육, 융합 수업 등 발표와 토론 수업이 활발했지만, 관악산 자락에 자리 잡은 인헌고에서는 그런 수업에 관심을 가진 교사가 많지 않았다. 오히려 좋은 학교에서 고생했으니 'B급지' 학교에서 잠시 쉬겠다고 생각하는 교사들이 많았다. 그래서 그런지 그들은 수업 혁신에 대해 더 크게 반발했다. 나이 60이 되도록 해 온 수업 방식을 바꾸라고 하는 게 불쾌했던 모양이다. 나는 모든 교사들이 블록 수업을 하거나 발표와 토론 수업을 할 필요는 없다고 생각했다. 그리고 그것은 전적으로 교사 개인의 문제였다. 게다가 어떤 수업이 우수하다고 말할 자신도 없었다. 그래도 한 학기에 한두 차례 발표 수업을 한다면, 그것을 학생부에 상세히 기록할 수 있을 뿐만 아니라, 어쩌면 그런 기록이야말로 대학에 학교의 위상을 알리는 중요한 일이 된다는 것을 강조했을 따름이다.

내가 2011년 3학년부장이 되면서 그 전까지는 담임 시간으로 자습을 하던 '동아리 활동' 시간을 실제 동아리 활동으로 변화시킬 수 있었다. 1학년, 2학년 때처럼 자기 특성을 찾아 동아리 활동을 할 수는 없었지만, 동아리가 1학년, 2학년과 연계되지 않아도 되는 아이들은 담임교사들이 수학연구반, 과학탐구반, 영어에세이반, 시사토론반, 인헌economic반, 독서토론반, 탈북자봉사동아리 등을 개설해 원하는 아이들이 각 교실로 이동해 함께 토론하고, 자료를 읽게 하거나, 답사를 나가게 했다. 그러니 학생부 동아리 분야에 뚜렷이 기록할 내용이 생겼고, 어떤 학과를 선택하느냐에 따라 자기소개서에 지원동기를 쓸 때 결정적인 도움을 주기도 했다. 나는 독서토론반을 운영하면서 아이들이 이상과 최인훈, 이청준, 카프카 등의 짧은 소설이나 그들에 관한 비평을 읽고 토론한 내용을 기록했다. 한편 플라톤의 동굴 우화나 베버의 '쇠 우리'(Iron-cage), 혹은 서사학에서 '독자의 시대'라는 것의 의미가 무엇인지 알려주는 논문이나 비평을 나눠주고 그것을 요약하고 발표하고 토론시킨 뒤 그 내용들도 기록했다. 그러자 대학에서 문학적 소양 교육을 잘 받았다고 칭찬하며, 면접관이 그에 대해 질문하는 경우가 늘었다.

입학사정관제를 준비하자면 무엇보다 진로에 대한 소신이 뚜렷해야 하는데, 교과와 동아리에서 전공 분야와 관련된 활동을 하지 않으면 이 학생이 어떤 계기로 진로를 정하게 되었는지 알 수 없었다. 학생들은 3학년 담임교사들과 함께 하는 동아리만으로는 전공과 관련된 진로 활동이 부족하다는 사실을 알게 되었다. 그러자 저희들끼리 서너 명씩 모여 다양한 소규모 동아리를 만들어 책을 읽고 토론하며 답사를 다녔다. 학생들이 박물관이나 연구소, 그리고 그 분야의 전문가를 찾아가면 창의체험활동 '진로 활동'란에 더할 나위 없이 뚜렷한 활동을 기록할 수 있게 되었다. 이렇듯 입시와 관련해서 저절로 과정 중심의 교육과정이 살아나고 있었다. 이제 공부만 해서는 안 되는 세상이 되었다. 아니, 이전과 같은 문제집 푸는 공부가 아니라, 정말로 자신의 전공과 진로를 찾고, 그 분야에 관한 한 상식 이상의 전문성을 갖는, 자기주도학습을 실천하는 것이 진정한 공부였다.

창의적 체험활동의 '자율'란은 주로 학생회 활동이나 학급의 정부회장 활동을 기록하는 부분이었다. 하지만 그런 감투를 쓰지 않은 학생에게도 학급의 분리수거를 열심히 하거나 출석부를 관리하고 진학에 관한 게시물을 지속적으로 붙여주는 학급 임원의 활동 사항을 기록할 수 있게 되었다. 혁신학교 첫해, 전교생과 교사와 학부모가 참여하는 오픈스페이스를 열었는데, 그것을 통해 교칙을 만들어가는 과정을 기재한 것도 좋은 내용이 되었다. 그것은 대한민국 어느 학교에서도 체험하지 못한 우리 학교만의 중요한 특성으로 보이기도 했다. 무엇이 기록되느냐에 따라 학교의 위상도 올라가고 학교의 특성도 드러나게 되는 셈이다.

야간 자율학습실에는 자기주도학습 운영위원을 두었는데, 그들에게는 일주일에 한 차례씩 회의를 하면서 야자실을 지도했던 내용을 기록해 주었다. 어떤 학생은 학급회의에서 핸드폰을 수거하자는 의견을 내놓았고, 그것이 의결되자 가방을 마련해 조회 시간에 수거해서 종례 시간에 나눠주는 행위를 맡아 했다. 그런 것도 좋은 리더십에 해당되었다. 어떤 교과에서 성적이 우수한 학생이 멘토링을 통해 학습이 부진한 친구를 가르치며 그 친구가 공부하는 것을 도와주었다는 것을 기록하기도 했다. 그런 아이들에게는 학교에서 만든 멘토링 일지 양식을 주어 기록하고 담임교사의 서명과 조언을 받아오게 만들었다. 그것을 통해 멘토링 일지 상을 받기도 한 어떤 아이는 중앙대에 합격하는 기적 같은 결과를 보여주기도 했다.

한편 많은 봉사 활동 시간이 적혀 있더라도 '봉사 활동'란에 아무것도 적혀 있지 않으면 이 아이가 어떤 활동을 했는지 알 수 없었다. 그래서 봉사 활동 수기 대회를 열어 자신이 봉사 활동을 한 내역을 적도록 했다. 사진을 붙이고 자신의 의식이 어떻게 변화되었는지 보여주면 더욱 좋다고 말하기도 했다. 그러자 상을 받지 못한 아이들에게도 수기를 제출한 경우에 한해서 담임교사가 그 내용을 '봉사' 특기 사항에 기록할 수 있게 되었다. 어떤 학생은 봉사 활동 수기에 부모님과 규칙적으로 장애가 있는 아이를 돌보러 다니다가 힘들어 울 뻔한 사실과 그런 일들을 계기로 매달 유니세프에 기부를 하게 되고, 학습에 적응하지 못하는 친구들을 돌보는 데에도 적극적으로 나서게 되었다고 적었고, 이를 통해 교사는 학생이 구체적으로 어떤 봉사 활동을 했으며, 그 과정에서 어떻게 사고를 발전시켜 가는지를 알 수 있게 되었다.

대학 입학을 염두에 두자면 '진로 활동'란에는 왜 그 학과를 택했는지 보여줄 수 있는 기록이 나와야 했다. 나는 아이들에게 특정한 학과를 선택해 대학교 홈페이지에 들어가 학과 탐색을 하라고 강조했다. 그러자 아이들은 그 학과에서 무엇을 배우는지, 어떤 전문가가 될 수 있고, 어느 분야에 취직할 수 있는지 알게 되었다. 나아가 자신이 어떤 분야에 가장 큰 흥미를 느끼고 어떤 교수에게 배우고 싶다는 생각까지 할 수 있게 되었다. 다음 단계로 그 교수를 인터뷰해 오라는 과제를 내주었다. 학생들은 대학 교수들을 만난다는 사실 자체를 어렵게 생각했지만 정성들여 쓴 이메일을 보내면 얼마든지 인터뷰가 가능하다는 사실을 강조했다. 또한 아이들이 자기 스스로 롤모델을 찾고 자기 진로를 찾아가는 모습을 보여주도록 주문했다. 진로와 관련된 책을 읽고 자율 동아리 활동을 하고 가능하면 논문이나 보고서도 써보도록 권유했다. 아이들은 교수에게서 만나주겠다는 답신을 받으면, 한 아이를 따라 서너 명의 아이가 방문해서 함께 사진도 찍고 질문도 했다. 그렇게 한 해가 지나자 190여 명 정도의 아이들이 전문가 인터뷰를 해오는 성과를 거두기도 했다. 그러면 사진을 덧붙여 그것을 '진로일지'라는 자료로 남겼다. 나의 꿈으로부터 시작해 학과탐색을 하고, 그 분야의 교수들을 인터뷰해 그 분에게 조언과 함께 추천도서를 3권씩 받아오고 그런 뒤에 자신의 미래의 꿈을 확정하는 방식으로 구성된 진로 일지는 대학으로부터 좋은 평가를 받았다. 그것만으로도 학생부에 진로와 관련된 대부분의 일들이 기록되었다.

독서 활동은 한 해에 스무 권의 책을 읽는 것을 목표로 세웠다. 그 중에는 전공과 관련된 책이 5권쯤 되고, 영어 원서도 한 권쯤 들어가야 한다고 가르쳤다. 담임교사가 써주는 것도 좋지만 교과 담당 교사가 책을 읽은 아이에 대해 써주는 것이 더 좋다는 이야

문과 A여학생

한국외대, 숙명여대, 중앙대, 동국대, 숭실대, 서울시립대 경제학부 모두 수시 1차 합격

1) 내신성적

학년	전교과	국영수
1학년	1.64	1.67
2학년	1.52	1.47
3학년	1.52	1.57
전 체	1.56	1.56

2) 6월 평가원 모의고사 성적

영역별		선택과목	등급
국어영역		국어-B	4
수학영역		수학-A	3
영어영역		영어-B	5
◎ 사회탐구	선택1	경제	4
◎ 과학탐구	선택2	사회문화	4

3) 학생부 내용 (총 19쪽)

✓ (출결) 3년 개근
✓ (봉사) 총64시간-정기적 봉사활동, 꽃동네 봉사
✓ (수상) 3년간 총 14건-멘토링대회 1위, 진로일지2위, 경제골든벨4위 등
✓ (자치활동) 1, 2학년 학급회장
✓ (정규동아리) 인헌 NGO 3년간 꾸준히 활동
✓ (자율동아리) ECONOMY TALK 활동 기록 풍부
✓ (진로활동) 경제학과 교수인터뷰 후 진로일지 작성
✓ (독서기록) 1, 2학년 총 12권

〈그림 3-2〉 수시 1차에서 서울시 내 6개 대학에 동시 합격한 학생의 성적

기도 했다. 독서 카페에서 조지 오웰의〈1984〉를 읽고 열띤 토론을 했는데, 월드카페 방식을 수용한 그 토론은 각 조를 4~5명씩으로 배정한 뒤에, 조장인 호스트를 시켜 같은 주제에 대해 세 가지 방향에서 5분 정도의 발표를 시킨다. 그런 뒤 조원들에게 자신의 의견을 말해서 이해를 시키면, 조원들은 다른 호스트에게로 떠나가고, 다른 조의 아이들이 찾아온다. 새로 구성된 조원들과 다시 그 주제를 토론하고 내용을 심화시키는 담화를 나눈 뒤, 수업

이 끝날 때 호스트들이 전지에 붙인 포스트잇이나 만화, 도표, 맵 등의 내용을 통해 이 책의 주제를 어떻게 받아들였는지 발표하는 방식이다. 호스트는 색연필과 같은 것을 준비해 내용 요약, 주요 개념, 인물 성격 등에 대해 조사를 한 뒤 구조 분석 및 숨은 주제에 대해 이야기하는 방식으로 열띤 호응을 받았다.

한편 황순원의 소설을 읽고 양평의 '소나기 마을'을 방문하고, 오정희의 「중국인 거리」를 읽고 인천의 '차이나타운'을 답사한 것은 현장 체험으로 의미가 깊었다. 이런 내용을 학생부에 기록하는 것은 학교에 대한 평가에서도 좋은 영향을 미쳤다. 방과 후 학습 활동의 일환으로 진행한 디베이트반이나 논술반, 원어민 영어 회화반, 과제연구(R&E, Research & Education: 학생들이 관심 있는 주제에 대해 조사 및 연구활동을 하고, 이에 대한 보고서나 논문을 쓰는 활동)반 활동도 좋은 기록 자료를 제공했다. 때때로 그것을 '개인별 세부 능력'란에 기록했다. '행동 발달 및 종합 의견'은 학기말에 기록하는 것보다 추천서를 써주듯이 생각나는 대로, 혹은 매월 한 차례씩 아이들의 특성을 기록하면 좋겠다고 말했다. 특히 교내 경시대회나 외부 활동에 적극적으로 참여했으나 수상하지 못했다는 사실까지 기록하도록 했다.

한편 방과 후 보충수업을 듣더라도 '디베이트'나 '원어민 에세이'와 같은 교과는 외부 교사가 평가한 글을 받아 담임교사가 '개인별 세부 능력'란에 적도록 했다. 또한 논문쓰기반이나 전공탐색반과 같은 방과 후 수업 활동도 기록할 내용이 적지 않았다. 교과 담임들은 점점 '교과별 세부 능력'란에 자신의 수업형식과 아이들의 구체적 활동을 상세히 기록하기 시작했다. 예체능 교사도 체육이나 음악, 미술에 대한 아이의 소양을 구체적으로 기록했다. 물론 이런 기록들은 교사마다 너무 큰 차이가 있어 어느 것이 정답에 가깝다고 말할 수 없다. 하지만 가장 중요한 것은 담임교사가 학생부의 거의 대부분을 기록한다는 사실이다. 그래서 담임교사와 대립하기보다 갈등을 잘 풀어 불이익을 받지 않게 처신해야 함을 학생들에게 일깨워 주었다.

학생부는 먼저 정량적 평가가 이루어지는 내신, 출결과 봉사 활동 시수가 좋아야 했다. 그런 뒤 정성적 평가를 하는 창의적 체험 활동이나 독서 활동, 그리고 교과별 세부 능력 평가, '행동 특성 및 종합 의견'란의 내용이 돋보여야 했다. 하지만 무엇보다도 출결과 봉사 활동과 더불어 가장 중요한 것이 내신인데, 1학년 때부터 성적이 꾸준히 향상되면 좋은 평가를 받는다고 강조했다. 그러자 아이들은 3학년 1학기에 목숨을 걸고 좋은 성적을 받기 위해 노력했다. 이런 일들이 모두 공교육을 정상화시키는 데 크게 기여했다.

3. 학교 프로파일은
간결하고 정확하게

입학사정관 전형의 경쟁률이 높아짐에 따라 대학은 고등학교를 불신하기 시작했다. 학교생활기록부의 기록이 과장되어 있어 믿지 못하겠다는 태도가 뚜렷해졌으며, 이에 따라 학교 프로파일을 요구하는 대학이 많아졌다. 학부모는 교사의 수행평가 점수를 믿지 못하고 대학은 학생부의 교사 기록을 믿지 못하는 우스운 현실이 된 것이다.

학교 프로파일에는 먼저 인헌고의 현실을 솔직하고 정확하게 요약했다. 서울시 내의 비선호 학교 5위 안에 들었던 학교로서, 4년 전 폐교 예정 학교였던 현실을 제시하되, 그것을 극복하기 위해 혁신학교로 전환을 도모하며 노력한 점을 SWOT 분석을 통해

〈그림 3-4〉 인헌고 학교 프로파일의 도입부

보여주고자 했다. '어울림 속에서 꿈을 키워가는 행복 공동체'라는 혁신학교 이념은, 가르침과 돌봄을 같이 하자는 취지로 교사, 학부모, 학생이 모두 어우러져 행복해지자는 것으로 '행복공동체'를 지향했다.

혁신의 분야로는 학교 운영, 교육과정 정상화, 학생 활동, 책임 교육, 진로·진학의 5대 분야를 정하였다. 학교 운영 혁신의 내용으로는 담임교사를 잡무에서 해방시켜 수업과 상담을 강화한다는 계획을 세웠다. 수업 혁신을 위해서는 선진형 교과교실제를 도입하는 과제를 추진하기로 했다. 학부모들의 주체적인 활동을 장려해 학부모 연수를 월 1회 실시했다. 학부모들의 학교 참여율을 높이고, 1학년 때부터 아이들의 진학을 설계할 수 있도록 도왔다. 일반고 학부모는 아이들 대학 보내는 것을 지상 최고 목표로 생각하

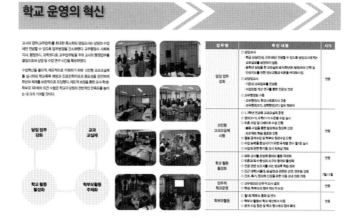

〈그림 3-5〉 인헌고 학교 프로파일 중 학교 운영 혁신 소개

기 때문에 진학에 대한 자신감, 또는 학부모가 해야 할 일을 알려 줄 때 학부모는 더 적극적으로 학교 활동에 관심을 가졌다.

교육과정의 혁신으로는 창의적 체험활동을 내실있게 운영하는 것이 중요하다. 현재 대학은 입학사정관 전형의 모델인 미국에서와 마찬가지로 문예체 교육을 잘 받은 학생, 즉 음악에서 1인 1악기, 체육에서 1인 1기의 특성을 가진 학생을 원한다. 따라서, 반별 '작은 음악회'를 장려하고, 전교생이 농구를 하게 하고, 특색수업을 통해 토론과 참여 수업이 가능하도록 도왔다. 오카리나와 바이올린 등의 연주 솜씨를 가진 아이들이 실력은 다소 부족하더라도 학교 행사, 즉 입학식, 졸업식, 학부모 연수 등에서 식전 행사로 연주를 하면, 그것을 학생부에 기록했다. 서강대 영문학과에 들어간 어떤 학생은 바이올린 연주에 적극적으로 참여했고, 입학사정관

〈그림 3-6〉 인헌고 학교 프로파일 중 교육과정 혁신 소개

제에서 1차를 통과한 뒤 면접 볼 때 바이올린 솜씨를 보여주겠다고 준비할 정도로 자기 능력에 자부심을 가졌다. 한편 전교생 농구 특기화를 구상하며, 인헌고등학교장배 농구 대회를 만들었다.

학생 활동의 혁신으로는 인헌 자치협약 제정을 들 수 있다. 전교생이 참여한 오픈스페이스 방식을 이용하여 학년별로 학생들이 강당에 모여 스스로 자치 협약안을 만들게 했다. 그런 뒤 학생 대표가 참여해, 학부모 협약안과 교사 협약안을 준비한 다음 2012년 7월 3주체가 만나서 최종적으로 인헌 자치협약을 제정했고, 2학기부터 학생회와 학부모회가 참여하며 계도 활동을 지속했다. 신입생 오리엔테이션은 당일 3시간~4시간 형식적으로 운영하던 것에서 벗어나, 2월 마지막 주에 대천 임해수련원에서 1박 2일로 운영했다. 전입 교사가 2월에 담임을 하는 것이 법률적으로 문

〈그림 3-7〉 인헌고 학교 프로파일 중 학생활동 소개

제가 있다는 점이 지적되었음에도 불구하고 새로 전입하게 된 1 학년 담임교사들은 기꺼이 신입생 오리엔테이션에 참여했고 또 큰 의미를 부여했다. 중학교에서 풀어졌던 아이들이 고등학교 준 비를 제대로 하게 하는 행사가 되었고, 담임교사와 아이들이 미리 얼굴을 익히고 각오도 다짐하는 시간이 되었기 때문이다. 특히 입 학 전에 자기계발서와 소설, 인문학 도서를 각각 한 권씩 총 세 권 을 읽어오게 한 것이 아이들에게 좋은 입학 준비가 되었다. 이때 학생회 임원들은 교사의 들러리나 심부름꾼 역할이 아니라 학생 회의 교육 주체로서 역할을 하면서 후배들을 안내했다. 또한 간 부 수련회를 통해 생활자치에 대한 의식을 강화하여 학교의 문제 점들을 스스로 개선해 나가도록 했다. 대학에서도 학생회장, 학 급회장만 했다고 리더십을 인정하는 것이 아니라, 그 활동 내용이

학생부에 어떻게 기록되어 있는 지가 중요했기 때문에 학생회 임원들은 더욱 모범을 보였고, 자신들이 주체적으로 할 만한 일들을 찾아냈다. 축제 때는 방송반과 협력해 서울시장과 교육감 인터뷰를 따왔고, 학급 자치를 활성화해 좋은 학교 만들기에 적극적으로 참여했다. 또한 드림트리⁴ 만들기나 벽화 만들기에도 그들이 주도적으로 활동했다.

봉사 활동 역시 대학 입시용 시간 채우기가 아니라 가난하고 소외된 이웃을 도우면서 자신의 사회적 역할을 생각할 수 있는 기회로 삼도록 했다. 음성꽃동네나 주사랑공동체 등에서 봉사 활동을 힘들게 한 아이들은 자신을 건강하게 키워준 부모님에게 고마워했고, 태어날 때부터 몸이 불편한 사람들을 위해서라도 자신이 더 열심히 살아야겠다는 의지를 보였다. 그리고 그런 목적의식으로, "내가 의지를 갖자 세상이 바뀌었다"라는 슬로건을 실천하게 했다. 또한 다양한 사제동행 프로그램으로 토요일 진로 캠프를 개설했고, 진로탐색의 날에 다양한 기관들을 학생들과 방문하기도 했다. 그리고 그런 교사들의 의지가 모여 KBS 〈도전! 골든벨〉을 유치했다.

책임 교육 혁신이란 학교에 적응하지 못한 학생이나 전입 학생을 위한 것이다. 동아리 활동을 극대화해 수업에 흥미가 없더라도 정체성을 갖도록 외부 강사를 적극 이용하여 이들의 진학

---

4. 학생들이 전지에 나무를 그리고, 그 안에 각자 자신의 꿈을 적어서 학교 중앙 현관에 게시하는 것을 말한다.

〈그림 3-8〉 인헌고 학교 프로파일 중 책임 교육 혁신 활동 내용의 소개

이나 진로를 지원하였다. 밴드와 힙합, 그리고 뮤지컬과 연극 강사들이 부적응 학생들의 재활을 도왔고, 상담교사가 이들을 상담해 그 근본적 원인을 찾아냈을 뿐만 아니라 도서관에서 집중 상담과 읽기 훈련을 통해 학교 생활의 의미를 되찾게 했다. 한편, 선배들이 참여하는 대학 설명회를 자주 열어주었는데, 입학사정관제로 대학에 들어간 선배들은 대학의 입학사정관들 못지 않게 입시제도와 학교 소개를 잘했다. 인근의 서울대와 숭실대, 중앙대를 비롯해 성균관대, 이화여대 등에서 선배들이 대학생 멘토를 자청해 '동행' 프로그램과 같이 2명~3명의 후배와의 유대를 강화하는 멘토링 사업을 적극적으로 지원했으며, 학급 멘토링을 소규모 동아리로 장려해 학급에서 아이들끼리 서로 학습을 돕도록 기회를 제공했다. 한편, 일탈 학생을 위한 프로그램인

교실명	대 상	프로그램
성찰 교실	수업 방해 학생, 교권 침해 학생	time out 및 기본 성찰활동
민들레 교실	흡연 1차 대상자, 면학분위기 저해 학생	금연교육,캠페인,노작활동
개나리 교실	벌점 20점 이상, 성찰교실 2회 이상 학생	교육 프로그램, 교내봉사
느티나무 교실	벌점 50점 이상, 개나리교실 불참학생	성찰집단상담, 개인상담
인헌도전 교실	학교생활 적응이 어려운 학생	전문상담 및 1박 2일 산행
전입생 적응교실	전입생	학교 생활 안내

〈표 3-2〉 푸른교실 현황(2013년도)

푸른교실은 〈표 3-2〉처럼 다양한 프로그램이 개설되었다.

2012년도에는 학생들의 일탈 정도가 심해도 전학이나 제적을 보내지 않았다. 여기서 적응 못하면 학교를 떠나야 하는 학생들이 많았기 때문이다. 그러나 돌봄을 중시하면서 학생을 정리하지 못하자 강남지역이나 근처 자사고에서 문제를 일으킨 아이들까지 인헌고로 전학을 왔다. 반대로 인근 자사고는 상위 성적 우수자들을 뽑아가는 데 혈안이 되어 있었다. 강남의 고등학교에서 담임 교사의 지도에 불만을 품고 교사의 뺨을 때리고 전학 온 학생까지 있었다. 그 아이는 인헌고에 와서도 "학교는 학생을 전학시키거나 제적시키는데 왜 학생들은 교사를 퇴직시킬 수 없느냐?"고 항의했다. 시작종이 쳐도 상습적으로 늦게 들어온 학생들을 향해 3학년 부장이 싫은 소리를 하자, 곧바로 "×××, 학교 안 다니면 될 것 아냐?"라고 소리치는 학생도 있었다. 이런 학생들을 학교에서 어떻게 지도해야 하는가. 부모가 이혼을 했거나 시설에 보내진 학생, 그리고 가난해서 희망을 찾지 못하는 아이들은 기성세대에 대한 까닭 없는 분노로 가득했다. 구청의 지원으로 청소년 전문 상담사를 고용해서 운영해 보아도 뾰쪽한 수가 나오지 않았다. 그런데 3주체가 학교 협약을 만들어 상벌점제를 적용해 벌점이 100점이 넘는 학생을 전학이나 제적을 권고하면서 푸른교실을 운영했더니, 전입생이 줄어들면서 학교가 안정을 찾아갔다.

인헌고는 진로·진학 혁신을 최우선 정책으로 삼았다. 신설 학교가 아닌 오래된 학교로서 학생이나 지역주민이 선호하지 않는 비선호 일반고였기 때문이다. 입학사정관제, 구술 면접, 논술과 글쓰기 중시, 토론 수업, 진로탐색, 입시 설명회와 대학 탐방, 맞춤형 진로탐색, 다양한 경시 대회 등을 배치했다. 전국에서 최초로 멘토링 & 스터디 그룹 운영을 실시하기도 했다. 일반고에서 공교육을 정상화시키고자 한다면 먼저 진로·진학 혁신에 성공해야 한다. 2014년 조희연 교육감에게 기자들이 "혁신학교 하면 대학 진학률이 낮아지지 않느냐?"라고 질의하자, "그렇지 않다. 혁신학교가 되면 대학 진학률이 좋아지는 사례로는 인헌고를 들 수 있다."라고 답하기도 했다.

사실 프로파일은 고등학교에서 서울대와 고려대 등 대학에 제출하는 자료이기도 하다. 아직 대학이 특목고와 자사고 서열화에 빠져 좋은 인재를 만드는 일반고의 프로그램을 제대로 읽고 있다는 생각이 들지 않는다. 대학은 특목고, 자사고, 일반고 할 것 없

<그림 3-9> 인헌고 학교 프로파일 중 진학·진로 혁신 활동 소개

이 대학 입시를 위한 보여주기 방식이 아닌, 과정 중심의 교육과정을 제대로 운영하고, 학생들이 신명나는 학교 활동을 하고, 진정으로 토론과 발표 위주의 참여 수업을 하는지 읽어야 한다. 그런데 대학은 아이들에게 생색내기식 논문쓰기와 진로 활동을 강조하는 특목고나 자사고의 상황을 읽지 못하고, 일반고 홀대를 계속하고 있다. 실제로 비선호 일반고에 중학교 성적 10% 이내에 드는 학생들이 10명 남짓 오는데, 그것도 오륙 명 이상을 자사고에 빼앗기는 형국이다. 그렇다고 일반고가 인재를 제대로 키우지 못하는가? 인헌고를 졸업하고 입학사정관제로 대학에 들어간 대부분의 학생들은 장학금을 받는다. 수능 성적으로 따지자면 다소 부족한 성적을 가진 아이들이 진로에 대한 뚜렷한 프로그램을 가지고, 자신이 무엇을 해야 할지 분명하게 알고 있기 때문에, 영어와

수학 성적이 부족해도 대학에서 좋은 성적을 보이는 것이다. 올해에도 중앙대 경제학과에 들어간 어떤 학생의 수능 성적은 수도권 대학이나 간신히 들어갈 수준이었다. 하지만 그 학생은 모든 대학에서 탐내는 인재였고, 6개 대학에서 합격한 뒤, 대학 1학년 1학기를 마치고는 2학기에 경제학과 전체 수석으로 장학금을 받았다는 소식을 전해왔다.

대학에서 불어오는 입시 바람이 교사들과 아이들을 일으켜 세운다. 그것은 공교육 전체를 쇄신할 수 있는 기회를 제공한다. 서울 안에 있는 명문 대학들이 수시에서 70%를 뽑고, 전체 학생 중에서 54%를 학생부로 뽑는다. 서울대는 입학사정관제(학생부종합 전형)로 80%를 뽑으니, 이제 고등학교에서 과정 중심 교육과정을 제대로 운영하지 못하면 입시를 따라잡을 수 없다. 그런데, 얼마나 많은 학교에서 대학에서 요구하는 제대로 된 교육과정을 운영할까? 서울대는 여전히 쉽게 학생들을 뽑으려고 하고, 혁신학교로 지정된 일반고에서 선도해 나가는 교육운동을 제대로 간파하지 못하고 있다. 서울대를 따라 하는 서울의 명문 사립대라는 곳에서는 이제 노골적으로 일반고 따돌리기를 하고 있다. 따라서 서울대 무용론이 나오지 않도록 하기 위해서라도 21세기 인재를 제대로 키우는 고등학교 교육과정을 조사해야 한다. 대학이 요구하는 인재가 사교육을 통해 영어와 수학 성적을 올린 학생이 아니라면, 스스로 공부를 찾아가는 아이, 즉 자기 스스로 지적 역량을 기르고, 무하마드 유누스와 이메일을 나누고, 그로 인해 사회적 기업과 협동조합에 대해 연구를 하고, 그러면서 강대국과 저개발국 사이에서 벌어지는 약육강식을 이해하고, 마침내 신자유주의 물결의 문제점을 지적하기도 하는 아이들이 일반고에서도 얼마든지 나올 수 있다는 사실을 알아야 한다.

이제 인헌고는 긴 터널을 지나고 안정기에 접어들고 있다. 대학들도 5년 전의 비선호 학교였던 인헌고를 잊고 점점 '신흥 명문'처럼 대하는 분위기다. 그것은 우리가 과정 중심의 교육과정을 실천하고, 아이들이 그것을 잘 따라주어 좋은 성과를 거두었기 때문이다. 그리하여 인헌고의 진학률이 좋아지자 대학에서 먼저 어떤 학생을 보내달라고 호소하는 일들이 벌어지고 지역주민의 호응은 말할 나위 없이 좋아졌다. 학부모의 학교에 대한 지지도는 학부모 연수를 할 때 나타난다. 이전에는 연수가 1시간 정도라면 건의 사항은 2시간 되었던 것이 입학사정관제를 지향하며 입시 성적이 좋아진 이후로는 단 한 건도 건의 사항이 없었다. 그만큼 학교에 대한 학부모의 만족도가 높아진 것이다.

4장

학교
교육과정을
정상화하다

1. '결과'가 아니라 '과정'을 중심으로

대학수학능력시험이 입시의 기준이 되면서 사교육을 통한 선행 학습 광풍이 우리나라 전역에 불었다. 초기에 대학 수학능력을 판별하기 위해 출제자들이 '교과서에 없는 것들'을 출제했는데 선행 학습과 사교육을 받지 않으면 풀 수 없는 문제들이었다. 또한 거기서 고득점을 받지 못하면 이른바 '명문 대학'에 갈 수 없었다. 이로 인해 교육적 폐해가 심하고 부모의 경제적 부담이 커지면서 EBS 교재와의 연계를 높이는 방법으로 변화되었지만, 사교육의 폐해를 막기는 커녕 EBS 교재가 고등학교 교육 내용을 획일화하는 폐단을 가져왔다.

정상적인 교육과정이란 아이들의 인성과 실력, 그리고 도전 정신, 창의력 등을 키우는 것이다. 그런데 우리나라 고교 교육과정은 대학에 들어가는 것을 목표로 편법 운영되고 있다. 그것도 일부 명문 대학에 들어가야만 사회적으로 능력을 인정받는 학벌 사회를 지향하고 있다. 그러다 보니 고등학교 교육이 입시에만 초점을 맞출 수밖에 없는 한계를 보인다. 아무리 실력과 창의력이 뛰어나도 몇 개에 불과한 명문 대학에 들어가지 못하면 아이가 낙오자 취급을 받는 것이 현실이다. '일반고 살리기', 혹은 '혁신학교 만들기'를 하더라도 학생들을 대학에 제대로 보내지 못한다면 그 과업은 실패로 규정된다. 그럴 정도로 우리 사회의 시스템에서 대학에 들어가는 일은 대학원에 들어가고 박사학위를 따는 일보다 훨씬 중요한 일이 되고 있다.

명문 대학은 낙타의 바늘귀처럼 들어가기 힘들다. 그것을 효과적으로 뚫기 위한 방법으로 특목고와 자사고가 생겨났는데, 결국 그 학교들은 우수 학생 선발을 독점하고 수월성 교육을 통해 공교육 전체를 위기에 몰아넣었다. 더 나아가 조기 유학 붐으로 초래된 부모의 경제적 부담을 줄이기 위한 대안으로 국제중학교가 도입되었는데, 그것은 초등학교에서부터 입시 열풍이 불게 했다. 고교평준화 대신 고교 서열화가 생겨났고, 아이들은 초등학교에서부터 국제중과 특목고, 명문대를 들어가기 위해 발버둥치는 현실이 나타났다.

공교육의 붕괴에는 여러 가지 원인이 있다. 특목고와 자사고로 인해 고등학교에는 100개 이상의 서열이 생겼고, 서울의 일반고에는 특성화고(예전의 공고와 상고)에 떨어진 아이들이 진학하는

〈표 4-1〉일반고등학교 간 중학교 내신 성적 하위 10% 이내 학생 비율

구분	2010년도	2011년도	2012년도	2013년도	2014년도
최상위권 학교	1.1%	2.7%	1.4%	1.1%	0.6%
최하위권 학교	18.4%	20.8%	20.3%	31.3%	26.7%

이형빈 서울시교육감직 인수위원회 전문위원 자료

일이 벌어졌다. 서울의 자사고 대부분이 남학생 학교이고, 강남 학군의 선호 일반고(〈표4-1〉의 '최상위권 학교')에도 남자 고등학 교가 많아, 비선호 일반고(〈표4-1〉의 '최상위권 학교') 남자 아이 들의 성적은 지극히 나빴다. 그야말로 교사의 농담을 알아듣는 아 이가 한 학급에 서너 명이다 보니 수업이 제대로 이루어지지 않았 다. 공교육 붕괴를 막기 위한 대안으로 김대중 정부 시절 학급당 학생 수 감축이 거론되었는데, '진보적 신자유주의'를 표방한 노무 현 정부 시절 흐지부지되다가, 이명박 정부에서는 수월성 교육 강 화로 전환해 사라지고 말았다. 더욱이 공정택 전 서울시교육감은 고교 선택제를 도입하면서 고교평준화정책을 사장시켜 일반고의 설 자리를 없애고 말았다. 그리하여 '특목고·국제고 〉 자사고· 최상위권 일반고 〉 마이스터고·특성화고 〉 최하위권 일반고'의 서열화가 형성되었다. 이것이 현재 일반고가 놓인 위치이다. 〈표 4-1〉에 보면 일반고도 최상위권 학교와 최하위권 학교로 구분할 수 있는데 인헌고와 같은 최하위권 학교의 상황은 더욱 열악하다.

　'일반고 전성시대'를 표방한 조희연 서울시 교육감은 특목고를 목적에 맞게 운영하게 하고, 불량 자사고를 정리한다는 목표를 세

우고 있다. 하지만 수월성 교육을 옹호하는 사람들의 반발이 만만치 않아 교육감의 공약이 제대로 실현될지 걱정이 앞선다. 이제 자사고를 정리하는 일도 중요하지만, 일반고 스스로 자구책을 세우지 않으면 상황이 더 어려워질 것이다. 인헌고 같이 30년의 역사를 가진 일반고가 고교 서열화의 벽을 부술 수 있는 방안으로 찾은 것은 교육과정을 혁신하는 것이었다.

입시로부터 고등학교는 자유롭지 못하다. 현행 입시제도 하에서 일반계 고등학교가 살아남을 수 있는 유일한 방안은 입시에서 성적을 내는 일이다. 그렇다면 학교 활동과 입시를 동시에 살릴 수 있는 방안을 찾아야 한다. '과정 중심' 교육과정이 그 해답이다. 고등학생에게 진정으로 필요한 것은 대학수학능력으로 측정하는 '학력'이 아니라 '미래 핵심 역량'이다. 미래 핵심 역량이란 자기 주도적 문제 해결 능력, 자기 주도적 학습 능력, 자기 표현력, 더불어 살아가는 대인 관계, 협력적 교우 관계를 맺는 능력 등을 뜻한다. 이는 다니엘 핑크(Daniel Pink)의 미래 인재 개념과 맥을 같이하는데, 그는 미래의 인재가 갖추어야 할 6가지 조건으로 디자인(하이컨셉 시대의 핵심능력), 스토리(소비자를 움직이는 제 3의 감성), 조화(경계를 넘나드는 창의성의 원천), 공감(디자인의 필수요소), 놀이(호모루덴스의 진화), 의미(우리를 살아 있게 하는 원동력)를 제시한다.[1] 우리나라에 입학사정관제가 도입되면서 대학은 고등학교 교육과정과 프로파일을 살펴보고 있다. 그것은 결국 학

---

1. 다니엘 핑크 지음, 김명철 옮김, 『새로운 미래가 온다』, 한국경제신문, 2012

- **입학사정관제의 목적/기대효과**
  - 대입전형에서 학생부를 포함한 다양한 전형자료를 종합적으로 평가함으로써 **교육과정의 내실 있는 운영을 도모**(학교활동의 활성화)
  - **'선발 경쟁'**을 **'과정 중심 교육'**으로 전환
  - 학생의 학생부 성적이나 수능 성적과 같은 점수 중심의 '기계적 선발 방식'에서 정량평가 보다는 정성평가를, 결과보다는 과정을, 현상보다는 내재된 잠재력을 우선적으로 평가하는 **'종합적 선발방식'**으로 전환함
  - 대학의 설립이념 및 모집단위 특성에 부합하는 인재를 자율적으로 선발할 수 있는 체제를 구축함으로써 **대입 자율화에 크게 기여**

〈그림 4-1〉 입학사정관제의 목적과 기대 효과

교가 미래 핵심 역량을 얼마나 체계적으로 육성했는지 보기 위한 것이다. 그렇다면 고등학교는 대학에서 요구하는 인재상에 따라 학교 교육과정을 제대로 운영하면 되는 것이다.

〈그림 4-1〉은 대학교육협의회의 입학사정관제 홍보 자료에 있는 내용이다. "교육과정의 내실 있는 운영"을 보고 대학이 자율적으로 학생을 뽑겠다는 것이다. 그렇다면 고등학교가 교육과정을 내실 있게 운영하면 된다. 그런데 입시 제도가 바뀌어서 과정 중심 교육으로 학교를 바꿀 수 있는 상황이 되었음에도 불구하고 여전히 고교 교육이 붕괴되고 있다는 것만 주장하는 사람들이 많다. 도대체 그들은 어떤 입시를 원하는 것일까? 그들은 요즘 입학사정관 전형으로 특목고와 자사고 학생이 대학에 많이 들어간다고 지적하면서도, 어떻게 해서 많이 들어가는지 살펴보려고 하지 않는다.

입학사정관제는 공교육을 살릴 수 있는 마지막 기회다. 몇 년 전만 하더라도 입학사정관제로 대학에 들어가는 경우는, 일반고

가 많았다. 그런데 최근에는 특목고와 자사고가 입학사정관제까지 파고들면서 대학의 인재상을 파악해 입시 성적을 올리고 있다. 그렇다 해도 교육과정을 내실화한 것만으로도 대학을 보낼 수 있다면 일반고에 기회는 얼마든지 있다. 정확히 말해서 현행 입시제도에서 학교 교육과정을 충실히 운영하면 대학 입시 성과는 부산물로 얻을 수 있다.

2014년도 현재, 내신과 학생부를 중심으로 선발하는 전형이 전체 입시의 54%를 차지한다. 관건은 '학생부'다. 주입식 교육으로는 학생부에 기록할 만한 내용이 만들어지지 않는다. '창의적 체험활동'과 '교과별 세부 능력'란에 의미 있는 기록을 남기기 위해서는 참여와 소통 및 협력 수업으로 변화를 꾀해야 하고 학생들이 적극적으로 참여할 수 있는 여러 방식을 마련해야 한다. 그런데 아직도 많은 학교에서는 그런 노력을 기울이지 않은 채, 학생의 발달 상황을 학생부에 기록하는 것을 '잡무'라고 보는 경향이 많다. 변화를 두려워하거나 교사가 되고 난 뒤 스스로 연수를 게을리한 사람은 입학사정관제에 거부감을 드러낸다. 하지만 근래 들어서 학교교육을 정상화시키는 가장 성공적인 입시 전형은 입학사정관제라고 단언할 수 있다.

인헌고가 2010년에 입시의 주안점을 입학사정관제로 전환한 것은 수능 고득점자가 거의 없어서였지만, 그 이듬해에도 그것을 확대하고 심화하는 방향으로 나아간 것은 입학사정관제의 목적과 기대 효과 때문이다. 그것은 학교 현장에 긍정적 영향을 미쳐 학생을 살아 움직이게 만들었다. 대학 진학률이 월등히 좋아졌을 뿐만 아니라 학생들이 대학 학업과 생활에 적응하는 데에도 매우 효과적인 도움을 주었다.

인헌고에서는 이런 사례도 있었다. 어떤 교사는 전입해 오자마자 3학년 담임을 맡아서 모범적으로 학급 운영을 했다. 그분은 동료 교사가 보기에도 성실한 담임교사였다. 아이들도 담임교사를 잘 따라, 아침 자율 학습 시간에는 그 학급이 가장 정숙한 분위기를 유지했다. 우리는 학교에 선한 영향력을 미치는 그분을 존경했고, 입시에서도 좋은 결과가 나오기를 고대했다. 그러나 결과는 반대였다. 그분은 수능 중심의 입시 지도를 했는데, 입학사정관제를 대비한 다른 반에 비해 초라한 결과를 얻는 데 그쳤다.

결과 중심 교육과정을 과정 중심 교육과정으로 바꾸어 학교 교육과정을 운영하기 위해서는 모험이 필요했다. 경쟁 위주의 낡은 체제를 과정 중심 교육과정으로 전환하고, 학교 교육과정을 내실 있게 운영하는 것이 그 핵심이었다. 하지만 입시가 그것을 뒷받침해주지 못하면 다른 교사는 물론 학부모와 학생들에게까지 비난을 받게 될 터였다. 하지만 우리는 자신이 있었다. 3학년 때에도 '진로' 시간을 살려내고, '동아리' 시간을 교육과정 그대로 운영했다. 하지만 그것은 상식적인 일이면서도 큰 모험이었다.

대다수 일반고에서는 창의적 체험활동 시간을 자습이나 담임교사 시간으로 대체 운영한다. 대학에 더 잘 들어가려면 3학년 때 EBS 문제집을 한 권 더 푸는 것이 낫다는 생각에서다. 그러나 우리는 창의적 체험활동 시간을 교육 목적에 맞게 실제 효과가 나타나도록 운영했다.[2] 그 시간에 아이들이 자신이 선택한 전공과 관련된 활동을 하고, 단 한 줄이라도 학생부에 기록할 만한 내용을 남기기 위해서였다. 대학 입학사정관은 응시한 학생의 자기소개서를 보고 전공 선택 동기와 관련 활동 내역을 질문하는데 그때 그것을 뒷받침할 기록이 없으면 그 학생은 낭패를 보게 된다.

그래서 우리는 3학년에서도 창의적 체험활동을 정상적으로 운영하는 것을 통해 대학 입시에 대비했다. '국영수' 중심으로 편성된 교육과정도 좋지만, 수업을 알아듣지 못하는 아이들이 교실에서 반을 넘기는 상황에서, 그것만 고수하는 것은 더 큰 문제라고 생각했다. 학습이 부진한 아이나 대학 갈 방법을 모르는 학생들은 수업 시간에 잠을 자거나 무엇인가에 화를 냈다. 학교 폭력이나 부적응 사례는 거기에서 발생했다. 그들은 학교에 와서 단 십 분도 알아듣는 수업 시간을 갖지 못했다. 적어도 그 아이들에게도 숨통을 트이게 해줄 수 있는 교육방법이 필요했다. 그렇다고 그 아이들에게 직업교육을 시킨다고 해서 문제가 해결되는 것은 아니었다. 서울시내 동부 지역 한 혁신학교의 교무부장은 '교육과정의 혁신'을 기치로 내걸고 국·영·수 과목과 병행하여 요리, 이미용, 목공, 예체능 과목을 선택하게 했다. 그랬더니 지역사회에서 그

---

2. 고등학교는 204단위 중 '창의적 체험활동'으로 24단위를 배정해야 한다. 이를 공평하게 6학기로 나누면 1학기당 매주 4시간이 배정된다. 자치활동과 적응 활동으로 운영되는 자율 활동 1시간, 동아리 활동 1시간, 학교의 재량으로 운영되는 2시간이다. 그밖에 비정기적으로 운영되는 진로 활동도 봉사 활동도 창의적 체험활동에 속한다. 현행 교육과정에는 동아리 활동은 정규 수업 중에 이루어지는 정규 동아리 활동과 방과 후에 운영되는 자율 동아리 활동이 있다.

학교가 70년대의 종합고등학교처럼 인식되어 학교 이미지가 추락한다는 학부모들의 항의를 받았다.

인헌고에서는 수립된 학교 교육과정을 충실히 운영한다는 1차적 목표를 달성했지만, 학생들의 필요에 따라 맞춤형으로 지도하는, 교육과정의 대혁신을 이루지는 못했다. 혁신학교 첫해에는 학교 교육과정을 안정화하는 것이 시급했고, 대안교육과 직업교육을 포함한, 교육과정 재구성은 교과교실제의 정착 이후로 미룰 수밖에 없었기 때문이다.

2. 진정한 리더십을 배우는
'자율 활동'

자율 활동은 자치활동과 적응 활동으로 구분되고, 자치활동은 다시 학급 활동과 학생회 활동으로 나눌 수 있다. 2010년 3학년 부장을 할 때였다. 반장과 부반장을 선출하면서 리더들의 덕목으로 몇 가지 사항을 주문했다. 첫째, 리더가 담임교사와 대립각을 세우면서 자신의 존재감을 부각시키지 말 것. 그러면 학급이 이내 망가질 가능성이 많았다. 둘째, 한 학기 동안 학급을 어떻게 운영하고 어떤 공동체를 만들 것인지 공약으로 제시할 것. 대학 입시에서 리더십을 인정받기 위해서는 단순히 수업 시간에 단체 인사를 시키고 담임교사의 심부름꾼에 머물던 역할에서 벗어나도록 요구한 것이다.

경험적으로 보면 담임교사가 조회나 종례를 하면 내용의 30%

이상 듣는 학생이 많지 않다. 그러나 학생들은 학급 리더가 공지하는 사항, 특히 자신들에게 금전적 부담이 뒤따르는 사항은 열심히 듣는다. 수학여행이나 수련회 불참학생들을 독려하는 경우 학급회의를 통해 전략적 가치를 정하고 학생들 스스로 행사를 진행하게 하면 참여도가 높아진다. 인헌고에서는 학급별 수학여행을 실시하고 있다. 그럴 때 아이들은 정해진 날짜에 어디로 갈 것인지, 어디서 묵을 것인지, 무엇을 먹고, 어떤 활동을 할 것인지 정해야 한다. 담임교사는 약간의 방향만 잡아준다. 처음에 중구난방으로 떠들기만 하던 아이들은 뭔가 결정해야 하고, 그것이 자기들의 일이라는 것을 알게 될 때 진지해진다. 장소와 일정을 정하고, 어떤 숙박 업체를 정할지, 무엇을 먹을 것인지 인터넷을 뒤지며 알아낸다. 학교 행정실은 아이들이 선택한 숙소나 교통편이 믿을 만한지 확인한다. 그리고 담임교사는 그곳으로 사전 답사를 다녀온다. 이런 수학여행은 학교 일이 아니라 전적으로 학급 일이 되고, 오롯이 아이들 자신의 일이 된다. 먼저 준비하고 조사하고 공부한 것만큼 여행 가서 배움을 얻게 된다.

교사만 자율성을 획득한다고 혁신학교가 되는 것이 아니라, 학생들 스스로 자기 역할을 해야 하는 것이다. 대학에서 학생회 임원이나 학급 임원의 리더십을 중시하는 것은 그 직책보다 그것을 통해 무엇을 했는지 보려고 하는 것이다. 그리고 학생들의 리더십은 자치활동을 살려야만 빛을 발한다. 학생회장을 했다는 사실이 중요한 것이 아니라, 그 학생이 학교를 변화시키기 위해 어떤 노력을 했는지 보여주어야 리더십을 인정받을 수 있는 것이다. 우리나라 고등학교 실정에서는 불가능한 일일 수 있다. 하지만 발상을 전환하면 할 수 있는 일이 너무 많다.

2013년도 생활자치부 부장은 학생회를 지도하는 업무를 맡았다. 1박 2일의 학생회 간부수련회에 학생회 임원, 반장, 부반장 가운데 불참자가 한 명도 없이 모두 참여했다. 연간 학생회 운영 계획을 수립하고, 주별로 학급 회의와 학생회 전체 회의 운영을 조직화하고, 이들의 의견을 해당 부서에서 처리하게 한 다음 전체 교사에게 공지했다. 이전에는 축제만 주관한 뒤 행사가 끝나면 아무런 활동도 없던 형식적 학생회가 주체적으로 활동을 시작했다. 등하굣길 캠페인, 생활협약을 위한 오픈스페이스, KBS 〈도전! 골든벨〉 등에서 학생회 임원들의 활약은 눈부셨다. 심지어 2014년 축제에는 서울시장, 교육감, 국회의원, 구청장 등을 인터뷰한 영상을 보여주기도 했다.

교육청에서 요구하는 적응 활동이 너무 많아서 학교에서 의미 있는 활동을 하기가 쉽지 않았다. 외부 강사를 섭외하여 연수를 하는데 전문성과 교수법 및 자료의 참신성이 보장되지 않을 경우 형식적인 연수가 되곤 했다. 대안으로 이우학교가 했던 방식을 차용하여 학부모나 동창회원을 강사로 초청해 방과 후에 정기적으로 운영하려 하였으나 강사를 초빙하는 것도 쉽지 않았다.

2013년에는 이에 대한 대안으로 선사고에서 했던 방식을 차용해 창의체험부에서 주도적으로 운영했다. 주당 배정된 적응 활동

1시간을 10분씩 5회로 나누어 아침 담임교사 시간에 덧붙여 운영하는 것이었다. 창의체험부에서는 주별로 주제를 정하고 수업 자료를 담임교사에게 배부했다. 그러나 2학기에는 일과 시간의 증가와 여성 담임교사의 양육 문제로 인해 불가피하게 원래 방식대로 환원되었다.

3. 체험으로 배우는
'정규 동아리 활동'

　동아리 활동은 2012학년도에는 주당 1시간을 배정하여 운영했다. 주당 1시간으로 운영하였더니 정기 고사나 학교 행사와 겹치는 경우가 많아 연속성이 없어 학습 효과가 낮았다. 그리고 8월 말에 열리는 학교 축제가 끝나면 동아리 활동이 부실해진다는 평가가 많았다. 이에 대한 대안으로 축제를 11월 말에 하는 방안을 내놓았으나 '학생들에게 공부할 시간을 언제 줄 것이냐', '고2 학생이 11월까지 축제에 매달리면 공부는 언제 하느냐'는 등 학부모들로부터 많은 반대에 부딪혔다.

<표 4-2> 2013년도 인헌고 창의적 체험활동 계획

단위 : (시간)

학기	학년	자율 활동						동아리 활동	봉사 활동	진로 활동	합계
		자치	적응	행사	특색	진로 진학	농구				
1학기	1학년	10	13	30	2	20	0	26	1	6	103
	2학년	10	12	30	2	0	20	27	1	6	104
	3학년	11	12	10	0	0	0	27	1	6	64
2학기	1학년	9	9	8	20	20	0	11	6	4	84
	2학년	9	9	8	20	0	20	11	6	4	85
	3학년	7	9	8	18	0	0	11	0	4	56

<표 4-2>는 학부모의 항의를 반영하여 대안을 마련한 것으로 2013학년도에는 1학기에 주 2시간씩 동아리 활동을 하고 그 결과물을 8월 축제에 발표하고, 2학기에는 대학 진로와 연계한 독서활동 '특색 수업'을 하기로 정했다.

동아리 활동은 동아리 담당 지도교사의 역량에 좌우되기 때문에 학생들의 관심 분야를 모두 수용하기는 어려웠다. 학생들은 힙합, K-POP, 댄스, 보컬, 공예, 뮤지컬, 오케스트라, 사물놀이, 컴퓨터 보안 등의 동아리를 원했는데, 기존 교사의 힘만으로는 해결할 수 없어서 수당을 지불하고 전문가를 초빙했다.

전문성 강화를 위해 채용 공고를 내고 학생들의 모집 현황을 고려해서 외부강사를 20여 명 초빙했다. 2012년도에 처음 실시하였는데 강사를 배치하고 학생들의 지원을 받게 했더니 학생들이 외부강사를 거부하는 사태가 벌어졌다. 대부분 학교에 적응하지 못

〈표 4-3〉 2012년도 동아리 담당 외부강사 채용 공고 현황

연번	동아리명	채용인원(명)	연번	동아리명	채용인원(명)
1	농구부	1	14	수지침부	1
2	힙합부	1	15	클래식기타부	1
3	풍물부(사물놀이)	1	16	관현악부	1
4	댄스부(INDC)	1	17	가요부	1
5	마술부(ETA)	1	18	타로카드부	1
6	뮤지컬부	1	19	밴드부	1
7	영화제작부	1	20	사진부	1
8	문예창작부	1	21	연극부	1
9	영어회화부	1	22	만화부	1
10	중국어회화부	1	23	수화부	1
11	일본어회화부	1	24	정보통신탐색부	1
12	지역사회연구부	1	25	토탈공예부	1
13	손글씨부	1	26	제과제빵부	1

하는 학생들이나 성적 하위 10% 이내의 학생들이 모여 결성한 동아리로서, 그들은 힙합, K-Pop, 밴드, 댄스반 등에서 평소에는 허송세월을 보내다가 여름방학에 반짝 준비하여 축제에 참가하고 끝내는 동아리였다. 축제 준비는 주로 졸업생 선배들이 했는데, 선배들이 '정신 교육'을 한답시고 얼차려를 시키고, 연습을 한 뒤에는 호프집에서 일탈을 즐기곤 했었다. 자질 없는 졸업생 선배의 지도를 금지하고 전문 강사를 초빙하였더니, 졸업생과 재학생 모두가 반발했던 것이다. 그러나 교육적 효과를 위해 외부 강사를 계속 초빙해서 전문성을 확보해 나갔더니 동아리 활동은 어렵지

않게 안착되었다.

2013학년도의 정규 동아리 현황을 보면 1학년~2학년 39개, 3학년 11개가 개설되었고 그 중 외부 강사 초빙 동아리는 20개에 달했다. 정규 동아리 개설에는 영화감상반, 관악산등산반, 관악산산책반처럼 형식적으로 운영되거나, 축구, 배드민턴, 농구 등 체육과 관련된 동아리의 개설을 최대한 자제시켰다. 연간 외부 강사 지원비는 약 2천만 원 정도가 소요되었다.

과정 중심 교육과정의 꽃은 체험활동이다. 학생들은 그 활동을 통해 꿈과 끼를 발산한다. 그 활동이 보장된 학교는 얼마나 활기차고 또 학생들에게는 큰 행복을 줄 것인가. 하루 일과가 끝나고 학교를 둘러보면, 운동장에는 체육활동을 하는 학생들, 음악실에서는 악기를 두드리고, 교실에는 전공과 관련된 책을 읽고 토론하거나 멘토링을 하는 아이들로 넘쳐난다. 그런 뒤 저녁 6시가 되면 야간 자율 학습실에 불이 들어오고 방과 후 보충학습이 시작되며 이윽고 정적이 찾아온다.

4. 관심 분야를 파고드는 '자율 동아리 활동'

　학생의 희망에 기초한다고 하더라도 정규 동아리가 학생들의 관심을 모두 충족하기 어렵다. 이를 해결하기 위해 자신들의 관심 분야를 탐구할 수 있고, 학생 스스로 개설할 수 있는 자율 동아리 활동을 권장했다. 특히 이는 진로와 전공을 정한 학생들이 관련 서적을 읽거나 전문가를 탐방할 때 요긴한 활동이었다. 또한 학습 멘토링과 같은 일에 적극적으로 나설 수 있는 기회도 되었다. 학생 서너 명이 자신의 관심사에 맞추어 지도교사의 동의를 얻으면 자율 동아리 개설이 가능했다. 이들의 원활한 활동을 위해 동아리당 연간 6만 원을 지원해 책을 사고, 답사를 하도록 권장했다.

〈표 4-4〉 2013년도 자율 동아리 현황

분류	동아리명	활동 내용	분류	동아리명	활동 내역
진로탐색 (11개)	심장	심리학과 진로탐색	독서 (8개)	독서토론부	독서 후 토론
	PMP	진로탐색 활동 공유		닭고기 스프	독서 후 감상문 쓰기
	학교의 눈물	교육관련 진로탐색		C.B.	진로 관련 독서 활동
	A.T.P.	건축학과 진로탐색		아자	독서 캠페인 활동
	E.T.	경제학과 진로탐색		고전읽기부	세계고전 읽기
	유교	유아교육 진로탐색		영어독서동아리	영어 원서 독해
	Komic	미술 관련		PAGE	독서후 감상문 쓰기
	수학탐구반	수학관련 진로탐색		책으로 떠나요	즐거운 독서 토론
	알이즈웰	심리학과 진로탐색	문화 (5개)	농구발전연구소	농구훈련, 시합
	19-Gale	간호학과 진로탐색		오픈 마인즈	다문화 인식 개선
	포미동	미술 포트폴리오 제작		오픈 마인즈3	다문화 인식 개선
NIE (4개)	인헌 NIE	진로 관련 NIE		어울림 합창단	합창 연습, 공연
	新 동	NIE		태양의 학교	에너지 사용연구
	경영 NIE	경영과 관련된 NIE	봉사 (3개)	Happy Friends	월드비전의 봉사단체
	NIE	전공 관련 NIE		心 봉사	수호데이 케어센터
토론 (2개)	TRB	사회이슈 토론		봉사모	남향공동 가정생활원
	소셜 디베이트	논리적 사고 함양	학습 (11개)	Rule-following	자기주도학습 스터디
학습 (11개)	Mandarin Music	중국어 노래 익히기		Promising	수학 스터디
	TED반	TED 청취		PROUP	영어 스터디
	일드로 일어일문	일본드라마로 학습		ISC	자기주도학습 스터디
	차우차우	중국어 생활용어		자급자족	영어수학 스터디
	영어원서동아리	영어 원서를 번역		대학가자!	자기주도학습 스터디
	SpongeBob	영어 스터디		영'S	영어 스터디
	레벨업	수학과학 스터디		TODAY	자기주도학습 스터디
	어울림	영수 스터디		지타쿠	지구과학 스터디
	도약을 준비하는	수학과학 스터디		English Girls	영어 스터디
	LS	영어수학 스터디		멘토링	멘토링 활동
	INTOP	자기주도학습스터디			

〈표 4-4〉는 2013년도 자율 동아리 55개의 현황이다. 학생들이 자신들의 필요에 따라 동아리를 구성하고 자신들이 원하는 바에 따라 지도교사를 결정할 수만 있다면, 학교의 공인을 받아서 새로 만들어 시작하는 것이 쉬웠다. 하지만 적지 않은 교사들은 자율 동아리를 맡으면 업무가 폭증할 것이라고 우려했다.

시스템이 도입되면 시행착오를 거치면서 차츰 안정화된다. 즉 그것이 무엇이든 개설되어 내실 있는 운영이 이루어지기까지는 진통을 겪는다. 몇몇 교사들은 자율 동아리 운영 실태를 보면서 지도교사의 안이한 태도를 비판하고, 입학사정관제에서 효과를 보기 위해 만든 형식적인 운영이라고 비난하기도 했지만, 이는 제도가 도입되어 정착하기까지 시행착오를 통한 발전 과정을 포용하지 않는 성급한 태도로부터 나온 것이다. 또한 이런 비난은 열심히 활동하는 학생들이나 시스템을 정착시키려는 교사들의 노력을 의도적으로 외면한 채, 자신의 나태를 합리화하려는 데에서 비롯되는 경우도 적지 않았다.

인헌고는 학생들의 활동이 보장되는 시간을 제도화했다. 자율 동아리를 활성화하기 위해 예산을 지원하고, 방과 후 보충학습을 오후 6시 이후로 운영했다. 그러자 오후 4시 30분부터 오후 6시까지 아이들에게 자유 시간이 주어졌다. 그 시간에 아이들은 담임 교사와 상담을 하거나, 멘토링이나 스터디 등 자율 동아리 활동을 했다. 또는 진로와 관련된 강연을 듣거나 답사를 다녔다. 2014년에는 자율 동아리가 120여 개로 두 배 이상 늘어나기도 했는데, 이처럼 자율 동아리 활동이 활발해지면서 아이들은 자신이 선택한 전공과 관련된 독서와 토론도 넓혀갔다. 이것은 혁신학교로서 인헌고의 고유한 전통이 되었다.

2013년 연간 활동을 평가하고 신학년도를 대비하는 부장 워크숍이 12월에 열렸다. 그곳에서 방과 후 보충학습을 종례 10분 후에 할 수 있게 하자는 안건이 나왔다. 자율 동아리도 제대로 운영하지 못하면서 아이들을 오후 6시까지 붙잡아 놓아 수능 성적이 떨어진다는 것이 그 이유였다. 하지만 오후 5시부터 저녁 식사가 편성되어 있어 그 시간은 토막 시간이었고, 인헌고의 혁신학교 시스템으로는 담임교사와 상담을 하거나 멘토링과 자율 동아리를 해야 할 시간이었다. 자칫 방과 후 학습이 혁신학교의 근간을 흔들 수 있다고 판단했다. 나와 김인호 교사가 필사적으로 방어했다. 3시간 동안 치열한 논쟁을 거친 결과 원래대로 하기로 했다.

5. 공동체 의식을 느끼는
'봉사 활동'

 2012년 교무부장이 되기 전 학교에서는 학생들의 봉사 시간으로 연간 10~20시간의 학교 활동을 배치하였다. 소풍이나 수학여행 및 수련회가 끝난 후 뒷정리를 하면 봉사 활동 1~2시간으로 인정해 주었고, 사생대회나 글짓기 대회에 참가하고 난 후 비닐봉지에 쓰레기를 주어 담기만 해도 봉사 활동 1~2시간으로 인정해 주었다. 봉사 활동 시간 늘리기에 급급했던 것이다. 그런데, 과연 이것을 봉사 활동이라고 할 수 있겠는가?

 봉사 활동을 통해서 학생들은 올바른 인성을 형성하고 상생의 정신을 배운다. 우리는 봉사 활동이 학급 활동에서부터 시작되어야 한다고 생각했다. 다음 페이지의 표는 2010년 우리 학급의 활동이다. 우선 학급 활동을 상세하게 나누었다.

〈표 4-5〉 학급 봉사 활동 내역

✛ 쓰레기 분리 수거	✛ 복도 쓰레기 줍기
✛ 점심 이후 분단 줄 맞추기	✛ 칠판 청결 유지하기
✛ 교탁 정리	✛ 게시물의 업그레이드 및 유지
✛ 밀걸레 깨끗이 빨기	✛ 커튼관리
✛ 좌석 배치 및 게시물 부착	✛ 종례시 학급함 유인물 가져오기
✛ 아침 자율 학습 관리	✛ 점심 자율 학습 관리
✛ 창문틀 청소하기	✛ 학급 이동 시 학생 파악하기
✛ 수업 이후 학습 분위기 조성하기	✛ 수업 5분 전 담당 교사 모셔오기

　학급의 활동을 나눈 다음 학생들에게 원하는 활동을 자발적으로 선택하게 했다. 담당한 활동을 열심히 했을 경우에도 봉사 시간을 부여하지 않을 것이며, '자치활동'란에 몇 줄 기록한다고 말했을 뿐인데 자발적으로 학급 봉사 활동을 신청한 아이들이 많았다.

　고3 학생들을 죽음의 트라이앵글에 빠져있는 공부 기계로만 보는 것은 잘못이다. 학교란 학원처럼 '수능을 준비하는 곳'이 아니라 진로 활동을 하고 주변 정돈을 하고 어려운 친구들을 돕는 곳이기도 하다. 대다수 학교들은 여전히 성적 순위 100명 정도를 선발해 야자실에 집어넣고 방과 후 학습을 시키면서 입시교육을 다 했다고 생각한다. 그런 학교에 가보면 교실이나 복도가 쓰레기 천지다. 자신의 주변을 깨끗이 치워야 한다는 사실을 교육받아 본 적이 없기 때문이다. 교육이란 '좋은 습관을 배우는 것'이라고 본다면 학교가 너무 많은 것을 놓치고 있는 것이다.

　많은 교사들의 책상은 지저분하고 정돈되어 있지 않다. 어떤 교사는 책상 위를 정돈하지 않고 일 년 내내 켜켜이 쌓아놓고 산다. 그들이 청소할 때는 자리를 이동하는 2월말 뿐이다. 교육은 모방을 통해 배우는 것인데 그런 교사를 보는 학생들은 무엇을 배울까. 『실전! 청소력』에서 저자인 마쓰다 미쓰히로는 이렇게 말한다.

> 당신이 사는 방이 당신 자신이다. 당신의 마음의 상태, 인생까지도 당신의 방이 나타내고 있다. 방이 깨끗한 사람은 행복함이 배로 증가되고 방이 더러운 사람은 불행한 일이 더욱 증폭된다.[3]

학생들은 항상 희망을 갖는다. 특히 입시와 관련해 자신은 여전히 희망이 있다는 환상을 갖고 싶어 한다. 따라서 성적이 어떻든 일반고 교실에서는 대학과 입시에 관련된 이야기를 하지 않을 수 없다. 아무리 잠을 자는 것 같아도 아이들은 자신에게 희망을 주려는 담임교사의 말에는 귀를 기울인다. 특히 입학사정관제를 준비하는 학생들은 적극적으로 반응한다. 시큰둥한 표정으로 불만을 표시하던 학생들이나 잠만 자던 아이들도 봉사 활동과 리더십이 대학 가는 일에 도움이 된다고 생각해서인지, 점차 학급 일에 참여하기 시작했다. 교실은 그런 과정을 통해서 서서히 바뀌어갔다. 정시 중심의 입시준비가 고등학교 교실을 황폐화시켰다면, 입

---

3. 마쓰다 마쓰히로 지음, 우지형 옮김, 『실전! 청소력』, 나무한그루, 2007

학사정관제를 준비하는 아이들은 교실을 청소하고 멘토링을 하면 공동체의 일원으로 살아가는 자세를 갖추어 나갔던 것이다. 나눔과 배려를 실천하는 사람이 더 나은 삶을 살게 된다는 것을 이해하게 된 것이다.

나는 교무혁신부장이 된 후 학교에서 계획한 봉사 활동 대부분을 없앴다. 그런 후 외부 봉사 활동을 하도록 독려했는데, 각종 기관에서 문서를 분류하거나 일손을 도와주는 봉사 활동, 혹은 지하

〈그림 4-2〉 학생들의 봉사 활동 모습. 봉사 활동을 통해 생각할 수 있는 기회를 가질 수 있도록 관공서 지원 활동, 질서 캠페인 같은 것은 피했다.

철에서 질서 캠페인 활동을 하는 봉사 활동 등은 입학사정관제에서 큰 의미가 없다는 것을 지속적으로 강조했다. 봉사 활동을 통해 학생들의 가치관이 정립되고 인생관이 바뀔 수 있도록 버려진 아기를 돌보는 주사랑공동체, 장애인을 돌보는 음성꽃동네, 무의탁 노인을 돌보는 주민센터 등에서 봉사 활동을 하도록 장려했다. 또한 한 달에 한 번씩이라도 한 곳을 지속적으로, 가족과 함께 참여하거나, 작은 돈이라도 정기적으로 후원하면 좋다는 것을 강조했다. 특히 봉사 활동이 자기의 전공과 관련된 활동이라면 더욱 좋다는 점을 강조했다. 인헌고 학부모회는 연간 600여 만 원의 예산을 지원받아 아이들과 함께 음성꽃동네 봉사 활동을 2~3회 다녀왔다.

많은 학생들이 봉사 활동을 힘들어하고 싫어한다. 심지어 봉사 활동 현장에서 물의를 빚는 사례도 있다.

전남 순천의 고등학생들이 봉사 활동을 하러 간 노인요양시설에서 노인에게 반말로 조롱하는 등 도를 넘은 장난이 동영상으로 공개돼 파문을 일으키고 있다. 27일 오전 전남 순천○○고 1, 2학년 남학생 9명은 순천시 상사면 한 노인요양시설에서 봉사 활동을 벌였다. 봉사 활동에 참여한 학생 대부분은 흡연 등으로 학교에서 교내봉사 처분을 받았고 이후에도 태도가 바뀌지 않아 외부 봉사 활동까지 투입된 것으로 알려졌다. 노인요양시설에 방문한 2학년 장모(17)군과 김모(17)군은 병상에 누워있는 노인에게 반말을 하거나 웃으며 소리를 지르는 등 물의를 빚었다. 남학생 두 명이 병상에 누워 있는 할머니에게 "여봐라. 네 이놈. 당장 일어나지 못할까"라는 발언을 했다. 또 이들은 다른 할머니에게 큰소리로 "꿇어라, 꿇어라"라고 외치기도 했다. 이 같은 동영상이 인터넷과 SNS, 메신저 등을 통해 급속히 전파되자, 이를 접한 네티즌들은 분노를 감추지 못했다. 특히 두 학생의 신상이 인터넷에 공개되는가하면, 강력한 처벌을 요구하는 탄원 글이 게재되기도 했다. 논란이 확산되자 순천○○고 관계자는 28일 언론과의 인터뷰를 통해 "학교 선도 규정에 의해 사회봉사를 시켰는데 이런 일이 벌어져 안타깝다"며 추가적인 징계를 검토할 계획이라고 전했다.[4]

비록 순천○○고 같은 상황은 발생하지 않았지만 학생들을 인솔해 보면 힘들어하거나 형식적으로 하는 경우가 적지 않다. 그래서 대학 입시를 위한 봉사 활동을 넘어서는 올바른 인성 형성과 상생의 정신을 갖도록 '봉사 활동 소감문'을 쓰게 해서 담임교사에게 제출하여 학생부에 기록하고 정기적으로 '봉사 활동 일지' 대회를 열었다. 담임교사들이 아이들의 봉사 활동 일지에 관심을 보이기 시작하자, 아이들도 봉사 활동에 대한 의미 부여를 하고 자기 스스로를 발전시키는 기회로 삼았다.

---

4. CBS뉴스, 2013. 5. 28.

6. 미래를 설계하는
'진로 활동'

아이들이 자신의 진로를 확정하면 자신의 꿈을 실현시켜 나갈 방법을 찾게 된다. 그렇게 되면 학교 생활은 즐거워진다. 학교 활동을 신나게 하고, 전공과 관련된 책을 읽고 토론하며, 관련 자료를 모으게 된다. 이런 과정은 아름답다. 그런 아이들은 자신감이 넘치고 자신의 미래를 설계하느라 꿈에 부풀게 된다.

일반고 진로 활동은 대학 입시에 초점을 맞춘다. 하지만 좋은 대학을 목표로 세우기보다 어떤 전공을 택해 살아갈 것인지 생각하다 보면 공부를 해야 하는 계기를 갖게 된다. 1학년의 경우에는 자신이 장래에 무엇을 할 것인지 제대로 정한 학생이 드물다. 공부를 잘하는 아이들은 고소득이 보장되는 학과를 지망하고, 공부에 관심없는 아이들은 막연히 음악이나 미술, 체육쪽에 관심을 돌리는 경우가 많다. 그러다가 3학년이 되어서도 무엇을 해야 할지 정하지 못하다가 원서 접수를 할 때 접수 현황을 보면서 점장이에게 인생을 내맡기듯 자기 진로를 정하는 아이들이 많다. 하지만 고등학교를 다니면서 '진로 활동'을 제대로 한 학생들의 경우는 다르다. 특히 자신이 지원할 학과를 탐색하고, 그 분야의 전문가를 인터뷰해 본 학생은 그런 경험이 없는 학생과 많이 다르다. 자기 소신을 가지고 스스로 할 일을 찾아내고, 대학에 들어가서 할 일, 대학 졸업 후에 할 일까지 계획하게 된다.

인헌고에서는 3학년부장 교사와 진로 · 진학 상담 교사가 유기적 관계를 가지고 진로 활동을 이끌어 간다. 진로 · 진학 상담 교사가 대학 입시와 진로를 연결하지 못한 채 진로만 가르치려고 할 때 학생들의 적극적인 참여를 이끌어내지 못한다. 반면에 진학과 진로가 서로 호응될 때, 아이들은 진로 활동에 적극적으로 참여한다. 자기 꿈을 발표하고, 자신의 롤모델을 찾아내고, 자신이 가고 싶은 학과 교수를 인터뷰하고, 진로 일지를 만들고, 마침내 자신의 전공과 관련된 논문을 만드는 일까지 수행해낸다. 그러면 그것이 바로 입학사정관 전형에서 자기소개서를 쓰고, 포트폴리오를 제출하고, 구술 면접에 대비하는 과정이 되는 것이다.

인헌고에는 진로와 관련된 수많은 활동이 있다. 희망하는 전공과 관련된 강연을 듣고 관련 기관을 답사하는 활동도 있고, 전문가를 인터뷰한 뒤 전공 서적을 읽고 토론하는 활동도 있다. 학생들은 자율 동아리와 교내 경시대회를 통해 이런 활동에 능동적으로 참여한다. 대학의 입학처를 초청해 전공 설명회를 자주 갖게 되면 그 대학에 입학하는 데 필수적인 정보를 듣게 되고 특화된 학과에 대해서도 알게 된다. 입시 설명회를 요청하면 거부하는 대학은 없다. 서울과 수도권 대학은 물론, 웅지세무대 같은 전문대 입학팀도 초청해 설명회를 듣는다. 서울대와 연세대, 중앙대, 숭실대, 가톨릭대, 경기대 등에서는 입학처와 학생, 그리고 선배들이 학교에 와서 입시와 전공에 대한 소개를 하곤 했다.

또한 학생들은 한국은행 경제팀에서 주관하는 특강이나 서울대학교 경영전문대학원생 특강과 같은 외부 강의에 많이 참여한다. 이런 강연을 통해 학생들이 질문을 하고 강연자를 멘토로 삼을 수 있는 기회를 잡게 된다. 보다 적극적인 학생들은 강연자와 사진을 찍고 연락처를 받아와 나중에 직접 찾아가거나 다시 만나기도 한다. 또한 직업전문인을 초청해 특강을 듣는다. 국회나 법원을 방문하고, 여러 직종의 직업인들을 초대해 강연을 듣는 것이다.

또한 학교에서는 진로 정보지 '드림레터'를 주 1회 제공한다. 직업 적성 검사와 직업 가치관 검사를 실시하기도 한다. 앙트십코리아(Entship Korea)에서 진행하는 '창업가 정신교육'을 받고, '기업과 기업가에 대한 이해', '소자본으로 시작하는 경영', '나 발견하기'와 같은 강연을 듣거나 토론하기도 한다. 그리고 진로 직업교육을 위해 강사를 초빙해서 컴퓨터 프로그램, 제과 · 제빵, 메이크업, 한식 조리 분야에서 자격증을 딸 수 있게 돕기도 한다.

많은 교내 시상을 유치해 아이들이 진로를 확정짓고, 그 분야에 상식 이상의 식견을 갖추도록 돕는 한편, '나의 꿈 발표' 대회와 '롤 모델 노트' 대회, '진로 탐색보고서' 대회, '진로 포트폴리오' 대회 등을 열어 아이들이 대학 학과를 탐색하고, 전문가를 만나고, 그 분야와 관련된 학교 활동을 하고, 진로 일지를 제대로 만드는 것을 돕는다. 이러한 대회는 3학년은 1학기에 다 끝내는 반면에, 1, 2학년은 2학기까지 차분히 준비하게 한다. 이런 교내 대회를 통해 아이들은 포트폴리오를 만드는 수준이 높아지고, 또한 그 경험이 대학 합격률에도 크게 영향을 미친다.

한편 3학년에도 주당 1시간씩 진로 시간을 두어, 자기소개서와 구술 면접을 지도할 수 있는 국어교사가 아이들로 하여금 진로 일지를 만들어 발표하게 했다. 이런 과정은 학생들의 각 학과에 대한 안목을 넓히고, 그런 자료를 만들어봄으로써 진로에 대한 의식을 확고히 심어주고, 그 분야에 책을 읽고 전문가를 만나게 해 구술 면접에서 강한 면모를 갖도록 했다. 실제로 '진로탐색의 날'은 그 분야의 전문가(특히 대학교수)를 방문하는 날이다. 우리는 희망 학과의 유명한 교수를 인터뷰하고 멘토링을 받아오도록 지도했다. 대학 홈페이지에 들어가서 학과 탐색을 한 뒤에 교수를 선택해 이메일을 보내라는 말에 아이들은 곤혹스러워했다. 부자 동네라면 대학 교수 동문이 많겠지만, 인헌고는 동문회 자체가 약하고 학부모들도 대학 교수를 지인으로 알고 지내는 경우가 드물어, 학생 스스로 접촉해야 했다. 하지만 아이들은 자신에게 주어지는 상황을 어떤 방식으로든 돌파해 나간다. 중요한 것은 그들의 의지를 북돋고 구체적인 방법을 알려주는 일이다. 2013년에는 3학년의 정원이 300명이었는데 대학 교수와 대면 멘토링을 한 학생들이 약 190여 명 정도 되었다. 진로탐색 대회를 열어서 점검해보니기대 이상의 효과를 거두고 있었다. 학생들은 교수와 만나고 온후 진로에 대한 열의와 목표의식이 더욱 강해졌다. 특히 그 내용을 바탕으로 진로 일지를 만들어 본 아이들은 자신이 어떻게 대학에 들어가야 하고, 또 대학에 들어가면 무슨 공부를 해야 하는지알게 되었다. 어떤 학생은 외국의 노벨평화상 수상자와 이메일을나누기도 했고, 대학 교수를 세 사람이나 인터뷰하는 학생도 있었다. 또 그렇게 하지 못한 아이들은 대학원생이나 대학생이라도 인터뷰를 했다. 그러고 나면 희망 전공이 비슷한 아이들끼리 모여자율 동아리나 스터디 그룹을 만들어 전공과 관련된 책을 읽고 토론하기 시작했다. 물론 '진로탐색의 날'에 개인적으로 전문가 인터뷰 요청을 허락받지 못했거나, 다른 날에 약속이 잡힌 학생들은대학을 방문하든지, '잡월드'를 방문하기도 했다.

이런 일들을 수행한 아이들의 진로 일지는 화려했다. 유아교육과에 들어간 한 학생의 자료 제목은 인상적이었다. 그 아이는 '꿈을 꾸다'라는 큰 제목으로 가고 싶은 학교와 인재상을 소개하고, '꿈을 접하다'라고 제목을 단 부분에서는 서울원당초등학교 병설유치원, 구립유치원, 발도르프 유치원, 주사랑공동체를 방문한 기록을 남겼다. 이어 '꿈을 키우다'에서는 폼아트 공예를 체험하고아동교육 심리학 서적인 『한 아이』(토리 헤이든 지음, 이희재 옮김, 2008), 『딥스』(버지니아 M. 액슬린 지음, 주정일·이원영 옮김, 2011)를 읽은 소감을 밝혔다. '꿈을 만나다'에서는 중앙대학교 유아교육과 교수를 인터뷰한 내용을 다뤘다. 그 아이는 면접을 볼 때마다 교수들을 감동시켰다고 한다. 경제학과를 지원한 다른 학생은 학과 탐색을 한 뒤에 전문가를 인터뷰한 내용과 함께 학교 활동한 내역을 밝히고, 전문가가 추천해준 책을 소개하면서 최종 목표가 은행원에서 '경제학자'로 바뀐 이유를 밝혔다. 자료를 제출했던 대학에서는 이런 점들이 아주 좋은 평가를 받았다.

5장

가르침과
배움의 방법을
혁신하다

1. 학생들이
참여하고 활동하는 수업으로

수업을 바꾸는 것은 가장 어려운 일이다. 인헌고는 2010년부터 입시전략을 정시에서 수시로 전환하고 입학사정관제를 본격적으로 대비했다. 3학년부에 입학사정관계라는 부서를 두고 담당자였던 김인호 선생을 대학교와 대교협에서 실시하는 연수에 계속해서 보냈다. 2011년부터 3학년부장을 3년 연속 연임한 김인호 선생은 점점 그 분야의 전문가가 되어갔다.

- 학생부는 대학이 인정하는 유일한 공문서다.
- 대학의 면접관과 고등학교 교사와의 싸움에서 입학사
  정관제 합격자는 결정된다.
- 수업을 바꾸어야 대학의 요구를 충족시켜 준다.

이런 말들이 그의 어록이다. 수업을 바꾸어야 학생부에 기록할 수 있는 내용이 생긴다. 그래서 '교과별 세부 능력 및 특기 사항'란에 학생들의 수업에 관한 내용을 기록하자고 어느 3학년 교과 담당 교사에게 부탁했더니, 그는 대뜸 "써줄 말도 써줄 만한 애도 전혀 없다."라고 반발했다. 그는 주입식 수업을 하던 교사였다. 하지만 그것보다 자기 고유 권한을 건드리는 데 대한 불쾌감을 그런 식으로 드러냈으리라 생각한다.

일반고가 붕괴되는 상황에서 주입식 교육은 대부분의 아이들에게 공부와 멀어지게 만들었다. 지식을 최단시간 내에 학생에게 전달하려는 의도는 좋지만 아이들의 학습 수준차가 너무 크기 때문에 그런 방식으로는 학생들이 공통으로 받아들일 교과 내용이나 화제를 만들기 어려웠다. 반면, 학생들이 어떤 주제를 맡아 해결하기 위해 자료조사를 하고 발표 준비를 하다 보면 자기 지식이 많이 만들어졌다. 또한 조별 발표나 토론 수업을 할 때 조장이 나머지 아이들과 협력해야 문제를 해결할 수 있었다. 그런 점에서 조장은 저절로 멘토가 되어 멘티들의 수준이나 상황을 고려해야 해결책을 찾아낼 수 있었다. 이런 수업에서 수준차가 현격한 아이들의 협조가 이루어지는 장면은 놀라웠다. 물론 공부 잘하는 아이들 중에는 더 많은 문제집을 풀지 못하는 것에 대한 불만들이 있었다. 그 아이의 불만은 정당할 수 있다. 하지만 학생 간 수준차가 현격한 교실에서 누구나 만족시킬 수업을 하는 것이란 애초에 불가능했다. 일반고가 공부를 제대로 시키지 않는 것이 아니라 제도적으로 교실 붕괴가 될 수밖에 없는 상황에 놓인 것이다.

현재 일반고에는 특성화고에 가지 못해서 온 학생들이 많다. 학습에 관심 없는 아이들은 기술을 배워야 하는데, 중학교에서 성적이 나쁘거나 출석이 좋지 못한 아이는 특성화고에서 받아주지 않는 것이다. 세계 어느 나라에서도 이런 일은 없다. 직업 교육이란 대학에 진학하지 못한 학생에게 시켜야 하는데, 성적이 부진한 학생은 특성화고에 가지 못하고, 출석이 좋지 않고 봉사 활동 시간이 없으면 직업학교에도 가지 못한다. 이런 상태에서 학교에 적응하지 못하는 아이들은 수업 시간에 잠만 자더라도 교사에게는 고마운 것이다. 공부 잘하는 아이들도 어려움은 많다. 사실 강남에 있는 학교나 자사고에 갔다면 내신 성적은 중위권밖에 되지 못하더라도, 좀 더 알차고 수준 높은 수업을 들을 가능성이 높기 때문이다.

참여와 토론이 배제된 수업은 다수에게 도움을 주지 못했다. 인헌고가 교과교실제를 받아들이면서 블록 수업을 하는 교사들이 늘어났다. 발표 수업은 학생들의 수동성을 탈피시켜 주체로 거듭나게 한다. 정보와 지식이 넘쳐나는 사회에서, 또한 사교육과 인터넷 방송이 판을 치는 현실에서, 일방적 주입식 수업은 아이들과 교사를 멀어지게 할 뿐, 해결책이 되지 못했다. 따라서 수학을 가르치기에 앞서 수학이 천체학, 건축학, 지리학, 경제학, 논리학 등에도 중요한 역할을 한다는 것을 알려주어야 하고, 또 그것과 관련된 융합 수업도 실행해 학생들에게 수학 자체에 대한 흥미를 불러일으켜야 했다.

융합 수업을 실시하다

2014년에 국어와 음악, 미술 과목이 합동으로 실시한 융합 수업의 사례를 들어보자. 문학을 담당한 김인호 선생은 교과서에 나온 작품을 포함해 김동인의 〈감자〉, 이효석의 〈메밀꽃 필 무렵〉, 윤흥길의 〈종탑 아래서〉, 이상의 〈날개〉를 재미와 아름다움의 문제와 작가의 의도를 찾는 문제를 중심으로 5개 단락 두 쪽 분량의 비평문을 써 오게 한 뒤에, 그것을 바탕으로 조별 발표를 하고 전체 토론을 벌이게 했다. 심지어 중간고사 때에는 "'문학의 재미'를 앞에서 예를 든 네 편의 작품을 중심으로 논하라."는 논술형 문제를 출제해, 60분간 풀게 했다. 그것을 통해 아이들이 "문학의 재미란 어디서 나오는가?"라는 주제를 이해했는지는 알 수 없다. 하지만 아이들이 책을 읽고, 자료를 조사하고, 2쪽 분량의 글을 쓴 뒤, 토론까지 했으므로 A4 한 쪽 분량의 답안지를 쓰는데 전혀 문제가 없었고, 심지어 많은 아이들은 뒷장까지 답안을 썼다.

중간고사가 끝나고 이상의 〈날개〉를 읽고, 글을 쓰고, 토론한 뒤에 그것을 각색시켜 조별 연극대회를 열고, 그 중에서 제일 잘된 대본을 골라 학급간 뮤지컬 경연 대회에 나가게 했다. 아이들은 그 과정을 통해 이상의 〈날개〉를 어느 정도 소화한 뒤 현대적 의미나 자신의 현실에 맞게 각색시킨 뒤, 노래를 고르고 가사를

〈안개꽃〉

〈한강의 거짓말〉

〈죽일 놈〉

〈풍문으로 들었소〉

〈범수와 아이들〉

〈애벌레의 꿈〉

〈날아라 2014〉

〈대한날개〉

〈그림 5-1〉 이상의 〈날개〉를 모티브로 하여 국어, 미술, 음악 교과의 융합 수업을 통해 자신들이 창작한 뮤지컬을 홍보하는 학생들의 포스터

바꾸면서 뮤지컬을 만들었다.

특히 학급의 전체 학생들이 참여해 춤추고 노래하는 피날레 장면은 장관이었다. 물론 이 수업은 음악 교사가 전체 연출을 돕고, 미술 교사가 무대장치와 포스터를 만들게 지도하고, 기술 교사가 무대 영상과 스태프 일을 총괄하는 등 협력 및 역할 분담을 통해 융합 수업으로 진행했다. 1학년 전 학급, 전체 학생들이 3시간 동안 무대를 장식하는 장면을 연출했다. 그것은 아이들의 놀라운 재능을 목격하는 순간이기도 했다. 어려운 이상의 소설을 해석하는 방법도 달랐지만, 그것을 현대적 흥겨움으로 바꾸는 재능이 돋보였고, 그러면서도 억압에서 해방되려는 현대인의 욕구를 잘 표현하고 있었다. 공연을 본 학부모와 교사들은 갈채를 보내며 경탄했다. 그것은 발상의 전환이 이뤄낸 결과였다. 어떤 자세로 아이들을 대하느냐에 따라 아이들의 수준이 달라지고, 다양한 수업 형태가 만들어지는 것이다.

물론 이상의 소설을 이해하는 것은 쉬운 일이 아니다. 하지만 조금 높은 목표를 잡고 조별로 함께 읽고 토론하며 문제의식을 갖게 하면 놀라운 성취를 이뤄낸다. 때마침 교생실습이 있는 수업에서 한 교생은 말귀를 알아듣지 못하는 아이들이 태반인 교실 현장에서 이상의 〈날개〉를 가지고 학생들이 활발하게 토론을 벌이는 모습에 감동을 받았다고 말했다. 그랬다. 〈학교 2013〉이라는 드라마보다 훨씬 심한 교실 붕괴 상황에서도 아이들에게 흥미를 끌어내고 수준을 높이려는 수업 형태가 가능하다는 것을 알았기 때문이다. 아이들에게 정성을 쏟으면 그만큼 지적으로 성장한다. 다만 학생 스스로 그 문제 속에 직접 걸어 들어가게 만들어야 했다. 그러자 8개 학급의 아이들이 현대판 뮤지컬 〈날개〉를 만들어낸 것이다. 공연은 약간 조잡해 보여도, 학급 전체가 동원되어 준비한 노래와 춤, 그것과 맞추는 조명 담당, 그리고 의자와 소도구를 치우는 스태프들, 그리고 20분이 되어갈 무렵 모두 나와서 노래하며 춤추는 장면은 장관이었다. 그것은 불가능한 꿈을 혁신학교에서 실현했다는 느낌을 주기에 충분했다.

한편, 19명이 참여한 융합 수업이 '환경'을 주제로 1년 동안 진행되기도 했다. 후쿠시마 원전사고 이후 거의 모든 교과의 교사들이 환경 문제에 관심을 가지고 자기 교과 수업에서 그 문제를 다뤘다. 학생들은 인간중심주의와 심층생태학의 입장에서 토론을 벌이고, 환경 전문가가 된 듯한 태도로 한국의 원자력 발전 문제와 북핵 문제에 대해 발표하기도 했다. 물론 모든 아이들이 이런 수업을 따라올 수는 없다. 그래도 수업 시간에 잠만 자는 아이들도 다른 아이들이 발표를 하고 토론을 하면 눈을 비비고 일어나 귀를 기울인다. 특히 시사와 관련된 디베이트 수업을 할 때는 자는 아이를 한 명도 찾아볼 수 없었다. 이런 측면에서도 수업 혁신은 정말로 필요한 것이다.

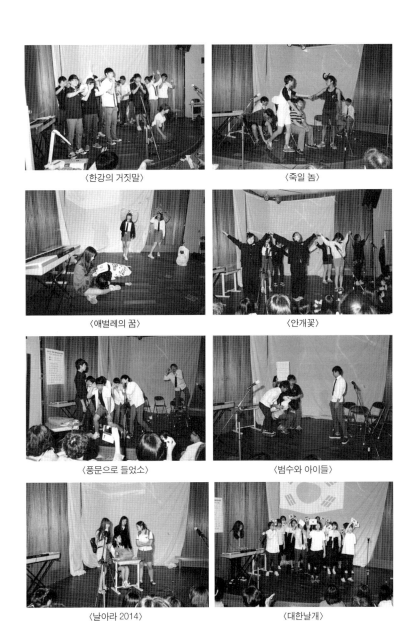

〈한강의 거짓말〉 〈죽일 놈〉

〈애벌레의 꿈〉 〈안개꽃〉

〈풍문으로 들었소〉 〈범수와 아이들〉

〈날아라 2014〉 〈대한날개〉

〈그림 5-2〉 이상의 〈날개〉를 모티브로 학생들이 창작한 뮤지컬 공연 모습

〈그림 5-3〉 월드 카페 방식으로 진행된 독서 토론

독후 활동을 적극 권장하다

〈그림 5-3〉은 사서 교사가 주도하고 교과 교사가 지원하여 매월 운영하는 독서토론 프로그램으로 월드 카페 방식으로 진행되고 있다. 도서관을 통해 독서습관을 형성할 수 있게 하기 위한 교육인데, 이는 사서교사의 자발성에서 비롯된 것이다. 이것이야말로 현장성과 연결된 교사의 자발성에 기인한 '인헌 혁신고'의 자랑이다. 초등학교까지는 독서가 권장되지만, 중학교에 입학하면 부모는 아이의 손에 들려 있던 책 대신 영어 · 수학 문제집을 쥐어주는 게 현실이다. 그런데 고등학교에서 다시 책을 읽으라고 하니 수능 입시 체제를 선호하는 학부모들은 동의하지 못했다. 그러나 입학

〈그림 5-4〉 월드 카페 방식으로 진행된 3학년 사회문화

사정관제에 집중하면서 독서는 자연스러운 학교교육 활동으로 자리를 잡아갔다. 인헌고는 한술 더 떠서 독서를 적극적으로 권장하고 있다. 나는 교과 교사들에게 교과 활동의 일환으로 교과와 관련된 책 3권을 읽게 하여 수행평가에 반영할 것을 적극적으로 권유했다.

독서 활동을 장려하여 매일 아침(오전 7:30~오전 8:10)에 희망하는 학생을 대상으로 자기주도학습실에서 '아침 독서'를 운영하고 있다. 학생들은 대학교에서 제공한 추천 도서를 참고하여 전공 관련 서적을 읽고, 독서 감상 일지를 쓰고, 다양한 독서 관련 교내 대회에 참여하는 모습을 보여주고 있다. 또한 점심시간에도 학생

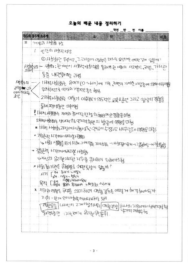

〈그림 5-5〉 활동지와 '내용 정리하기' 사례

들이 20분씩 도서관에서 책을 읽는 '20분 독서'도 운영되고 있다.

주입식 수업을 탈피하다

주입식 수업은 학생들의 참여와 토론이 배제되는 수업이다. 요즘에는 참여·협력·토론이 중시되고 융합 수업, 배움의 공동체 수업이 도입되고 있다. 50분 수업 중 교사는 15분 동안 수업 요강을 통해 수업 내용을 설명하고, 나머지 35분 동안 학생들이 활동하는 것이 좋은 수업이라고 한다. 토니 부잔(Tony Buzan)은 "들은 것은 잊어버리고, 본 것은 기억만 하나, 직접 해본 것은 이

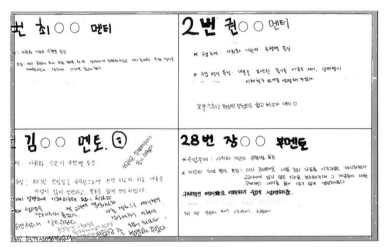

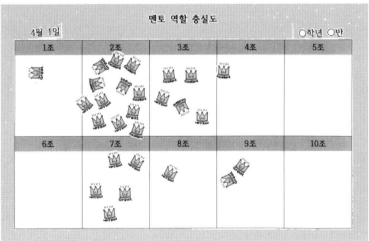

<그림 5-6> 특징 적기 및 평가 투표

해된다."는 공자의 말을 인용하면서 '90/20/8 강의 법칙'을 제시하고 있다. 교사는 90분을 넘지 않게 수업을 짜되 20분마다 변화를 주고 8분마다 학생들이 참여하도록 이끌라는 것이다.[1]

　〈그림 5-4〉는 올해 월드 카페 방식에 멘토링을 결합한 수업 모습이다. 월드카페 수업을 소개하자 처음에 학생들은 "3학년에게 너무 무리한 요구를 하는 게 아니냐?"고 반발했다. 스스로 예습하지도 않고 대학수학능력시험에 응시하지 않는 학생도 많기 때문에 능동적으로 참여하는 즐거운 수업이 되어야 하며 입학사정관제를 겨냥한 수업이라고 학생들을 설득하였다. 4인 1조의 분단 형태로 나누어 멘토와 부멘토를 두고 멘티 2명을 묶어주었다. 주제를 조별로 할당하여 내용을 요약한 후 조원들이 충분히 학습하게 하였다. 그런 다음 멘토만 옆 조로 이동하여 자기 조의 주제를 학습하게 하였다. 마뜩해 하지 않거나 수면을 취하는 학생들도 막상 수업이 시작되자 활발히 참여하고 재미있어 한다. '활동지'의 내용을 토대로 '배운 내용 정리하기'를 하여 수행평가로 연결했다. 〈그림 5-6〉은 수업을 마친 후 최고의 수업을 한 학생에게 투표하게 하고 평가를 구체화하도록 했는데, 학생들의 평가가 좋았다. 이런 수업을 해보면 의외의 놀라운 모습이 보인다. 평소에는 수업 시간에 잠만 자던 한 아이는 월드 카페 수업에서 멘토를 맡아 주제를 구조화하고 시각화한 보조 교재를 수업에 활용하여 최고의 멘토링 고수로 평가되기도 했다.

---

1. 밥 파이크 지음, 김경섭 옮김, 『밥 파이크의 창의적 교수법』, 김영사, 2004

2. 선진형 교과교실제 운영

　몇몇 과목에 그치지 않고 전 과목을 대상으로 교과교실제를 운영하는 것이 선진형 교과교실제이다. 교과교실제라는 이름을 붙이지 않더라도 학교에서 예·체능, 실과, 외국어, 과학 과목은 교과교실제를 이미 하고 있었기 때문에 선진형 교과교실제는 국어, 영어, 사회과목까지 넓혀 실시하는 제도이다.

　학교의 교과교실제로의 전환에 대해 대다수 교사들도 자연스럽게 동의하였다. 과학중점학교 신청이 불발로 끝나고 학교운동장 지하를 주차장과 수영장 같은 편의시설로 전환하는 계획도 수포로 돌아갔다. 물론 지하주차장 건설에 대해서는 반대도 적지 않았다. 이렇게 학교의 변화 움직임들이 번번히 좌절되는 상태에서 교과교실제로의 전환은 어렵지 않게 수용되었다.

<그림 5-7> 2013년 9월, 신설 학급이 완비되자 본격적인 교과교실제를 시행했다.

교과부에 제출한 서류를 마련하고, 컨설팅과 연수에 참여하며 교과교실제 시범학교를 방문하는 등 관련 업무들이 숨 쉴 틈 없이 집중되면서 교무기획 담당자에게 업무를 넘기고 나는 혁신학교 준비에 집중했다. 2012년은 혁신학교 1년 차이면서 선진형 교과교실제 1년 차였는데 선진형 교과교실제의 미숙한 운영이 혁신학교로의 변화를 막는 걸림돌이 되었다. 물론 교과교실제는 1학년, 2학년만 적용하고 3학년은 기존의 학급형으로 운영하는 혼합형이었다. 교과교실제를 운영하는 1학년~2학년 학생들은 매시간 무거운 가방을 소지하고 이동하였고 점심시간 식당에도 가지고 왔다. 시작종이 쳤는데도 교사가 오지 않아서 복도에서 기다리는

학생들, 매시간 부족한 책상과 의자를 찾아 이웃 교실을 전전하는 학생들, 교사의 사정으로 수업 시작 10분~20분 전에 바뀐 시간표를 담임교사로부터 전달받지 못한 지각생들이 복도에서 우왕좌왕했다.

현대인에게 가장 무서운 병은 조급증이다. 사람들은 서서히 성장하는 것보다 급성장을 좋아하고, 그것을 자랑거리로 삼는다. 어떤 버섯은 6시간에 다 자라고, 호박은 6개월이면 다 자란다. 그러나 참나무는 6년이 걸리고 건실한 자태를 드러내려면 100년이 걸린다. 인헌고는 교과교실제 시행 첫해에 6시간 만에 다 자라나는 버섯이기를 원하는 집단 조급증 때문에 많은 우여곡절을 거쳐야 했다.

한 달 정도의 혼란 속에 미비된 부분을 보완해가면서 교과교실제는 서서히 안정을 찾아가고 있었다. 그런데 2학기에 교과교실제를 반납하자는 움직임이 일어났다. 아이들이 싫어하는 교과교실제를 더 이상 지속할 수 없다는 것이었다. 그러나 교과교실제 사업 반납은 최종적으로 교육청에서 거부되면서 신설 학급 6개가 완비될 때까지 실시를 유보했다.

6개 교실 신설이 완비되고 인조 잔디 구장이 설치되자 2013년 9월부터 교과교실제를 전면적으로 시행했다. 교과교실제를 혼돈으로 몰아간 요인이 몇 가지 있는데 이에 대한 대안으로 '교과교실제 2-2-2운영계획'을 세웠다. 〈표 5-1〉에 나와있듯이 수준 높은 수업 혁신과 학생 중심형 교육과정의 완성을 위해 교과교실제를 운영

〈표 5-1〉 2013년 교과교실제 2-2-2 운영 계획

2013학년도 인헌고 교과교실제 운영 계획

- 비전 TWO
  - ① 교과교실제 정착으로 수준 높은 수업 혁신을 추구한다.
  - ② 교과교실제 정착으로 학생 중심형 교육과정을 완성한다.
- 전략 TWO
  - ① 교과교실제 도입에 대한 적극적·긍정적 태도를 견지한다.
  - ② 50분 수업을 보장한다.
    - ☞ 수업시작 5분 전 입실, 수업 종료 5분 후 퇴실
- 전술 TWO
  - 학생
    - ① 핸드폰은 수업 중 사용하지 않는다.
      - ☞ 사용할 경우 벌점제 적용을 엄격하게 한다.
    - ② 시작종 이전에 교실 입실을 완료한다.
  - 교사
    - ① 사정에 의한 수업 이동은 하지 않는다.
    - ② 학생 휴식 시간(점심시간 포함)에는 각 교실에서 근무하는 것을 원칙으로 한다.
      - ☞ 점심시간에는 교실별로 학생운영위원을 두어 담당 교사를 지원하게 할 수 있다.
      - ☞ 점심시간 각 교실은 학년별로 특색 있게 운영(자습, 편안한 휴식, 기타)하는 것을 권장한다.
- 기타 사항
  - ① (추진 중) 1학년 교실의 학생 사물함은 2열 7칸으로 하며 총 28명이 이용할 수 있도록 한다.
  - ② 교과교실에는 2012년도에 제작한 사물함 1개(2열 2칸)를 배정하여 수업관련 자료함으로 이용한다.

한다고 천명했다.

'전략① 교과교실제 도입에 대한 적극적·긍정적 태도를 견지한다.'를 정한 이유는 교과교실제 운영에 대한 최대의 걸림돌이 교사들의 부정적 태도에서 비롯되었다고 판단했기 때문이다.

"모든 교실이 똑같은데 굳이 학생들이 이동하면서 수업 해야 할 까닭이 무엇이냐?"
"교과교실제의 미흡한 운영이 혁신학교를 망친다."
"미국의 고등학교나 우리나라 대학처럼 시간표 중간에 쉬는 시간이 있어야 하는데, 매시간 모두 수업이 있는 상태에서는 교과교실제가 무리다."
"우리 학교 실정에는 맞지 않는다."
"교과교실제 반납해야 해!"

교사들이 이와 같은 말을 거리낌 없이 하다 보니 교실 이동에 익숙치 않는 학생뿐 아니라 모범적인 학생들도 부정적인 생각을 하게 되었다. 50분 수업 중 시작종이 울리면, 교사가 교무실을 나서 교실에 들어가 인사를 하고 출결을 체크한 다음 컴퓨터를 켜고 준비를 하면 약 7분~10분이 소요되었다. 컴퓨터와 기본 기자재는 동일하게 구비하더라도 교과 담당교사의 수업 구도에 맞춰 필요한 것을 다양하게 재구성하면 되는데, '동일하게 구비되는 기자재'에 초점을 맞추어 '모든 교실이 똑같다.'고 지적하는 교사도 있었다. 나는 그들에게 소극적이고 부정적인 태도를 버려달라고 주문했다.

교사의 '전술② 사정에 의한 수업 이동은 하지 않는다.'는 조항과 관련한 에피소드도 적지 않다. 비선호 일반고의 특징은 자녀가 어쨌든 졸업만 하기를 바라는 학부모의 기대를 저버리기 어렵거나, 생각 없이 학교를 다니는 학생들이 한 반에 20%~30%가 된다는 점이다. 이들은 결석이나 지각을 밥 먹듯이 한다. 이런 상황에서 교사의 사정으로 수업 시간이 바뀌는 경우가 하루에 서너 건씩 발생한다. 이런 수업 시간 변경은 아침 조회 시간 담임을 통해 공지가 되는데 지각하는 학생에 대한 대책이 거의 없다. 교과교실제를 모범적으로 운영하는 학교와 상담해 보았지만, 교내에 전자알림판을 설치해도 효과가 거의 없다는 말을 들었다. 당일 수업 변동에 대해 가장 효과적인 것은 전일 종례 시간에 공지하여 준비하게 하고 종례를 듣지 않는 학생에게는 담임교사가 개별 공지하는 방법뿐이었다. 그러나 대부분의 수업 변동은 전날 종례가 끝나고 그날 1교시가 시작하기 전 예상하지 못한 급한 상황 때문에 발생한다. 따라서 최선의 방법은 시간표를 이동하지 않고 보강을 하게 하는 방법이었다. 이는 교과교실제의 안정화를 가져오는 데 결정적인 조치였다. 이런 해프닝도 있었다.

"선생님, 왜 수업 이동을 반대하나요?"
"교과교실제 실시를 앞둔 회의에서 2-2-2 운영 계획 중 수업 이동은 하지 않는다고 결정했어요."
"회의를 한 번 밖에 안하고 바로 실시하는 거예요?"

어떤 교사는 수업 이동을 해 달라고 지속적으로 요구하였고 나중에는 교감까지 나서서 "교과교실제가 안정되었으니 수업 이동도 합시다."라고 말했다. 나는 딱 잘라 말했다. "내 업무에 간섭하지 마세요. 회의에서 결정된 대로 운영하고 있으니 정 마뜩치 않으면 이 업무를 가져가세요." 이것은 사소한 조치가 교과교실제 자체를 무너지게 할 수 있다는 값비싼 경험을 했기 때문에 나온 말이었다.

〈표 5-2〉 2013년 교과교실제 제도적 보완

2013학년도 인헌고 교과교실제 제도적 보완

- 학년 학급별로 교실을 배치한다.
- 교실은 상시 개방하며 학급 사물함을 이용한다.
- 교실 당 최대 2명의 교사가 사용한다.
- 조례, 종례 및 자치활동은 자기 학급에서 한다.
- 교사는 교무실에 모두 배치한다.

여기에 제도적 조치를 더했다. 이전에는 교실에 수업용 기자재를 배치해놓고 분실을 우려해 점심시간이나 휴식시간에는 교실 문을 폐쇄했는데 기자재별로 분실 방지 장치를 하고 교실 문은 상시 개방했다. 교과별로 교실을 배치하는 것에서 벗어나 학년별로 학급을 배치하고 담임교사의 교과목에 맞추어 교과교실로 운영했다. 즉 학급명패에는 '○학년 ○반'이라고 윗줄에 적고 아래에는 '영어교실'처럼 교과교실을 병기했다. 수업 이동을 원칙적으로 금지했지만 학생들의 시간별 교실을 숙지하기 위해 2학기 초 자율활동 시간에 해당교실을 찾아보는 '개인 시간표'를 작성하도록 하였다. 교사의 피치못할 사정으로 단 하루 결근할 경우라도 교육청 홈페이지 구인란에 광고하여 대체인력을 마련했다. 또한 학생들의 이동 동선이 겹치지 않도록 여타 교실을 배치했다.

부족한 교실이 여섯 칸 증설되었고, 전략과 제도적 조치가 보완되자 말도 많고 탈도 많았던 교과교실제는 안착이 되었다. 주입식 수업에서 참여와 토론 수업으로 바꾼 교사뿐만 아니라 정보화기기를 이용하는 교사들도 이제는 교과교실제에 만족했다. 교사의 긍정적인 태도와 수업 이동의 금지가 교과교실제 안착의 핵심이라는 것을 알기까지 기회비용이 너무 컸다.

〈표 5-3〉은 입학사정관제를 준비한 학생들의 자기소개서에 나오는 수업 모습들이다. 교과교실이 안착이 되니 교사들이 자기만의 수업 형태를 찾기 시작했다. 어떤 국어 교사는 각 단원별로 조별 수업을 통해 주제에 대한 이해를 시킨 뒤 발표시켰고, 책 만들기를 위해 1주일에 세 쪽 분량씩 자기 생각을 쓰게 했다. 오늘날 아이들은 얼마나 자기 생각이 없는가. 그저 수동적으로 교사의 지시만 따르는 아이들에게는 창의성이 없었다. 그런데 시를 읽고 자기 생각을 쓰고, 신문 칼럼 읽고 사회적 논평을 쓰고, 일기 같이 생활 속의 비평문을 쓰는 과정에서 아이들은 자기 생각을 갖게 된다. 또 다른 국어 교사는 '문학 콘서트'라고 이름 붙여진 수업 형태를 통해 시인이나 작가에 대해 학생이 자기 방식대로 소개하는 시간을 가졌다. 아이들이 자기가 좋아하는 시를 찾고 그것을 소개하고 시인의 생애를 말할 때 두 눈이 빛났다. 또한, 시와 시인의 생애를 연결시키는 일은 그야말로 문학적 롤모델을 만드는 일이 되기도 했다. 그런 가운데 그 시인을 좋아하고, 문학을 좋아하게 되는 것이다. 이런 수업들을 통해 교과교실제는 점차 정착되어 갔

〈표 5-3〉 자기소개서에서 나타난 수업 혁신의 사례

■ 2013 문학수업 사례

— 3학년 김○○ 학생 자소서 중에서

2학년 문학시간의 참여형 수업 중 '국민시인 전시회'는 조원간의 협력과 조장으로서의 책임감이 중요했습니다. 발표 주제로 할 시인을 정하는데 옆의 조와 발표 주제가 겹쳤고 서로 양보를 하지 않은 채 서로의 조에게 주제를 바꾸라고 했습니다. 저는 시인은 같아도 주제를 다르게 하자고 몇 번 권유했고 다행히도 양 팀 모두 동의했습니다. 그런데, 저희 조원 중에 만화를 너무 좋아하며 친구들과 거의 소통하지 않는 친구가 있어 조원들의 불만이 많았습니다. 조원들 모두 참여해야 의미가 있기에 그 친구를 발표에 참여시키기 위해 시의 내용을 만화로 그려오도록 권했습니다. 친구는 만화를 열심히 그려왔고 조원 모두 발표에 참여할 수 있었습니다. 조장이었던 저는 6주 동안 발표준비를 통해 리더란 지시하는 역할이 아닌 모두 함께 참여할 수 있도록 포용하고 이끌어나가는 것이 중요하다는 것을 느낄 수 있었습니다.

■ 2012~4 국어수업 사례

— 3학년 조○○ 학생 자소서 중에서

고등학교 1학년 때, 국어수업은 학생들이 교사가 되어 가르치는 형식으로 진행되었습니다. 조별로 선택한 단원을 친구들 앞에서 발표하며 저희가 직접 참여하는 수업이었습니다. 이전까지 선생님 주도의 수업에 익숙했던 저희는 '학생이 교사가 되는 국어수업'이 무척 생소했습니다. 이에 조장이 된 저는 모두가 함께하는 수업을 만들기로 결심했습니다.

하지만 저희 조에는 공부에 흥미가 없는 친구들이 많았습니다. 몇몇 친구들은 단원을 선정할 때도 저에게 다 떠맡기다시피 하며 딴청을 피웠습니다. 조원 한 사람 한 사람의 참여를 이끌어내고 싶었던 저는 우리 또래의 주인공이 나오는 김려령의 성장소설 '완득이'를 제안하게 되었고 쉽게 공감 가는 이야기에 모두가 합의점을 찾게 되었습니다.

(중략)

■ 2013 과학수업 사례

— 3학년 김○○ 학생 자소서 중에서

저희 학교는 서울형 혁신학교로서 '참여와 소통을 통한 협력 수업 강화'라는 취지 아래 강의식 주입수업이 아닌 활동 위주의 참여형 수업이 많이 이루어졌습니다.

과학수업에 '신재생에너지' 단원을 배우던 중 제비뽑기로 에너지 종류를 정해서 발표하는 수업이 있었습니다. 저는 주변에서 가장 관찰하기 쉬운 태양에너지를 발표하고 싶었지만, 해양에너지를 발표하게 되었습니다. 원하던 주제가 아니라 아쉬웠지만, 이 기회에 해양에너지도 알아보자는 생각을 하고 발표준비를 했습니다. 대체에너지라면 무조건 환경에 이로울 것으로 생각했는데 오히려 자연환경을 훼손시킬 수 있다는 점도 알게 되었습니다. 또한, 원리를 설명하기 위해 단순 지식암기를 하지 않고 정확히 이해할 수 있어서 더욱 효과적인 수업이었고, 발표 때마다 독창적인 디자인과 효과를 이용한 프레젠테이션으로 선생님과 친구들에게 'PPT의 여왕'이라 불렸습니다. 우리 학교의 특성상 많은 발표 수업을 하는 데 이 경험들이 대학에 진학해서 과제를 발표할 때 큰 발판이 되어줄 것으로 생각합니다.

〈그림 5-8〉 2014년 '문학 콘서트' 수업 모습

다. 낮은 따뜻하고 밤은 추운 가을 날씨로 스트레스를 받은 나무
가 더 선명한 단풍을 보여주듯, 교과교실제로 바꾼 첫해의 고통을
잘 극복했더니 수업 혁신이라는 '아름다운 결실'로 돌아왔다.

3. 학생들이 서로 협력하는 학급

아이들에게 교실은 꿈을 키우는 장소이고 소우주이다. 그 장소를 멋지게 사용하는 자는 자신의 영혼을 빛나게 만든다. 3학년부장을 할 때, 학급의 궂은일을 자세히 나누어 학생들에게 자원하게 하였다. 그리고 그 역할을 훌륭히 수행한 아이를 학생부 창의적 체험활동의 '자율과 봉사'란에 기록하겠다고 말했다.

모든 활동은 내가 일상을 꾸려가는 곳에서부터 시작해야 한다. 학급 봉사 활동은 학생부에 봉사 활동 시간을 부여할 수 있는 것은 아니었지만 리더십과 나눔과 배려를 실현하는 활동이기도 했다. 학급 회장과 부회장 및 자원하는 학생 2~3명에게 수업 시작 전의 자습 시간과 점심시간을 독서실처럼 관리하라고 주문했다.

학생들이 자발적으로 학급의 봉사 활동을 신청하고, 학급 회장은 친구들이 가장 하기 싫어하는 분리수거를 자원하며 이렇게 말했다.

> "분리수거를 자발적으로 아무 댓가 없이 하게 되면, 아이들이 잘난 체 한다고 눈치를 줘요. 그래서 못했는데, 학생부에 기록한다니 모든 학생들이 자연스럽게 다양한 활동을 하게 되었기 때문에 아이들 눈치를 보지 않고도 분리수거 활동을 하게 되었네요. 그러니 학생부에 적어주지 않으셔도 돼요."

나는 그 아이가 요구한 대로 빨간 고무장갑을 빌려 주었다. 회장은 주 2회 고무장갑을 끼고 가래침과 온갖 오물로 뒤범벅이 된 쓰레기통을 뒤집어 분리수거를 했다. 교실 뒤로 나가 아무렇게나 '퉤퉤' 가래침을 뱉던 아이들이 서서히 줄어들었다. 이게 바로 봉사 활동이라는 생각을 했다. 입학사정관제가 잠자던 교실을 깨우는 순간이었다.

비선호 일반고 담임교사가 학급운영에서 어려워하는 것은 결석, 지각, 조퇴, 결과일 것이다. 우리 반에서는 정기적으로 지각, 조퇴, 결과를 횟수에 따라 관악산 등산의 '불이익'을 주었다. 등산할 때 담임교사는 뜨거운 믹스커피·김밥·과자류 같은 것과 짐을 조금 들어주려는 마음만 준비하면 되었다. 물론 내가 등산을 좋아해 벌인 일이지만, 그곳에서 태어나서 무려 18년을 살았으면서도 제대로 관악산 정상까지 가본 학생은 많지 않았다. 아이들은 관악산에 오르는 것을 죽기보다 싫어했지만, 막상 참여해 능선을 걷다가 뒤돌아보면 발끝에 펼쳐지는 풍경이 새롭고 신기한 듯했다. 나는 아이들이 힘들어질 때쯤이면 숲 해설을 하고 가끔 커피를 따라 주었다. 그러면 아이들의 마음도 풀어지면서 이런 저런 이야기를 했다. 대부분 아이들의 여자 친구 이야기, 부모 이야기, 다른 친구와의 갈등 이야기, 아르바이트 이야기, 성적 이야기 등을 산에서 들었다. 인헌고에서 출발해 연주암을 거쳐 과천 향교 코스로 내려오면 약 4시간 정도 걸린다. 거의 끝날 즈음에 웅덩이가 있고 거기에 발을 담그게 한 후 세족식을 했다. 그런 의식을 치르고 나면 아이들은 한 발자국 더 담임교사에게 가까이 와 있었다.

등산 이후로, 아이들이 잘못했을 때 따끔하게 지적해도 아이들은 잘 따라주었다. 담임교사인 내가 자신을 이해한다는 것을 알기 때문이다. 학교에서 담임교사와의 관계가 좋아지면 친구와의 관계가 좋아지고, 더 나아가 부모와의 관계가 호전되고, 마침내 자신을 사랑하게 된다. 좋은 학급 공동체는 담임교사와 학생과의 관계에서 시작되는 것이다.

자기주도학습 도입

'학습', '배움', '공부'에는 차이점이 있다.[2] 학습이란 학생, 교사,

---

2. 김병완, 『공부의 기쁨이란 무엇인가』, 다산에듀, 2011, 참조.

교재가 있어야 하고 체계적, 구조적인 특성을 가진 것으로 가장 협소한 의미의 앎이며 지식만을 축적하는 것이다. 배움이란 주체가 무엇인가를 배워 나간다는 의미로서 포괄적이고 능동성이 강조되는 것이지만 그것 역시 지식만을 축적하는 것이다. 반면에 공부란 삶을 중심으로 자신의 성장과 변화 속에서 세상과 소통하며, 존재 목적이나 내적 자아를 찾는 것이다. 학교 현장이 학습의 터전에서 공부의 장으로 바뀌는 것이 혁신일 것이다. 따라서 혁신학교는 학생 스스로 다가오는 시대에 대처하며 사회에서 중요한 역할을 할 수 있도록 공부하는 곳이어야 한다.

학습에 대해 좀 더 알아보자. 우리나라 학생들은 '학습' 중에서 '학'에 치중하고 있다. 학교에서 7교시 수업하고, 방과 후 학습 하고, EBS 강좌 듣고, 사교육 받는 것이 그것이다. 그것들은 단지 '학(學)'일 뿐이다. 습(習)이란 한자는 어린 새가 백(百)번 날개 짓을 한다는 의미이다. '習'이란 매일매일 반복되는 연습을 통해 마음속에 깊이 새겨 마음에 꿰인 듯 익숙해지는 경지를 말한다. '習'에서는 행동하는 이유가 자동적이며 자동적으로 행동하지 못하면 불편해진다. 이것들이 모여 '습(習)'이 된다. '생각을 바꾸면 행동이 바뀌고, 행동이 바뀌면 습관이 바뀌고, 습관이 바뀌면 인격이 바뀌고, 인격이 바뀌면 운명이 바뀐다.'는 말이 있다. 초등학교까지는 두뇌가 우수한 학생의 성적이 좋으나, 중학교부터는 습(習)의 힘이 두뇌력을 넘어서 성적을 좌우한다.

학습은 배우는 것과 익힐 수 있도록 스스로 노력하는 것이 균형

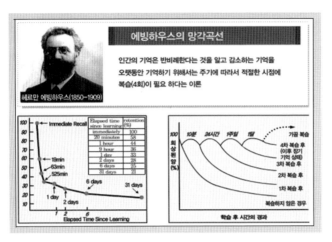

〈그림 5-9〉 에빙하우스의 이론은 복습의 중요성을 보여준다

을 이루어야 한다. 에빙하우스는 4회 복습이 필요하다고 한다. 수업 종료 후 10분, 하루, 일주일, 한 달 주기로 복습하면 수업에서 배운 것을 잊지 않는다. 오늘 배운 것을 듣기만 하고 하루가 지나면 20%밖에 기억하지 못한다고 한다. 한 시간 수업 분량을 복습 없이 기억하려면 무려 5번 이상을 들어야 한다.

학부모들은 학생 개인에게 '학(學)'의 기회만 제공하는 주입식 교육, 방과 후 학습, 보충수업을 많이 요구하는데, 이것은 사실상 '습(習)'의 과정을 요구하는 자기주도학습을 제대로 이해하지 못했기 때문이다. 인헌고에서는 사교육에 의존하지 않고 야간 자율 학습실에서 '습(習)'하는 학생들이 훨씬 잘 성장하고 자신들이 원하는 대학에 훨씬 잘 들어 갔다.

스터디 그룹과 멘토링으로 학급의 문화를 바꾸다

우리나라는 2012년, 인구 5,000만 명 이상인 나라로서 1인당 국내총생산(GDP)이 2만 달러 이상인 국가를 지칭하는 '20-50 클럽'에 일본, 미국, 프랑스, 이탈리아, 독일, 영국 다음으로 들어가게 되었다. 이러한 국력을 가진 나라가 되기까지는 교육의 힘이 컸을 것이다. 그러나 '20-50 클럽'에서 초일류 국가로 발전하기 위해서는 디자인, 스토리, 조화, 공감, 놀이, 의미의 조건을 갖춘 인재를 양성해야 한다.[3] 이를 학급에서 키울 수 있는 제도가 스터디 그룹이나 학습 멘토링이다.

일반고 교실은 수업에 흥미가 없는 학생들이 사실상 장악하고 있다. 쉬는 시간이야 그렇다고 치더라도 이들은 수업 시간에도 잡담하고 핸드폰으로 카톡이나 음악을 듣다가 교사에게 지적당하면 불만을 표하다가 엎어져 잠을 자곤 한다. 거기서 벗어날 궁리를 하면서 교사들에게 수업 혁신을 하자고 제안하면, "선생님, 인헌고에서 한 시간 수업하는 것은 '강남'에서 두세 시간 수업하는 것보다 더 힘들어요. 무슨 다른 노력을 요구하는 것은 무리예요."라는 반응이 돌아온다. 수업을 진행하는 것 자체가 불가능한 현실에서 수업 혁신이 가능하겠느냐는 뜻이 이 말에 담겨 있다. 어떤 여교사는 수업을 마치고 교무실로 돌아와 "남학생반 수업 시간에는 내가 왜 선생을 하는지 회의가 든다."라고 하소연을 한다. 대학에

---

3. 다니엘 핑크 지음, 김명철 옮김, 『새로운 미래가 온다』, 한국경제신문, 2012.

서 10여 년 명 강의를 한다고 소문이 난 남자 교사는 도대체 농담조차 듣지 않으려는 이 아이들과 어떻게 수업을 할 수 있겠느냐고 교사로서의 회의감을 드러내기도 했다.

사실 그랬다. 하지만 그런 아이들이라고 할지라도 그들에게 뭔가를 가르쳐야 했고, 그들 스스로 공부의 즐거움을 느끼게 만들어야 했다. 중학교 성적 80% 이상의 하위권 아이들이 반을 넘기면 정말로 어떤 수업도 이끌어가기가 힘들었다. 하지만 그 아이들도 조별 토론을 하고, 디베이트를 하면, 잠자는 아이가 사라진다. 진로 일지를 만들어 프레젠테이션을 하게 하면 모두 집중한다. 잘 몰라도 흥미를 끄는 것이다. 분명한 사실은 그들도 대학에 관심이 많고, 어떻게든 대학에 가고 싶어 한다는 것이다. 그렇다면 문제는 그 아이들을 가르치는 방법을 제대로 찾지 못한 것이다. 교사가 아이들의 수업 태도를 탓할 일이 아니다.

나는 공부하는 학생들이 학급 분위기를 주도할 수 있는 방법으로 스터디 그룹을 운영하도록 했다. 학생들에게 수시 중심의 입시제도를 설명하고 3명~5명으로 스터디 그룹을 구성하여, 공부 잘하는 학생이 비록 성적은 좋지 않지만 공부하려고 노력하는 학생 2명~4명을 가르치게 했다. 학습 내용은 당일 수업한 내용을 복습하고 이해도에 따라 보충이나 심화 학습으로 세분화해 진행하고 이것을 수행평가로 이어지도록 했다. 멘토로 참여하는 학생들이 각자 과목을 나누어 맡아서 요일별로 진행하면 성적이 낮은 학생은 열심히 준비하게 되고 성적이 좋은 학생은 멘토로서의 기술을 익히고 더불어 그 분야의 '전문가'라는 명예를 얻게 된다. 담임 교사는 이들의 활동을 학생부 '교과 학습 발달 상황' 영역의 '개인 별 세부 능력 및 특기 사항'에 기록한다. 그렇게 해서 스터디 그룹과 멘토링은 경쟁이 아니라 도우면서 함께 배우는 학풍으로 연결 된다.

스터디 그룹을 운영한다 하더라도 사교육을 받는 학생들이나 잘 어울리지 못하는 성격을 가진 학생들은 참가하지 못하는 경우 가 많다. 이런 학생들 중에서 성적이 우수한 학생과 부진한 학생 을 교과 멘토와 멘티로 엮어준다. 그리고 '멘토' 학생들에게는 '공 신'(공부의 신)들의 '티칭 학습법'을 소개해 준다. 다른 사람을 가 르치는 것이 스스로 이해하고 창의적으로 현실에 적용하는 것을 배우는 좋은 방법이며, 대학에서도 그런 능력을 가진 학생을 우수 하게 평가한다는 점을 잘 설명해준다. 멘티 학생들은 자신이 이해 하지 못하는 사항을 멘토 학생에게 질문하는 것을, '그 아이들의 시간을 빼앗는 것'이라고 생각하면서, 주저하는 경우가 많기 때문 에 멘티 학생이 멘토 학생을 지명하기 전에 멘티 학생에게 "네 질 문이 네 친구를 좋은 대학에 들어가게 하는 효율적인 방법이다." 라고 설명해준다. 그러면 멘티 학생은 조금 더 편안하게 멘토 학 생과 공부를 하게 된다.

그래서 멘토를 하고 싶은 학생이 멘티 학생들의 지명을 받지 못 해서 멘토가 되지 못하는 경우도 자주 있었다. 그리고 오히려 상 대적으로 성적이 뛰어나지 않은 학생을 멘토로 데려오기 위해 멘

〈그림 5-10〉 인헌고 입학사정관제 방영(EBS, 〈TV 입학사정관제〉, 2011년 1월 9일 방영)

티 학생들이 서로 경쟁하는 경우도 있었다. 그래서 다른 학생들로
부터 '이기적'이라는 평가를 받아서 멘토가 되지 못한 학생들이 상
처를 받지 않도록 상담을 진행하기도 했다. 이런 세심한 절차로
이루어진 시스템이 도입되면서 쉬는 시간에 서로 질문하고 답하
면서 어울리는 아이들의 모습이 늘어났다.

6장

진로탐색을 위한
교내 경시대회를
다양하게 운용하다

1. 진로탐색의 첫걸음: 자기 정체성 찾기

나는 교내 대회가 진로나 전공에 대한 아이들의 이해를 높이고 자기 꿈을 실현하기 위해 노력하는 과정이 담겨야 한다고 생각했다. 하지만 아이들은 자기를 드러내는 방법에 익숙하지 못했다. 자신의 성장 과정을 '이야기'로 만들 수 있도록 장려하기 위해, '나의 꿈 발표' 대회나 '역경 극복 수기' 대회를 열었다.

꿈과 역경은 누구나 가지고 있는 것이다. 그런데 그것을 표현해내는 일은 누구에게나 쉬운 일이 아니다. 아이들은 '나의 꿈 발표' 대회를 위해 프레젠테이션 자료를 준비해서 교사들 앞에서 설명하면서 자신이 학교에서 앞으로 무엇을 할 것인지 약속하기도 했다.

또한 '역경 극복'이란 부모님이 이혼하고, 집안이 파산하고, 자신이 크게 아파 입원하고, 학교에서 왕따를 당해야만 할 수 있는 것이 아니다. 모든 아이들이 삶의 성장 과정에서 진통을 겪고, 성적, 친구 관계, 이성 문제, 진로, 게임 등에 대해 고민한다. 특히 사춘기 시절에는 공부하기 싫어하고 대중음악이나 체육, 만화 등에 숨으려고 하는 아이들이 많다.

역경 극복 수기 대회

1. 자신의 삶에서 어려웠던 일들을 떠올린다.(집안 문제, 성적, 청소년기 방황의 문제 등)
2. 정상→실패(낙오)→재생의 구조에 맞춰 이야기를 풀어나간다.
3. 어떤 계기로 의식을 변화시켰는지 밝힌다.(책, 멘토, 교육의 효과를 넣을 것)
4. 실패해 본 삶이 어떤 분야에 더 몰두해야 살아남는다는 사실을 일깨워준다.
5. 면접관에게 어떤 감동을 주었는지 생각한다.

이때 아이들에게 자기 이야기를 쓰게 하면 그 서사 구조 속에서 자기가 왜 그런 선택을 하게 되었는지 밝히게 되고, 그 길이 자신의 길이 아니라 도피였다는 것을 알게 된다. 또한 이야기 속에 갈등이나 반전과 같은 것을 집어넣어 역경의 효과를 극대화하면서, 묘하게 자신의 진로를 새로 정하게 되는 아이들이 많다. 이런 경험은 대학에 제출하는 자기소개서를 쓸 때에도 크게 도움이 되었다.

'봉사 활동 수기' 대회는 학생들이 해마다 의미 있는 봉사 활동을 하면서도 그 내용이 학생부에 기록되지 않고 단지 그 시간만 기억하는 경우가 많아, 그것을 개선해 보고자 하는 의도를 가지고 시작했다. 봉사 활동을 하려는 학생들에게는 장애인을 돌보거나 독거노인 식사를 거드는 등 힘든 활동을 장려했다. 그래야 봉사 활동을 한 뒤 느끼는 바가 생기고, 태어났다는 것 하나만으로도 부모님에게 고마워하고, 또 사회에 나가서 가난하고 소외받는 사람들을 위해 살겠다는 가치관을 갖게 할 수 있었다. 아이들은 힘든 봉사 활동을 했을 때, 그것을 통해 자신의 의식이 어떻게 변화되었는지 적었다. 결과 중심의 서열화 정책 속에서도 어려운 이웃을 위해 고민하는 아이들이 된 것이다. 이것은 우리 사회에 희망이 있다는 것을 보여주었다. 그리고 학생들이 봉사 활동 수기를 써서 제출하면, 담임교사는 학생부의 '봉사' 특기 사항에 그 내용을 기록했다. 그래서 수기에는 봉사 활동 내용을 상세히 밝히도록 했고 사진을 붙이고 자신의 의식 변화를 기술하도록 지도했다.

'롤모델 노트' 대회에는 특별한 규정을 두었다. 그냥 두면 예수님, 아버지, 선생님이나 유명세를 탄 사람들이 자주 롤모델로 나와서 신뢰감을 주지 못했기 때문이다. 그래서 자신의 전공과 관련된 사람, 그리고 전공과 관련된 책을 낸 사람을 롤모델로 택하라고 권장했다. 그것은 아이들이 자신의 진로를 선택하고 탐구하는 기회를 제공하려는 의도였다.

롤모델 노트 대회

1. 표지를 개성적으로 잘 만든다.
2. 자신의 롤모델(대학 교수나 저술가)을 정하고 그분의 책을 소개하고 요약한다.
3. 왜 롤모델로 삼았는지 설명하고, 그분의 영향을 어떻게 받았는지 이야기한다.
4. 전문가의 사진이나 저서를 캡처하고, 그분과 만난 사진이나 인연 등을 잘 활용해 부각한다.
5. 롤모델을 닮은 나의 학업계획서와 나의 창의성을 밝힌다.
6. 앞으로 전공 선택을 위해 어떤 활동과 독서를 계획 세울 것인지 밝힌다.
7. 어떻게 '나'를 이루고, 우리 사회에 어떻게 기여할 것인지 밝힌다. A4 용지 5매 이상으로 잘 정리하며 마무리한다.

대학 입시와 관련해서 어떤 학과든 빨리 정해야 롤모델을 찾기 쉬워질 것이다. 물론 2학년 때 롤모델이 바뀔 수도 있다. 하지만 1학년 때 롤모델을 찾아본 경험은 결코 헛된 것이 아니다. 그것이 변화하더라도 연관된 것이기 때문에, 훗날 대학 입시에 중요한 영향을 끼쳤다. 무엇보다 롤모델에 대한 소개를 하되, 반드시 그가 저술한 책의 내용, 적어도 그가 강조한 이야기나 이론을 쓰도록 지도했다. 아이들에게 그 정신을 어떻게 본받았고, 지금 그 전공을 위해 어떤 준비를 하고 있냐고 질문했다. 아이들은 자신의 미

Ⅶ. 롤모델

룰라 다 실바 (Lula da Silva)

초등학교만 졸업하고 2002년 브라질 대통령으로 당선된 룰라 다 실바. 그는 어려운 가정 형편 때문에 정규교육을 마치지 못했고, 18살에는 공장에서 일하다 손가락 하나를, 병원비 때문에 아내와 아이를 잃었다. 가난으로 경제학자라는 꿈조차 포기하게 된다. 하지만 이런 비극에도 그는 굴하지 않고 한 나라의 대통령으로 당선된다. 당선 당시 학력을 놓고 반대여론도 컸지만 그는 빈민을 구제하기 위한 정책을 대대적으로 펼치며 빈곤계층의 지지를 얻었고 결국 브라질을 경제 대국으로 이끌었다.

■룰라 집권 전과 후 브라질 경제 비교

구분	2002년	2010년(전망)
GDP	4,594억달러	1조8,000억달러
GDP 증가율	1.1%	7.3%
외환보유액	370억달러	2,735억달러
물가상승률	12.5%	5.6%

*룰라 집권기=2003~2010년. 자료=브라질 중앙은행

〈그림 6-1〉 롤모델 노트 대회 제출 파일 중에서

래 모습을 그려서 표현하기도 했다. 또한 인터넷에서 롤모델의 사진이나 책의 표지를 캡처해서 소개하게 만들었는데, 그러자 아이들이 자료를 만드는 솜씨도 늘어났다.

'마을의 달인 찾기' 대회는 여름방학에 과제로 제시한 것을 정리해서 시상하는 대회로 자기 마을에서 열심히 살고 있는 분들을 직접 만나 인터뷰를 진행하는 것이다. 자기 마을에서 이름난 음식점, 중국집, 만두집, 꽃가게, 세탁소 등에는 그곳이 마을 사람들의 신뢰를 받고 성공한 요인이 있다. 아이들의 과제는 그곳에서 열심히 일하시고 있는 분들을 직접 만나서 그러한 성공 요인을 조사

하는 것이었다. 아이들은 대회에서 자신이 조사한 내용을 발표하면서 자기 마을을 소개하고 자기 마을에 대한 자부심을 느끼게 되었다. 그리고 직업의 종류와 상관없이 열심히 일하고 있는 분들이 우리 사회에 많다는 것을 알게 되었다.

롤모델 대회나 '마을의 달인 찾기' 대회에 참가하는 학생들은 '롤모델'이나 '달인'에 관한 이야기를 한 뒤에 자신에 대해서도 이야기를 한다. 학생들은 '나'에 대해 이야기하면서 자신의 정체성에 관해 생각하게 된다. '그들'과 '나'는 어떻게 다르고, 어떤 자세로 어떻게 공부해야 '그들'과 같은 사회적 역할을 할 수 있는 경지에 도달할 수 있는지 생각한다. 그러다 보면 자신이 어떻게 살아야 하고, 이를 위해서는 지금부터 몇 년 후까지 무엇을 해야 할지에 대한 계획을 세우게 된다. 목표가 분명해지고 의지와 열정을 갖게 된다. 삶의 '스토리'는 이런 방식으로 만들어진다.

2. 전문가 인터뷰를 통한 진로탐색

　내가 설정한 교내 대회의 핵심 목표는 학생들이 자신의 진로와 전공을 최대한 빨리 찾고 그와 관련된 활동을 수행하게 하는 것이었다. 사실 아이들은 수능 직전까지도 자기 전공을 정하지 못하는 경우가 많았다. 그러다 보니 입학사정관 전형에 응시하더라도 구술 면접에서 좋은 성과를 거두기가 어려웠다. 자신감이 없고 소신이 없는 학생은 내신 성적이 좋더라도 대학 면접관이 좋아하지 않는다. 그것이 상식적인 수준일지라도 자기 전공에 대해 줄줄 꿰고 있으며 대학에서 무엇을 집중적으로 배우고 졸업 후에는 무엇을 할 계획인지 밝힐 줄 아는 수험생이 되어야 했다. 나는 아이들이 그런 소양을 지니게 하기 위해 아이들이 전문가를 인터뷰해야 한다고 생각했다.

3학년은 1학기에 1학년, 2학년은 2학기에 진로탐색의 날을 두었다. 그것은 그날만 진로탐색을 하는 것이 아니라, 꾸준히 진로탐색을 하되, 적어도 그날만은 자기 전공과 관련된 대학 교수를 만나 인터뷰한다는 취지를 가지고 있었다. 그때까지 아이들은 많은 고심을 한다. '전공도 정해지지 않았고 아는 교수 한 사람도 없는데 누구를 어쩌란 말이냐?' 그러나 졸업한 선배들도 2/3가 교수 인터뷰를 했고, 그 선배들 대부분이 자기 분야의 전문가를 인터뷰했다고 말해주면, 아이들은 인터넷으로 학과를 탐색하며 무엇을 배울지, 어떻게 대학 생활을 보낼지, 어떤 교수를 만나볼지 생각했다.

　인헌고에서는 아이가 전공하려는 학과와 관련된 전문가를 친지로 두고 있는 학부모가 거의 없다. 그래서 아이들에게 대학 학과 홈페이지를 통해 학과 탐색을 한 뒤, 무슨 수업을 받을 것이고, 어떤 교수에게 배우고 싶은지 알아보도록 했다. 그런 뒤 그 학과 교수의 저술이나 강좌 및 논문 내용을 파악한 뒤, 이메일로 몇 가지 질문과 함께 정중하게 인터뷰 요청을 하도록 했다. 지성이면 감천이라고, 아무리 바쁜 교수라고 할지라도 정성들여 쓴 고등학생 이메일에 답장하지 않을 수 없었다. 그리고 열 번 찍어 넘어가지 않는 나무가 없다고, 적어도 열 분의 교수에게 이메일을 보내면 한두 분 정도는 답장을 보내주고 인터뷰를 허락했다. 편지를 정성들여 쓴 아이, 그 분야의 관심사를 적절히 섞어 쓴 아이는 세 분의 교수와 인터뷰하는 일도 발생했다. 무엇보다 아이들이 자기가 만나

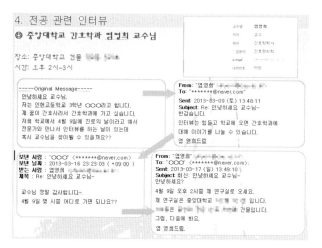

〈그림 6-2〉 진로탐색의 날에 전공 교수와의 인터뷰를 요청하는 내용의 진로 일지 일부

고 싶은 교수를 만나고 책까지 선물받아 돌아오는 경우 눈빛부터 달라졌다. 전공에 대한 동기부여가 되어 더 열심히 공부했고, 세상을 바라보는 시선 자체가 달라졌다. 또한 자신이 그 학과에 들어가야 할 분명한 이유를 가지게 되었다.

진로탐색의 날은 전문가를 인터뷰하는 날이지만 그 이전에 인터뷰를 끝냈거나 약속을 잡지 못한 아이들은 '잡월드'에 가서 전공을 체험하는 시간을 가졌다. 또는 방송국, 병원, 대학 등을 방문했다. '청년허브 창업센터'나 '사회적 경제 지원센터'에도 아이들을 데리고 가서, 아이들이 사회적 기업과 협동조합, 그리고 창업에 대한 설명을 진지하게 듣는 시간도 있었다. 아이들은 이런 답사를 끝낸 뒤 진로탐색 보고서를 만들어 제출했다. 대학원생이나 대

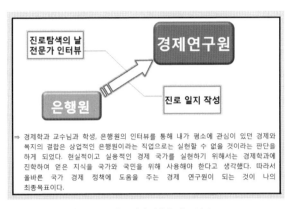

⇒ 경제학과 교수님과 학생, 은행원의 인터뷰를 통해 내가 평소에 관심이 있던 경제와 복지의 결합은 상업적인 은행원이라는 직업으로는 실현할 수 없을 것이라는 판단을 하게 되었다. 현실적이고 실용적인 경제 국가를 실현하기 위해서는 경제학과에 진학하여 얻은 지식을 국가와 국민을 위해 사용해야 한다고 생각했다. 따라서 올바른 국가 경제 정책에 도움을 주는 경제 연구원이 되는 것이 나의 최종목표이다.

〈그림 6-3〉 교내 진로 포트폴리오 대회 제출용 진로 일지

학생을 인터뷰하고, 그들이 추천한 책과 입학에 필요한 활동 과제까지 정리해오는 아이들도 많았다. 그러면 진로탐색의 날은 일회적인 행사가 아니라 그 이후의 학교 활동까지 장려하는 기회가 된다. 실제로 대학 교수를 인터뷰하고 온 아이들은 소규모 자율 동아리를 만들어 그분이 추천한 책을 읽고 토론하는 경우도 많았다. 그리고 그런 아이가 그 대학에 지원해 면접을 볼 때 거의 최고 점수를 받게 되는 경우도 많았다.

'진로 포트폴리오' 대회는 이런 모든 활동을 종합한다고 보면 된다. 하지만 그것을 클리어파일에 넣어서 정리하는 것이 아니라 '진로 일지' 혹은 대학교에 제출하는 자료 형식으로 만들게 했다. 서두에 전공에 대한 소개, 전공을 택한 이유를 적고, 그 학과에 들어갈 수 있는 전형에 대해서도 조사한 뒤, 전공과 관련된 대학 교수를 인터뷰하고, 누군가를 롤모델로 삼은 이유를 적고, 그 분야

의 전문가와 전공 관련 서적들을 소개하는 형식을 갖추도록 지도
했다. 그리고 인터뷰 내용을 적고, 자신의 학교 활동이 인터뷰 뒤
에 어떻게 발전했고, 마지막에는 자신의 꿈을 어떻게 실현할 것
인지 보여주도록 권했다. 이런 대회를 준비하면 아이들은 종합적
으로 진로 준비를 하게 된다. 이것이 진로 시간에 꼭 해야 할 일이
되자, 거의 전교생이 이 과정에 참여하게 되었다.

진로 포트폴리오 대회

1. 표지: 이름, 전공 학과, 인터뷰 대상을 밝힐 것.
2. 학과 탐색 : 대학 홈피에 들어가 자기가 전공할 학과를 탐색
   한 내용.
3. 인터뷰(질의응답의 대화체): 전문가와 만나 10개 이상의 질
   문으로 인터뷰한 내용(대학 교수, 연구원, 대학원 선배 등 전
   문가를 만날 것. 사진 첨부).
4. 내가 행한 일: 그와 관련해 어떤 학교 활동을 했으며, 앞으로
   어떤 계획을 세우고 있는지 밝힐 것(토론 활동, 동아리, 봉사
   활동 등을 사진과 함께 제시할 것).
5. 전공과 관련된 책 3권 소개.
6. 학업계획서. 세계에 대한 자신의 발언이나 전공 분야에서 할
   역할.
7. 전문가(선배)가 해 준 조언: 친필 서명(힘내, 용기를 가지고
   열심히 하길).

※ 같은 분야의 전문가를 몇 차례 인터뷰할 수 있고, 한편 진로가 바뀔 수 있으므로
여러 분야에 걸쳐 두세 차례 인터뷰를 할 수도 있다.

이러한 진로탐색 활동은 아이들이 스스로 만든 '자율 동아리' 활동과 이어졌다. '자율 동아리 발표' 대회는 그간 4명~5명씩 소규모로 모여 전공 관련 독서를 하고 동아리 부원들이 터득한 것들을 마음껏 뽐내는 기회가 되었다. 우리가 이만큼 전공 지식을 쌓았다는 것을 뽐내도록 한 것이다. 물론 여기서도 프레젠테이션 발표를 하고, 동아리의 단합을 살펴보며 수상자를 결정한다. 입학사정관 면접에서 전공 관련 서적에 대한 이해가 없으면 전공 관련 질문을 받았을 때 자신감 넘치게 대답하기 어렵다. 이 모든 것들은 궁극적으로 대학 진학, 다시 말해 구술 면접을 할 때까지 어떻게 변화되고 발전되어야 하는가를 생각하게 만들었다.

3. 학생의 잠재력을 깨우는
도전적 과제

올해는 처음으로 1학년을 맡아서 논문 대회를 기획했다. 특목고나 자사고도 아닌데 일반고에서 논문 대회를 실행한다는 것은 너무나 어려운 일이라고 생각한다. 하지만 일상의 작은 것부터 시작하면 된다. 그래서 "생활 속의 작은 아이디어를 논문으로 연결하자."는 슬로건을 내걸며 시작했다. 처음에는 한두 쪽 노트 쓰기조차 힘겨워하는 아이들에게 논문쓰기란 도무지 가능할 것 같지가 않아 보이기도 했다. 그래서 국어 시간에 글쓰기를 발전시키기로 했다. 내가 1학기에 아이들에게 글쓰기와 토론 주제로 제시한 것은 다음과 같다.

1. 문학의 재미는 어디서 오는가?

1) 우리 삶에 있어서 무엇을 '재미'라고 말하는가?

2) 문학을 통해서 우리가 누릴 수 있는 것은 무엇인가?
(지적 충족감/욕구 충족)

3) 소설이 만화, 영화, 게임이 주는 재미와 어떻게 다른가?

4) 왜 우리에게 문학적 재미가 필요한가?

5) 소설의 허구를 통해 어떻게 우리의 삶과 관련지을 수 있는가?

2. 김동인 〈감자〉

1) 현대소설은 왜 가난하고 비참한 사람을 등장인물로 삼는가?

2) 이런 비루한 주인공의 비극적 소설에서 어떤 '재미'를 찾을 수 있는가?

3) 복녀는 왕서방을 사랑했는가?

4) 복녀의 죽음은 개인, 공동체, 국가 중에서 누구의 책임인가?

5) 작가는 이 소설을 통해 세상에 무얼 말하고자 하는가?

※작가 소개. 제목의 적절성. 소설의 인물과 현실의 인물을 어떻게 다른가?

3. 이효석 〈메밀꽃 필 무렵〉

1) 배경이 인물보다 더 중요한 역할을 할 수 있는가?

2) 허생원과 동이는 부자지간인가? 만약 부자지간이 아니라면 실패한 소설이 되는가?

3) 하룻밤의 우연적 관계도 사랑이 될 수 있는가? 그리

고 그것은 설득력이 있는가?

4) 허생원의 막연한 본능적인 그리움과 자연 순응주의
적 태도를 칭찬할 수 있는가?

5) 이런 배경 묘사적 소설이 현대에서도 살아남을 수
있는가?

4. 이상 〈날개〉

1) '나'의 분열 증상 - 나는 천재인가?

2) 아내와 나는 통합될 수 있는가? 아내는 나를, 나는
아내를 사랑하는가?

3) 소설의 '나'와 작가는 어떤 관련이 있을까?

4) '나'와 같은 복잡한 내면 심리를 가진 인간이 탄생된
계기는?

5) '나'가 외출하는 이유는?

6) '날개'에 담긴 상징적 의미는 죽음인가, 억압에서의
해방인가?

나는 이미 1학기에 이런 주제를 가지고 아이들이 책이나 소설을
함께 읽고, 두 쪽 분량 5개 단락으로 글쓰기를 하고, 조별로 하나
씩 주제를 맡아 발표한 뒤 다른 조 아이들과 토론하는 시간을 진
행했다. 아이들에게 단락의 소주제까지 제시하자, 여학생 대부분
은 과제를 수행했고, 남학생들은 소설이라도 읽어오려고 노력했
다. 이런 과정을 거치면서 아이들은 토론을 진행할 수 있었다. 조
장의 노력, 교사가 소설의 내용을 몇 차례 환기시켜준 것, 이상의

〈날개〉를 모티브로 연극과 뮤지컬로 창작하려는 모든 학생들의 높은 관심과 열정이 어려운 소설에 대한 학생들 스스로의 이해와 토론을 용이하게 만들었다.

2학기 시작하자마자 이상의 〈날개〉를 주제로 '억압에서 해방으로'라는 기치를 내걸고 학급 간 뮤지컬 경연 대회를 열었다. 아이들은 마음껏 자신의 재능을 뽐내었다. 학급별 단체상은 물론, 개인별로 연출상, 대본상, 연기상 등을 시상했다. 그런 뒤, 아이들에게 논문 과제를 내주었다.

물론 그 아이들이 논문을 쓸 수 있는 능력을 가진 것은 아니다. 다만 이미 아이들은 1학기에 내 수업뿐만 아니라 다른 수업 시간에도 많은 글쓰기를 수행했다. 그래서 나는 아이들에게 지금까지 그동안 "한 편의 소설을 가지고 5개 단락의 비평을 썼다면, 이제 그것을 토대로 A4 용지 5장으로 써보는 훈련을 하자."고 말했다. 아이들은 눈만 깜박거렸지만, 언제든지 자기 수준보다 훨씬 높은 것을 자신들도 모르게 따라가야 하는 현실을 받아들였다.

자기 전공과 관련된 글을 쓰고 싶은 아이들은 자신의 생각, 새로운 아이디어를 찾아내 논문을 쓰도록 했고, 자기 논문을 쓰지 못하는 아이들에게는 1학기에 공부한 내용을 발전시키는 과제를 제시했다.

　　1. 이상의 〈날개〉가 우리에게 주는 (　　)
　　　　a. 시대적 상황과 이상의 절망

b. 절망적 상황에 대한 주인공의 끝없는 탐색: 외출

c. 사육되는 공간-누에고치로서의 삶

d. 포기할 수 없는 사랑: 모든 것을 빨아들이는 사랑

e. 억압에서 해방으로: 날개의 상징적 의미

※.(   )에 '희망' '슬픔' '절망' '교훈' 등의 단어를 넣을 수 있다.

2. 김동인 〈감자〉의 주인공 복녀의 죽음의 의미

   a. 소설가 김동인과 시대적 상황 또는 죽음의 의미(사회적, 개인적)

   b. 복녀 개인의 문제

   c. 집안(남편)과 주변 환경의 문제

   d. 나라를 잃은 상황과 제국주의의 억압

   e. 작가는 복녀의 죽음을 통해 무엇을 나타내는가?

3. 이효석의 〈메밀꽃 필 무렵〉은 우리에게 (   )를 주는가?

   a. 재미의 의미: 소설이라는 허구는 우리 삶과 어떤 관련이 있는가?

   b. 배경이 소설에 미치는 영향 : 묘사

   c. 순응주의자 허생원 : 자연과의 동화와 근대적 인간의 출현

   d. 그것은 사랑인가, 집착인가?

   e. 동이와의 만남, 자기애를 넘어선 화해인가

※. (   )에 '재미', '미적 쾌감', '감동' 등을 넣을 수 있다.

누구나 이런 내용의 논문을 쓰면 된다. (   ) 안에 다른 단어를

집어넣고, 소제목을 조금씩 변형하는 것도 가능하다. 소설을 꼼꼼히 읽어 그것을 제대로 분석하고, 인터넷 자료를 탐색해서 논문 한두 편을 비판하는 것도 좋다고 말했다. 여기서도 잘 쓴 논문을 찾아 상을 주고 논문집에 실리는 기회를 줄 것이라고 말했다. 이런 경험은 자기 전공과 관련된 논문을 쓰는 아이들에게 더 좋은 기회가 되었을 것이다.

대학에 제출하는 자기소개서에서는 진로에 대한 계획과 학습 경험도 중요하지만 '나눔과 배려, 협력'과 같은 경험도 중요하다. 과정 중심의 교육과정에서는 경쟁보다 서로 협력하는 문화가 중요하다. 그래서 그러한 경험을 기록으로 남겨야 한다. '멘토링 일지' 대회를 만들어 서로 가르치고 배운 내용, 멘토와 멘티의 소감, 담임교사의 서명과 조언 내용을 기입하는 영역을 두니, 아이들은 사진까지 붙여가며 열심히 그 내용을 적었다. 그리고 그것이 10개쯤 모이면 학습목표와 일치하는지 여부도 알아볼 수 있게끔 지도했다. 그러자 멘토뿐만 아니라 멘티도 열의를 보였다. 실제로 이런 멘토링이 크게 활성화되어 하루 동안 배운 것을 그날 저녁에 가르치는 아이, 특정 과목을 한두 아이에게 집중적으로 가르치는 아이가 늘었다.

그런데 놀라운 사실은 멘티가 학습에 자신감을 갖게 되고 수업 태도가 좋아지는 일이 빈번해졌을 뿐만 아니라 그럴 경우 멘토의 성적도 대부분 향상되었다는 것이다. 남을 가르치기만 한 것이 아니라 그것을 자기 지식으로 소화하는 과정을 통해 그 내용을 완전

멘토링 일지 대회

1. 멘토와 멘티를 밝히고
2. 학습목표를 정한 뒤, 그날 행한 학습 내용을 적는다.
3. 함께 공부한 사진을 붙인다.
4. 멘토와 멘티의 의식이 어떻게 바뀌었는지 밝히다.
5. 교사의 조언과 서명을 받는다.
6. 5-10장을 표지를 만들고, 간략한 소개를 곁들여 하나의 묶음으로 만든다.

히 파악할 수 있었던 것이다. 멘티의 경우에는 제대로 공부해 본적이 없는 아이들이 많았다. 그 아이들이 멘토링을 통해 학습에흥미를 갖게 되자 그 아이들 성적은 빨리 올라갔고, 학교 전체의학습 분위기도 살아났다. 어떤 아이도 자신이 인생의 꼴찌라고 생각하지 않았고, 공부하는 분위기를 갖게 되자 아주 즐거워했다.

교내 대회를 담당하는 교사는 힘들어한다. 그러나 크로샷을 통해 참가 방법과 의의를 알려주면서 독려하면 참여하는 학생들의숫자가 늘고 열기가 고조되어 학교에 좋은 분위기가 만들어진다.국어 교사는 교과 내용과 관련하여 신촌의 산울림 소극장에서 〈고도를 기다리며〉라는 연극 관람을 창의적 체험활동으로 기획하였는데, 무려 80 여명의 학생들이 신청했다고 하면서 즐거워했다.또한 동숭동에서 공연한 셰익스피어의 〈템페스트〉도 큰 성황을이루었고, 1학기에 독서 카페에서 다뤘던 『1984』를 동숭동 부근에서 연극으로 공연한다고 하자, 다시 100여 명의 학생들이 관람 신청을 했다. 학교수업의 연장으로 보는 연극을 통해 이들은 크게 성장할 것이다. 아이들이 다양한 자극을 받게 되면 그것을 자양분으로 하여 훌륭하게 성장할 것이다. 이것이 교사가 꿈꾸는 이상 아닌가.

좋은 교내 대회를 만드는 것도 기술이다. 아이들에게 꼭 필요한 것들을 만들고 그것을 실천하는 장치로 만드는 데 이것보다 더 좋은 것이 어디 있겠는가? 아이들은 상품을 받지 않아도 좋아한다. 우리는 뮤지컬 경연 대회에서 연출, 대본, 연기상을 만들었고, 학급별 수학여행에서는 활동 보고서와 조별 동영상 대회를 개최했다. 모든 일들이 자발적으로 참여하고, 자신이 참여한 의의를 깨닫게 되면 적극적으로 수행하게 된다. 많은 아이들이 학교 활동 때문에 잠이 부족하고 공부가 부족하고 시간이 부족하다고 항변한다. 하지만 그 아이들이야말로 가장 뛰어난 인재들이다.

4. 교내 경시대회와
수상의 신뢰성 확보

　혁신학교를 디자인할 때 빠뜨릴 수 없는 것이 교내 경시대회다. 그것은 단순히 아이들의 사기를 진작시키는 차원을 떠나서 대학 진학을 위해서도 치밀하게 준비해야 할 것이다. 대학의 면접관이 성적이 비슷한 학생들의 학생부를 받았을 때, 첫 페이지 '수상 경력'란에 교내 수상 내역이 가득한 학생, 몇 개라도 받은 학생, 혹은 전혀 상을 받지 못한 학생이 나열되어 있을 경우에 누구를 뽑겠는가? 학생부 첫 페이지의 출결 상황 못지않게 교내 수상 유무는 중요한 평가 요소가 된다. 그런데 올해부터 대학은 교내 수상 내역을 학생부에 기록할 때 그 대회에 몇 명이 참가했는지 밝히게 했다. 교내 수상의 신뢰성을 평가하기 위한 조치라고 생각된다.

교외 경시대회라고 할 수 있는 수학이나 과학 올림피아드 수상을 학생부와 자기소개서에 올릴 수 없게 되면서, 교내 대회 수상 경력은 입시에서 중요한 평가 요소가 되었다. 학교 활동을 살리고, 학생들 스스로 진로를 찾게 하는 일도 중요하지만, 고교와 대학 사이의 머리싸움은 갈수록 치열하다. 고등학교가 상을 남발하는 기미가 보이자 대학은 고등학교에게 대회 참가자 수를 기록하도록 요구하게 된 것이다.

　그러자 이번에는 고등학교가 난관에 부딪혔다. 예를 들면, 어느 동영상 대회에는 참가자가 10명인데 그 아이들의 수준이 상당하다. 그래서 그 아이들 중에서 6명에게 시상했는데, 대학에서 그 상의 공정성에 문제를 제기할 가능성이 커진 것이다. 이럴 경우 어찌해야 하는가? 인헌고에서는 백일장에 다채로운 장르를 만들었는데, 이때 참가자 수가 문제로 될 수 있다. 전교생이 참여한 대회이니 전교생 수를 참가자 수로 적을 수도 있겠지만, 어떤 하나의 장르에 참여한 아이들 수만 적을 때에는 상의 공신력에 문제가 되는 것이다. 또한 영어 말하기 대회에 30명이 참가했고, 거기서 10명의 수상자가 나왔다면, 대학은 그것 또한 이상하게 볼 것이 틀림없다. 대학이 고등학교 교사들을 신뢰하지 못해 이상한 시스템을 강조하는 것은 서로 신뢰를 무너뜨리는 일이 될 수도 있다. 대학은 참가 인원수로 상을 평가하는 것을 지양하고 학생 평가의 전문성을 키워야 할 것이다.

　그리고 그런 것 다 떠나서, 아이들이 자신의 재능을 다채롭게 보여줄 수 있는 장치를 만드는 일은 중요하다. 백일장의 경우만 하더라도 어찌 단순히 산문과 운문 두 장르로만 나눠야 하는가. 만화와 동화를 원하는 아이도 있고, 만화와 소설을 조합해서 표현하고 싶은 아이도 있는 것이다. 또 어떤 아이들은 그런 것들에 흥미가 없고 특정 장르의 영화, 예를 들면 작가주의 영화에 관심을 갖을 수도 있다. 그렇다면 그런 영화를 함께 보고 그에 대한 감상문을 쓰게 하는 것도 백일장을 의미 있게 만드는 일이다. 아이들이 한 줄 시를 써놓고 마음껏 뛰어놀게 하는 것보다 뭔가 글쓰기에 깊이 빠져보게 하는 것이 더 큰 의미가 있지 않을까. 만화책 만들기, 시 쓰고 시화 그리기, 판타지 소설 쓰기 등은 인헌고 백일장을 돋보이게 만들었다. 그만큼 아이들도 열심히 글을 쓴다. 영어나 경제, 국사, 수학, 과학 교과에서도 각각 '골든 벨' 대회를 열어 아이들의 수준을 점검하고, 영어 말하기 대회, 독서 토론 대회, 또는 NIE 대회 등을 실시할 수도 있다.

나는 교내 대회가 진학과 밀접한 관련을 갖게 만드는 데 신경을 썼다. 많은 아이들이 참가해야 할 뿐만 아니라, 아이들이 상을 받든 받지 못하든 교내 대회에 참가한 것을 학생부에 기록해서 진학에 도움이 되게 했다. 진로ㆍ진학 상담 교사의 도움을 받아 다양한 교내 대회를 만들었다. 자기주도학습 대회를 만들어 플래너를 잘 쓰게 하고, 야간 자율학습실에서 공부를 하는 아이들에게 기회를 만들어 주었다. 또한 멘토링 일지, NIE 일지, 스터디 일지 등의 양식을 만들어 사용하게 했다. 그래야 담임교사와 연계된 자료로서 가치를 지니기 때문이다. 나는 일지의 하단부에 담임교사의 서명과 지도 조언을 한마디씩 쓰도록 양식을 만들었다. 어떤 아이들은 일지를 만드는 데 정성을 들였고, 때로는 사진을 찍고 축소해 붙이기도 했다. 실제로 그런 자료를 잘 만든 아이가 중앙대 경영학과에 합격하기도 했다. 그것이 꼭 멘토링 일지 때문에 들어간 것이라고 말할 수 없어도 합격자를 분석해 보면, 학생부에 기록되거나 그와 연관된 내용이나 자료를 만드는 능력에서 남다른 아이들이 그 전에는 기대하지 못한 대학에 합격한 것을 확인할 수 있었다. 그래서 교내 대회와 시상의 좋은지 나쁜지 따지기 전에 적절한 교내 대회를 만들어 아이들이 자신의 꿈을 만들어갈 뿐만 아니라 대학에 제출할 자료를 하나씩 만들어가게 하는 것이 필요했다. 또한 상을 받은 내용을 '창의적 체험활동'이나 개인별 '세부 능력 및 특기 사항'란에 기록할 때, 효과는 배가되었다.

그리고 이런 대회를 준비할 때 학생들이 많이 참가해야 수상 기록에 대한 신뢰도가 높아진다는 것을 반드시 염두에 두어야 한다. 학생들의 참여도를 높이기 위해서는 더 세심하게 아이들을 독려할 필요가 있다. 올해 1학년부장을 맡았는데, 대량 문자 발송 시스템을 통해 학생과 학부모에게 교내 경진 대회와 학교 활동에 대해 자주 설명했다. 교무 행정코디가 문자를 보내는 것과 담당 교사가 책임지고 직접 문자를 보내는 것에는 커다란 차이가 있다.

'역경 극복 수기' 대회, '롤모델 노트' 대회, '마을의 달인 찾기' 대회, '봉사 활동 수기' 대회를 학생과 학부모에게 소개했는데, 참가 학생이 100명 가까이 된 것은 놀라운 일이다. 다른 학년에서는 3명 참가하는데 1학년에서는 96명이나 참가하는 일까지 벌어졌다. '롤모델 노트' 대회나 '봉사 활동 수기' 대회도 그런 독려 끝에 참가자가 70명이 넘었다. 더욱이 '나의 꿈 발표' 대회나 '진로 포트폴리오' 대회, 논문 대회의 경우에 수업 시간에 함께 진행하기 때문에 전교생이 대회의 의미를 파악하고 열심히 참가하게 되었다. 조금 힘들지라도 대회에 전교생이 참여하고, 그 누구라도 조금씩 그 대회가 갖는 의미를 생각할 때 그 대회의 의의는 더 커졌다. 그리고 교내 경진 대회 수상 내용을 학생부에 기록하면 그 아이는 자신의 진로를 정하는 데 그만큼 더 다가설 수 있게 되었다.

〈표 6-1〉 1학년 교내 대회 안내 (1)

날짜	교내 대회 명칭 (담당교사)	형식-사진을 첨부한 A4 5매 이상의 내용
3. 10	독서감상문대회 (김○○)	입학 전에 제시한 자기계발서, 평전, 소설 중에서 분야별로 1권씩 3권을 읽고 쓴 독후감을 제출한 학생 중에서 우수한 학생을 선발해 시상함
5. 19	나의 꿈발표대회 (윤○○)	자신의 꿈이 어떻게 발전해 나갔는지 기록한 것. 발표대회를 통해 실현 가능성과 어떤 준비를 하고 있는지 설득력 있게 보여주어야 함
5. 26	롤모델노트대회 (김○○)	대학교수나 저술가의 책을 선정해 자신이 좋아하는 내용을 요약하고, 왜 이 전문가를 선택해 롤모델로 삼게 되었는지 설명해야 함. 전문가의 사진이나 저서를 캡처하거나 스캔하, 그것이 자신의 전공과 어떤 관련을 맺고 있는지 보여주어야 함.(A4 5매)
6. 09	역경극복수기대회 (이○○)	누구나 힘든 상태를 극복한 체험을 가지고 있다. 병이나 가난, 부모님과의 갈등, 왕따, 부적응, 폭력서클 가입 등 무수히 많다. 이것을 감동을 줄 수 있는 STORY로 만들어야 한다. 특히 현재의 자기 정체성이 어떻게 이루어졌는지 보여주면 된다.(A4 5매)
7. 14	멘토링일지대회 (문○○)	중간고사, 기말고사를 거치면서 학습부진아 친구에게 멘토링한 내용을 잘 정리한 것. 사진, 멘티 의견, 담임 소감 첨부.(A4 10매 이상)
8. 18	마을의 달인 찾기 대회 (양○○)	시장이나 마을에서 유난히 장사가 잘 되는 '만두집'이거나 '세탁소' 같은 곳을 찾아, 그 분야의 전문가로 인정받는 사람을 인터뷰하며, 살아온 역정이 어떤지, 경제 상황이 어떤지, 장사의 비법과 같은 것을 조사해 사진을 첨부해 보고서를 만들 것. 전공과 관련된 사람을 찾아 인터뷰하면 더 좋은 평가를 받을 수 있음.
9. 5	뮤지컬경연대회 (이○○)	학급 간 대회. 이상의 〈날개〉를 각색한 대본으로 학급 전체 인원이 참여한 20분 이내의 뮤지컬 공연. 단체상, 연출상, 대본상, 연기상이 있음.
9. 15	봉사활동수기대회 (이○○)	9월 이전에 봉사활동을 한 내용으로 A4 5쪽 정도로 사진을 첨부해 자신이 이 봉사활동을 통해 어떻게 의식이 변했는지 보여주어야 함. 한 가지 봉사활동도 좋지만, 세 가지 정도를 합해 이야기할 수 있음.

날짜	교내 대회 명칭 (담당교사)	형식-사진을 첨부한 A4 5매 이상의 내용
10.06	활동보고서대회 (장○○)	인헌제(축제)나 수학여행 기획을 세우고 활동하거나 다녀온 내용을 동영상이나 사진, 기록물로 제출한 학생에게 시상함. 기록물에는 그 활동을 통해 어떤 의의를 찾았는지 보여주어야 함.(A4 5매)
10.27	진로탐색대회 (김○○)	10월 24일 진로탐색의 날까지 자신의 대학 학과를 탐색하고 학업계획서를 작성해 보고, 그와 관련된 학교 활동과 그 분야 전문가를 인터뷰한 내용을 잘 정리한 학생에게 시상함.(A4 5매)
11.08	디베이트대회 (여○○)	어떤 주제를 택해 디베이트 경연대회를 열어, 올바른 진행을 위해 최후의 승자로 남은 학생들에게 시상함.
11.24	진로포트폴리오대회 (윤○○)	자신의 꿈과 이상, 학과 탐색, 입시 전형 방법, 진로 인터뷰, 전공 관련 교내 활동, 책 소개, 전문가의 서명, 나의 미래 등을 종합해 제출한 학생에게 시상함.(A4 10매 이상)
11.26	NIE, TIE, MIE대회 (양○○)	학생들이 전공과 관련해 신문, 다큐멘터리, 영화 등의 내용을 모아 정리하면서 요약, 감상, 친구들의 소감 등을 정리한 내용.(A4 5매)
12.01	논문발표대회 (지○○)	1년 동안 연구한 주제로 쓴 논문(R&E)을 발표하는 대회, 창의성과 논문형식을 갖춘 논문을 선별하여 수상함. 논문을 수합해 겨울방학 전(12.29)까지 논문집으로 묶고, 별쇄본을 만들어 개인에게 지급함.
12.22	자율동아리발표대회 (이○○)	소규모 자율동아리에서 활동한 것(전공과 관련된 내용)으로 보고서 형태로 제출할 것. 두 권 이상의 책, 답사, 실험, 토론 등의 내용이 들어가야 함. 참가자가 많을 경우 발표대회를 따로 가질 수도 있음.

※ 독서카페에서 활동한 학생에게 지정된 14권을 읽은 경우 독서인증제 최우수상을 시상함
※ 야자실에서 분기별(한 학기에 두 차례)로 자기주도학습을 실시한 학생에게 자기주도학습 으뜸상, 버금상을 시상함.

7장

진로 · 진학
혁신을 위한
거버넌스의 기초를
세우다

1. 업무 시스템을 혁신하다.

　곽노현 교육감 재임 기간에 서울시 교육청에서는 학교 업무 시스템 시안을 여럿 제시하였다. 〈그림 7-1〉 예시안은 2011년 전국교직원노동조합 서울지부 안으로 인헌고 업무 분장안은 여기에 기초해서 학교 상황을 고려해 만들었는데 몇 가지 다른 점이 있다.

　첫째, 전체적으로는 '교장-교감-교무부장-업무행정팀' 4단계의 시스템을 채택하였다. 2011년 예비 혁신학교에서 이미 부분적으로 활용한 것으로, 교감 아래에 교무부장과 연구부장을 더블포스트로 세우고 업무행정팀 4인을 배치하는 안을 시행하려 했으나, 여건상 교무부장에게 업무가 집중되는 구도를 갖게 되었다. 교무부장의 업무에는 기존의 교무부장 업무에 더하여 학부모회, 야간 자율학습, 방과 후 보충, 혁신학교 예산 운영, 교과교실제 운영 및 예산 집행, 업무행정팀 운영, 학교 홍보, 정보 업무, 방송 등이 추가되었다. 2013년도 12월 부장회의에서 교무혁신부장 업무의 비대화와 예산 집중을 거론하며 교무혁신부장의 업무 축소를 주장하는 소수 의견도 있었다. 그러나 이것은 교사가 담당하는 학교 업무를 교육 활동과 교무 행정 업무로 구분하여 운영하는 체제에서는 불가피했다. 더 나아가 교무혁신부장의 업무 집중은 해당 부장에게는 힘들지만 학교 운영의 효율성을 높일 수 있을 뿐 아니라 학교 개조의 핵심이었다.

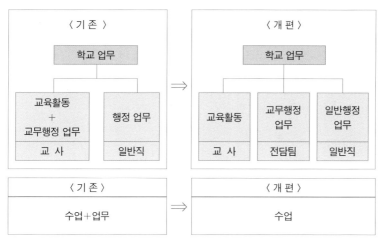

〈그림 7-1〉 2011년 전교조 서울지부가 제시한 업무 분장안

2014년에 안산 단원고 2학년 학생들과 승객들이 희생된 세월호 참사가 있었다. 대통령은 '국가 개조'의 기회로 삼자고 하였다. 국가 개조란 무엇인가? 주한미군은 비상근무를 하는 위급 상황에 담

당 업무를 맡은 최고위 군인이 가장 먼저 출근한다고 한다. 우리나라와는 확연히 다른 모습이다. 우리나라에서는 위급 상황이 생기면 최하위 말단이 가장 먼저 출근한다. "왜 높으신 분이 제일 먼저 나오십니까?"라고 주한미군에게 물어보자 "위급 상황에서 최하위 말단이 결정할 수 있는 것이 거의 없기 때문에 결정권자가 나와야 한다."라는 답변이 나왔다고 한다. 말하자면 국가 개조의 방향은 주한미군의 위급 상황 대처와 같은 방식이어야 할 것이다.

교실 붕괴로 위기에 처한 우리나라의 고등학교를 개조하는 방법은 무엇일까? 미국에서는 전문 지도, 학부모 상담, 학교 부적응아 지도 등을 교장이 직접 한다. 그러나 우리나라에서는 말단 교사가 맡아서 운영하고 부장-교감-교장에게 보고하고 있다. 최소한 부장 선에서 업무를 맡고, 교장-교감과 상의하여 위급 상황을 신속하게 해결하는 것이 학교 개조가 아닐까.

〈표 7-1〉 혁신학교 지정 전과 후의 업무 분장 내역

혁신학교 지정 이전	■ 2011년도 업무 분장 내역
	교무기획부(12명), 교육연구부(7명,사서1명), 생활지도부(7명), 상담부(4명,전문상담교사1명), 창의체험부(5명), 홍보기획부(5명), 자연과학부(3명), 예체능부(4명), 1학년부(4명), 2학년부(4명), 3학년부(5명)
혁신학교 지정 이후	■ 2013년도 업무 분장 내역
	◆ 학사운영실(9명) : 교무혁신부(7명), 교육연구부(2명)
	◆ 학생활동지원실(11명) : 생활자치부(5명), 상담복지부(2명), 전문상담교사1명), 창의체험부(3명)
	◆ 교과혁신연구실(10명) : 인문사회부(2명,사서1명), 과학정보부(3명), 예체능부(4명)
	◆ 학년부실(31명) : 1학년부(10명), 2학년부(10명), 3학년부(10명,진로·진학상담교사1명)

〈표 7-1〉을 보면 혁신학교 이전과 이후의 업무 행정 시스템의 변화를 비교할 수 있다. 교무부의 경우 고사계가 3인이었던 것을 1인이 담당하게 하였다. 물론 물리적으로 1인이 할 수 없는 경우가 있는데 그런 경우에는 업무행정사들이 돕도록 했다. 지원 부서는 인원이 줄어들어 부장과 기획 담당자로 운영되지만, 학년부는 담임교사가 모두 배치되어 인원이 대폭 늘어났다.

둘째, 업무를 업무행정팀으로 대폭 이관하여 운영하되, 비담임교사는 업무행정팀에게 이관할 수 없는 일상 업무를 맡게 하였다. 대신 담임교사에게는 업무를 배당하지 않고 수업과 학생 지도 및 상담에만 전념하게 하였다. 또한 학년관리실을 배정하여 같은 학년 담임교사는 같은 공간에서 근무하게 하였다. 김인호교사가 3년 동안 부장을 맡았던 3학년부는 자체 계획에 따라 체계적으로 운영되었다.

셋째, 교사는 수업과 상담에 전념하는 담임교사와 수업과 업무을 담당하는 비담임교사로 이원화가 되었다. 이전의 인원보다 절반으로 줄어든 비담임교사가 업무를 담당하면 업무가 폭증이 될 수도 있다는 우려가 있었으나 이는 기우에 불과했다. 비담임교사는 담당 업무에 대해 방향 제시를 하고 결재는 업무행정팀이 맡는 시스템은 비담임교사의 업무를 실질적으로 경감시켰기 때문이다.

〈표 7-2〉 2013년도 업무행정전담팀 구성 및 업무 분장

	관련부서	업 무 내 용
교무행정 지원사	모든 부서	에듀파인 업무, 공문처리, 홈페이지 관리_탑재
	교육연구부	교육계획서, 교원평가 보조
	교무혁신부	학교행사업무, 학부모 총회, 수능, 성적처리보조
	1학년부	신입생오티
	2학년부	방과 후학교 업무_출결관리
	고유업무	자기주도학습
	기타	교실 열쇠 관리
학교 사회복지사	모든 부서	홈페이지 관리_탑재
	교무혁신부	부장회의 및 직원회의자료 수합, 학부모 연수, 샤프론 운영
	교육연구부	연수 대장 관리, 연수 소개 및 신청, 연수비 지급
학교 사회복지사	3학년부	야간 자율학습 편성_출결관리
	1학년부	관악구청사업 관리
	학년부	결석계 정리, 봉사활동기록 정리
	상담복지부	부진아 지도, 장학금
	창의체험부	봉사 활동_체험활동, 외부 동아리 강사 관리
	생활지도부	금연학교_벌점관리
교무 행정코디	모든 부서	가정통신문, 문자메시지, 우편물_공문서수발,
	교무혁신부	수업계보조, 채용공고, 전출입, 교무일지 기록, 답안지 검토
	학년부	학생_학부모 연락처관리
과학 행정코디	교무혁신부	교사용 컴퓨터 관리, 노트북 대장, 고사계보조
	수리과학부	과학부 행사, 실험실 정리, 약품 관리

〈표 7-2〉는 인헌고 업무행정팀의 업무 분장이다. 업무행정팀 4
인은 업무행정사로서 학교에서 고용한 2인, 교무 행정코디 1인,
과학 행정코디 1인으로 구성되었다. 교무 행정코디는 교무실에서
업무 보조를 하던 무기 계약직으로 교무 업무의 일부를 맡았다.
과학 행정코디는 과학 실습 조교로서 과학부 소속의 실험실습 담
당이었는데 전산과 정보 업무를 더하게 하였다.

2011년에 2학기부터 고용한 업무행정사 2인의 효과는 컸다. 교무 행정지원사에게는 제반 결재를, 학교 사회복지사에게는 에듀파인 결재를 올리도록 맡겼더니 결재의 속도가 빨라지고 처리하는 양도 많아졌다. 처음에 교장은 업무행정사가 올리는 결재를 미덥지 못하게 생각했다. 교사가 아닌 비정규직이 담당하는 것에 대해 우려를 나타낸 것이지만, 시스템의 변화를 위한 업무 조정의 결과임을 상기시켜 신뢰를 싹트게 했다. 그러자 업무행정팀의 업무 처리가 점차 정상 궤도에 올랐다.

물론 몇 가지 문제가 여전히 남아 있다. 혁신학교 지정 4년이 끝나고 일반 학교가 된다면 교육청으로부터 예산 지원을 받지 못하는 상황에서 어떻게 업무 경감을 계속할 것인가? 가장 좋은 해결책은 학교 협동조합을 만들어 수학여행, 수련회, 매점, 식당, 방과 후 보충수업 등을 협동조합으로 이관하는 것이다. 사실상 이것들이 학교 업무의 70%가량을 차지한다. 고등학교 교실에는 초등학교 4학년 수준이 안되는 학습부진아들과 UP 과정을 이수해 대학의 학점을 따놓은 우수한 아이들이 한 교실에 앉아 있다. 학습이 부진한 아이는 수업 내용을 몰라서 자고, 우수한 아이는 들을 필요가 없어서 잔다. 중학교 시절 내신 성적이 하위 20%에 포함되는 아이들에 대한 대책도 협동조합을 운영할 때 가능해진다. 학습부진아를 대상으로 초등학교 수학반, 중학교 수학반, 중학교 영어반, 중학교 과학반 같은 과목을 개설한다면 학습부진아들에게 다시 한번 공부에 관심을 갖는 기회를 주게 된다. 협동조합을 통해 학부모들 재능을 이용하면 얼마든지 수업 개설이 가능하고, 더 나아가 예체능과 기술, 요리, 미용 등 다양한 과목의 개설도 가능할 것이다. 또한 수업이 적은 교사 3인~4인에게 업무행정사 2인이 하던 업무를 맡길 수도 있을 것이다. 이런 방안을 통해 업무 시스템의 혁신적 운영을 지속할 수 있다.

2. 교직원 회의를
토론 중심으로 운영하다

유대인 부모는 아들이 학교에서 귀가하면 "오늘 무슨 질문을 했느냐?"고 물어보는데, 우리나라 부모는 "오늘 선생님 말씀 잘 들었냐?"라고 묻는다. 나쁜 대답은 있을 수 있지만 나쁜 질문이란 존재하지 않는다. 가장 좋은 학생은 질문을 할 줄 아는 학생이다. 세월호 참사로 안산 단원고 학생들의 참담한 희생을 접한 동료 교사가 '조용히 방송을 듣고 기다리라.'는 말 때문에 아이들의 희생이 커졌다고 말하며 눈시울을 적셨다. 그동안 학교에서는 관료주의 체제 아래서 말을 잘 듣는 것이 최고의 미덕으로 인정받아 왔다. 하지만 말 잘 듣고 자란 착한 아이가 성장해 세상에 나갔을 때 그래가지고는 세상 살아갈 수 없다는 것을 알게 되면서 느끼는 허탈감이 크다고 한다.

학교도 사정은 별반 다르지 않다. 권위주의가 지배해 교사들도 스스로 어떤 사업을 벌이려고 하지 않는다. 주어지는 여건에서 최선만 다하면 된다고 생각하는 풍조가 지속되었고, 어떤 점에서는 그것이 공교육 붕괴를 방치하게 하였다. 시대의 변화에 대응하는 적응력을 키우지 못한 것이다. 국민의 정부 시절 학교 발전 방안으로 '교무회의 의결화'를 내세운 적이 있지만 그것을 성공적으로 수행한 학교는 거의 없었다. 교장의 지시를 받아 적는 부장 회의, 부장의 시행 방안을 전달하는 교무회의는 학교의 위계적 서열을 잘 보여준다. 교사들이 교실에 들어가면 똑같은 모습을 보인다.

"너, 조용히 해! 선생님 말씀 잘 들어."

아이들은 학교 방송에서 나오는 '교장 선생님 말씀'을 듣지 않으면서 선생님 눈치만 살핀다. 권위주의는 언제나 폭력으로 바뀔 가능성이 많다는 것을 알고 있기 때문이다.

혁신학교와 일반 학교가 두드러지게 다른 특징은 '민주적 협의 문화'이다. 전북교육청이나 전남교육청의 연구에서도 혁신학교와 일반 학교에서 교사의 직무 만족도에 영향을 미치는 첫 번째 요인으로 민주적 협의 문화를 들었다[1]. 서울의 선사고에서 시작하여 인헌고에서도 도입한 3주체 생활협약은 교사와 학생 및 학부모와의 민주적 협의 문화의 소산이다.

혁신학교의 또 다른 주요 특징은 개별 학교의 환경에 맞게 구성

---

1. 손동빈, 「혁신학교-1기평가와 2기 과제」, 서울특별시교육청 주최 '일반고 전성시대 방안 모색을 위한 권역별 토론회' 자료, 2014. 7. 18.

원들이 자발적으로 참여해 그 학교만의 문화를 만드는 것이다. 인헌고는 입학사정관 전형을 중심으로 대학 입시 결과가 호전되어 분위기가 바뀌자 혁신학교로의 변신을 꾀했다. 경기도를 비롯해 혁신의 선두에 선 학교의 혁신 내용이 있었지만 아직 입시로 그 결실을 보여준 학교를 찾기는 쉽지 않다. 인헌고는 기존 학교에서 혁신학교로 전환했기 때문에 신설 혁신학교의 프로그램을 그대로 이식할 수 없었다. 오로지 회의를 통한 상향식 교육개혁만이 나아갈 길이었다.

회의를 무서워하면 개혁이 되지 않는다. 회의는 퇴근길을 막고, 어떤 때에는 별 내용도 없이 시간만 끄는 것 같아 진이 빠지는 경우도 많았다. 하지만 회의를 통해 모든 중요한 것들이 결정된다. 특히 시스템을 정착시킬 때에는 그렇다. 인헌고에서는 토론 중심의 회의를 자주 열었다. 겨울방학에는 신학년 대비 부장 회의를 격주로 가져 연간 학사 일정은 물론 창의적 체험활동, 경시대회 등 제반 활동 내역을 모두 준비해서 학생들에게 배부하는 달력(〈그림 7-2〉참조)에 반영했다.

한 2년 정도 회의를 통한 의사결정 과정을 운영하였더니 중요한 안건은 대부분 결정이 되어 회의라고 해봤자 사소한 것들을 결정하는 것이어서 나중에는 회의하자고 하면 관련 소위원회에 위임하는 경향이 많았다. 지난해 12월 부장 워크숍에서는 방과 후 보충학습 시간을 방과 후에 바로 시작하는 안과 18시 이후에 시작하는 안을 가지고 무려 3시간을 넘겨 치열하게 논의했다. 2010

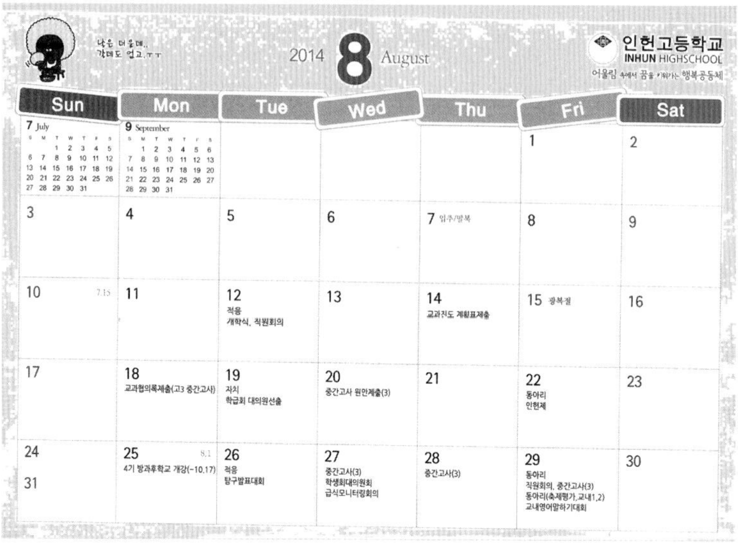
낮은 더운데..
갈데도 없고.TT

2014 8 August

인헌고등학교
INHUN HIGHSCHOOL
어울림 속에서 꿈을 키워가는 행복공동체

Sun	Mon	Tue	Wed	Thu	Fri	Sat
7 July S M T W T F S 1 2 3 4 5 6 7 8 9 10 11 12 13 14 15 16 17 18 19 20 21 22 23 24 25 26 27 28 29 30 31	9 September S M T W T F S 1 2 3 4 5 6 7 8 9 10 11 12 13 14 15 16 17 18 19 20 21 22 23 24 25 26 27 28 29 30 31				1	2
3	4	5	6	7 입추/말복	8	9
10 7.15	11	12 적응 개학식, 직원회의	13	14 교과진도 계획표제출	15 광복절	16
17	18 교과협의록제출(고3 중간고사)	19 자치 학급회 대의원선출	20 중간고사 원안제출(3)	21	22 동아리 인헌제	23
24 31	25 8.1 4기 방과후학교 개강(~10.17)	26 적응 탐구발표대회	27 중간고사(3) 학생회대의원회 급식모니터링회의	28 중간고사(3)	29 동아리 직원회의, 중간고사(3) 동아리(축제평가,교내1,2) 교내영어말하기대회	30

〈그림 7-2〉 2014학년도 인헌고 달력

년에는 3학년부에서 담임교사들이 영어 부진 학생 7명~8명을 쉬는 시간과 점심시간에 지도하는 방식이 방과 후 보충에 해당하느냐에 대한 토론을 무려 한 달 이상 지속한 적도 있었다. 2011년~2012년 학교생활에 적응하지 못하는 학생들을 지도하기 위한 예산을 책정하는 문제에 관한 토론도 마찬가지였다.

혁신 그룹이 비대해지자 건강한 비판이나 견제가 이루어질 수 없었으며, 이것은 혁신을 주장하는 교사들 사이의 갈등으로 나타났다. 혁신 그룹, 견제하는 혁신 그룹, 혁신에 별반 관심이 없는 교사들로 3분 되자 혁신 방안에 대한 치열한 공방이 가능해졌고 학사 일정 운영도 원활해졌다. 혁신 그룹에게는 견제하는 혁신 그룹이 스스로의 모습을 비춰주는 거울 역할을 한 것이다. 그러나 혁신학교를 추진하기 위해 외부에서 어렵게 모셔 온 교사들과의 공식적 결별을 인정하기까지는 너무 힘들고 고통스러운 시간을 보내야 했다.

인헌고는 민주적 회의를 통해 시스템을 정비했다. 새로운 교장은 혁신 마인드가 강한 것은 아니었지만, 행정 업무를 꼼꼼히 챙기며 학교 시스템이 원활하게 돌아가도록 지원했다. 대부분의 안건을 충분히 검토하고 토론한 뒤에 최적의 안이 만들어지면 대부분 수용했다. 그리하여 교장을 잘 설득하고 업무에 집중하면 어떤 일이라도 지원해준다는 전통이 만들어졌다. 2013년 1학기에 동아리 활동을 집중 이수하여 8월 학교 축제로 연결한 것이나, 2학기 진로 · 진학 학과별 독서 토론 특색 수업이라든지, 사생 대회와 글짓기 대회를 세분화하여 운영한 것 등 이루 열거할 수 없을 정도로 많은 시스템의 변화가 이루어졌다.

이 과정에서 수많은 갈등이 있었다. 학교는 그런 갈등을 통해 성장했다. 무엇보다 중요한 것은 그것이 누구든, 자율성을 가지고 학교를 만들고자 했고, 그것 때문에 충돌하기도 했지만, 결국 시스템은 올바른 방향을 찾아갔다는 사실이다. 토론 중심의 학교의사 결정은 구성원 다수의 의견을 수렴할 수 있으며, 최적의 방안을 도출할 수 있고, 시행착오를 줄일 수 있었다. 더욱이 모든 사람의 동의를 얻었다는 점에서 장점이 많았다. 그러나 민주적 회의의 성과를 극대화하기 위해서는 세심한 노력이 필요하다.

첫째, 다름(different)과 틀림(wrong)을 혼동하지 않아야 한다. 우리나라 사람들은 '우리가 남이가'로 이어지는 지연과 학연 중심의 집단주의적 성향이 강했는데, 나와 다른(different) 의견을 보이면 틀리게(wrong) 보려는 경향이 많았다. 토론에서 의견 차이를 자연스럽게 보려는 자세가 필요하다.

둘째, 필리버스터[2]는 지양되어야 한다. 하나의 의견이 제시되면 같은 취지의 발언을 반복하면서 수용하기를 강요하는 경우가 있는데, 그것은 다양한 의견을 봉쇄하는 결과로 이어졌다. 크게 생각하는 사람은 남의 이야기에 귀 기울이고, 작게 생각하는 사람은 자기 이야기에 빠지는 경향이 있다고 하는데, 다양한 의견이 제시될 수 있도록 크게 생각해야 할 것이다.

셋째, 의견 충돌이 벌어져도 감정 상하는 말을 해서는 안 된다. 인간은 입에 도끼를 가지고 태어난다는 말처럼 상호 신뢰가 바탕이 되지 않는 회의는 감정싸움으로 비화하는데, 학교 안에서 그래야 할 이슈가 얼마나 되겠는가. 특히 안을 제시하면 '그런 안은 이상적이긴 한데'라고 말하는 사람이 문제다. 그러면 어쩌란 말인가. 이상적인데 현실적으로 가능하지 않으니 그냥 내버리자는 말인가.

넷째, 부드러운 태도를 가져야 한다. 임종을 앞둔 법정 스님이 마지막 가르침을 주기 위해 제자 앞에서 입을 열었다.

---

2. 필리버스터(filibuster) : 합법적 의사 진행 방해. 의사결정 단위의 한 구성원이 특정 안건에 대해 장시간 발언함으로써 정상적인 의사 진행을 방해하는 행위 등을 말한다.

"내 입 안에 뭐가 보이느냐?"

"혀가 보입니다. 스승님"

"이는 안 보이느냐?"

"이가 모두 빠진 지 오래 되셨는데, 무슨 이가 보이겠습니까?"

"이는 다 빠지고 혀만 남아 있는 이유를 알겠느냐?"

제자가 대답을 못하고 머뭇거리자, 스님은 이는 단단하기 때문에 일찍 빠져 버리지만 혀는 부드럽기 때문에 오래 남는다고 했다. 나이 먹으면 '딱딱해지기' 마련이고, 어린 것은 부드러운 법이다. 그런데 세상에는 정직하고 능력 있고 학식 있는 사람은 많지만 그들을 감싸는, 부드러운 사람은 부족하다.

3. 학부모의 학교 참여를 제도화하다

인헌고에 전근 온 첫해 3학년 남학생 문과 담임을 했다. 교사들이 싫어하는 기피 학생이 가장 많이 편성된 학급이었다. 그런 반 담임을 맡은 것에 대해 위로의 말들이 오갔다. 나는 새롭게 마음을 다잡았다.

4교시 끝날 즈음에 등교하는 아이는 점심 먹고 놀다가 5교시 수업 중간에 화장실 간다고 하고 무단이탈을 했다. 개학한 첫날부터 결석하는 학생, 주 2~3회 결석하고 나머지는 지각하는 학생, 늦게 등교하여 두세 시간 수업하고 가는 학생들이 많은 반이었다. 출석부가 아니라 '근태불량부'였다. 그런데 이 학생들을 3개월 만에 변화시킨 것은 학부모들의 협조 덕분이었다.

"세상에서 가장 어려운 일이 뭔지 아니?"

"흠. 글쎄요. 돈 버는 일? 밥 먹는 일?"

"세상에서 가장 어려운 일은 사람이 사람의 마음을 얻는 일이란다. 각각의 얼굴만큼 다양한 각양각색의 마음은 순간에도 수만 가지로 바뀌는데, 그 바람 같은 마음을 얻는다는 건 정말 어려운 일이란다."

—생텍쥐페리의 〈어린왕자〉 중에서

인헌고는 학부모의 마음을 얻는 데 단시일에 성공하였다. 거기에는 중요한 몇 가지 비결이 있었다.

학급 학부모 연수를 매달 운영하다

나는 담임을 할 때 정기적으로 학부모 연수를 운영하였다. 3월 학부모 총회에 참석한 학부모는 한 학급 35명 중 5명~6명에 지나지 않았다. 그들에게 학급 운영에 대해 소개하고 매월 학부모 연수를 개최할 것을 공지하고 꾸준히 진행하였더니 3개월이 지나자 학부모들의 입에서 담임교사에 대한 긍정적 평가가 나오기 시작했다. 학부모들이 담임교사를 지지하면, 곧바로 학생들에게 영향을 준다. 막무가내이던 아이들이 담임교사에게 조금씩 다가오기 시작하고, 담임교사의 조회와 종례를 거부하던 모습도 사라진다. 아이들이 귀를 열기 시작한 것이다.

학부모 연수는 1부와 2부로 구성했다. 1부에는 '부모와 자녀의 대화법', '자기주도학습법', '청소년기의 올바른 이해', '대학 진학에 관하여', '사춘기의 성과 부모의 역할', '아들을 어떻게 키워야 하는가' 등 강좌를 두었고, 2부에는 자녀의 학습 상황을 소개하는 시간을 가졌다. 사실상 학부모의 태도가 아이의 학교생활을 결정하기 때문에 그들의 의식이 변화되어야 한다고 생각했던 것이다.

인헌고를 선택하지 않은 학생들이 인헌고에 배정되면 엉엉 운다는 이야기가 있었다. 그런 자식을 보는 부모의 심정은 어떨까? 막연한 불만은 학교 운영 과정에서 사사건건에 부정적으로 터져 나온다. 학부모의 지지를 받아야 학생 지도를 할 수 있고, 학급 운영도 원활해진다. 학부모가 학교에 믿음이 없고 이런 태도가 아이에게 전달되면 교육이 되지 않는다. 학부모가 학교에 관심을 가질 때 학교가 살아난다. 나는 학부모 연수 시간에 미리 다과와 간식을 준비했다. 그렇게 학급 학부모 모임을 지속적으로 운영했더니 점점 학교에 대한 신뢰가 커졌다.

학부모 연수 및 학부모 관련 업무를 교무부장이 맡다

내가 3학년부장일 때는 학부모회 연수가 담임교사에게 부담을 주지 않기 위해 학년부장과 기획 담당자가 운영했으나, 교무혁신부장이 된 다음부터는 교무혁신부의 업무로 이관시켜 매월 최소 1회 이상 학부모 연수를 개최했다. 그것만이 학교와 학부모 사이에 교육 방향에 대한 생각의 차이를 줄일 수 있다고 판단했기 때문이다. 특히 수능 중심에서 입학사정관제 위주의 수시 중심으로 입시 방향을 바꾸는 것은 쉽지 않았다. 학부모보다 교사들의 마음을 바꾸기가 더 어려웠다. 교사들은 입학사정관 제도를 마치 부조리의 온상처럼 여겼다. 그래도 학부모는 자기 자식의 성적이나 처지를 이해하면 입학사정관제가 필요하다는 것을 더 쉽게 받아들였다. 나는 학부모를 통해서 담임교사들의 마음을 움직여야 한다고 생각했다. 교무부에서 학부모 관련 업무를 맡게 되자 그것이 용이해졌다. 교무부장이 학부모의 관심사에 대해 책임 있게 설명할 수 있고, 학부모의 요구와 학교의 계획을 일치시킬 수 있었기 때문이다.

학부모는 학교에 학생을 볼모로 잡힌 영원한 '을(乙)'인데, 학부모 연수의 가정통신문을 받으면 편한 마음은 아니었을 것이다. 그러나 일단 한 번 연수에 참여한 학부모는 학교의 현재 상황과 교사들의 자발적 움직임, 학교의 입시 전략을 알게 되면서 적극적으로 참여하기 시작했다. 어떤 유능한 담임교사보다 학부모가 자신의 자식에 대해 잘 알았고, 복잡한 전형 방법에 대해서도 마음만 먹으면 전문가가 될 수 있는 사람이 학부모였다. 물론 대학수학능력시험으로만 대학에 들어갈 수 있는 것으로 알았던 학부모가, 교사에게도 생소한 입학사정관제를 한두 번의 연수로 이해하게 되는 것은 아니었다. 그래도 학교에서 연수를 받고 대학 입학처에 문의하고 입시 관련 책들을 읽고 난 후에는 스스로 방법을 찾아냈고 학교를 신뢰하기 시작했다. 그런 긍정적 분위기는 학부모 회장단에게서부터 나타났다.

이런 사례는 너무 많다. 교무부장을 맡은 첫해 학교운영위원장이었던 학부모가 자녀를 입학사정관제로 대학에 합격시킨 뒤, 학부모 연수 강사로 나와 "교무부장과 3학년부장은 저의 평생의 은인"이라고 말했다. 연수를 통해 배운 것을 그대로 따라 했더니 무려 3곳이나 중복 합격되었다는 것이다. 또 어느 해인가 3월 첫 학부모 연수를 마치고 인사를 위해 나오니 "선생님 말씀처럼 한 번도 빠지지 않고 학부모 연수에 나올게요. 딸은 입학사정관제로 대학 보내는 것이 좋을 것 같아요."라고 말하는 신입생 학부모 부부도 있었다. 그 학부모는 3년 동안 학부모 연수에 개근을 했고, 딸의 내신 성적은 자연계에서 중간을 올라서지 못했지만, 학교의 지도대로 입학사정관제를 준비하여 미네소타주립대학과 인하대 항공우주공학과에 복수 합격했다. 현재 그 아이는 미네소타주립대학 2학년 학생으로 열심히 공부하고 있는데 머지않아 미국우주항공국(NASA)에서 근무할 것이라고 기대된다.

2013학년도에 학생 2명이 미네소타주립대학 1+3학제에 합격했다. 1+3학제는 미네소타주립대 학생으로 입학하여 1학년을 국내에서 이수하고 그 다음 3년을 미국 미네소타 본교 캠퍼스에서 이수하는 제도로 국내 대학이 입학 전형을 주관한다. 2014년도에는 부실하게 운영되어 여론의 도마에 올라 비난을 받았고 교육부의 조치로 전면 금지되었지만, 당시 미네소타주립대학 1+3학제 전형은 건실하게 운영되고 있었다. 미네소타주립대학 국내 입학처는

1차 합격자를 배출한 고등학교 관계자들을 초청하였다. 내가 3학년부장과 같이 참석했는데, 우리를 본 국내 입학처장이 "인헌고의 학교생활기록부를 보고 나니 3년 동안 직접 지도한 것처럼 너무나 생생하게 학생들을 알게 되었다."라고 극찬을 했다. 그리고 미네소타주립대학 합격 소식을 듣고 "신청만 하면 모두 들어가는 부실한 제도인데 이런 것을 대외적으로 자랑하면 사기다."라고 말하던 교사도 그 학생이 인하대 항공우주공학과에 동시 합격한 것을 보고 난 후에는 입을 다물었다.

학부모 활동에 예산을 지원하다

〈표 7-3〉 학부모 활동에 대한 예산 지원 사례

(단위 : 원)

년도	세부 추진 내용	산출 기초	소요예산
2012	어머니 나눔 활동 - 학부모회 운영 - 봉사 체험 활동 지원	10개월 × 20만 = 200만 9회 × 30만=270만	4,700,000
	아버지와 함께하는 체험 활동 지원	2회 × 200만 = 400만	4,000,000
2013	학부모회 활동 지원	10회 × 20만	2,000,000
	봉사 체험 활동 지원	2회 × 50만	1,000,000
	가족 여행 지원	1회 × 20가족 × 10만	2,000,000

〈표 7-3〉은 학교에서 마련한, 학부모회 활동 지원 계획이다. 2012년에는 학부모회에 연간 활동 계획을 요청했다. 학부모들의

운영 계획에 기초하여 매월 운영비로 20만 원, 봉사 활동에 270만 원, 아버지와 함께하는 체험 활동을 지원하는 데 400만 원을 배정하였다. 계획은 세웠지만 아버지와 함께하는 체험활동은 실행하지 못하고 학부모 초대 파티로 갈무리했다. 대부분의 학부모회 활동은 학교 지원비로 충당되었다. 학교 축제 때 학부모가 운영하는 장터, 학부모가 주관하는 음성꽃동네 봉사 활동 등이 학교 지원으로 이루어졌다. 2013년도에는 학교의 부서별 프로그램이 증가하면서 부득불 학부모 지원을 줄였다.

학부모의 자발적 활동이 극대화되다

학부모회가 학교 교육 활동에 적극적으로 참여하게 된 큰 요인은 학교의 진학지도가 입학사정관제 중심으로 바뀐 것이다. 서울의 혁신 고등학교 유형은 대체로 수업 혁신의 삼각산고, 생활 혁신의 선사고, 진로·진학 혁신의 인헌고로 나눌 수 있다. 삼각산고와 선사고는 신설 학교로 혁신학교에 지정된 고등학교이다. 반면에 인헌고등학교는 30년 역사를 가졌으나 폐교될 위기에 놓인 일반계 공립 고등학교였다. 그래서 인헌고는 지역사회와 학부모들이 여론을 반전시키기 위해서 진로·진학에 중심을 두고 혁신의 노력을 집중해야 했다. 대학 진학률을 높이는 과정을 보이면서 생활과 수업 혁신으로 전환을 꾀한 것은, 과거부터 오랫동안 누적된 악조건들 때문에 존폐의 위기에 처한 학교의 혁신 방향으로는

〈그림 7-3〉 학부모 주최 다문화 체험 행사

적절한 수순이었다.

　학교가 입학사정관제를 통한 진로·진학 지도 혁신이라는 방향을 제시하고 학부모들을 적극적으로 설득하자 학부모들도 이에 호응하면서 학교 운영에 적극 참여하기 시작했다. 선행 학습에 뒤처졌거나 가정환경 때문에 절망하고 있던 학부모들은 학교의 노력을 보면서 새로운 희망을 발견한 것이다. 학교에 경제적 지원을 해야 하는 것도 아니고, 학부모 활동에 경제적 부담이 드는 것도 아니고, 단지 학교를 신뢰하고 따라주면 되는데, 그것보다 쉬운 일이 또 어디 있겠는가. 강남 지역이나 주위의 고등학교는 물론 서울의 '잘나가는' 자사고와 비교해도 뒤처지지 않을 정도로, 맞춤형 진로·진학 지도를 통해 아이를 대학에 보내는 학교를 학부모들이 지지하고 신뢰하는 것은 당연한 일이었다.

이과반 학부모들 일부는 학교의 이러한 진학지도에 불만이 많았다. "인헌고는 항상 입학사정관제만 이야기하는데, 우리 아이는 수능으로 대학에 갈 거예요. 그것도 강조해주세요." 내신 성적이 좋은 학생의 학부모들은 종종 이렇게 말하는 경우도 있었다. 학급에서 1등~2등 하면 이른바 '스카이' 정도는 가야 한다고 생각하고, 3학년 한 해 반짝 공부하면 다 되는 줄 안다. 그러나 수능으로 서울 소재 대학에 입학할 수 있는 학생 수가 열손가락으로 꼽는 상황에서, "수능으로 대학 간다."는 말만 하는 학부모를 보면 앞이 캄캄하다. 고집을 부리면 좋은 결과를 얻을 수 없다. 학교의 정책을 이해하고 함께 입학사정관제를 준비한 학부모 대표는 가족과 자녀가 원하던 성과를 얻었다.

학교가 바라는 학부모회의 위상에 견주어 보면 학부모회의 한계도 없지 않았다. 학부모 연수에 인문학 강좌를 계획하면 참여도가 현저하게 떨어지는 반면, '입시'와 관련한 연수를 하면 참석률이 높았다. 이런 문제를 해결하기 위해 1부에는 인문학 강좌를, 2부에는 입시 설명회를 배치했다.

아버지 모임을 조직할 수만 있다면

2012년 아버지와 함께하는 체험활동 지원과 2013년 가족 여행

지원은 계획만 세웠지 제대로 운영을 하지는 못했다. 어머니 중심의 학부모 모임은 활성화되었는데, 아버지들의 참여는 저조했다. 이것은 아버지가 자녀에 대한 관심이 없어서가 아니다. 방법을 모르고 일에 파묻히다 보니 잊고 사는 것이다. 아버지의 참여를 높이기 위해 학부모 연수나 모임을 저녁에 배치해도 참여하는 아버지는 거의 없었다.

아버지의 역할은 경제적 울타리로서뿐만 아니라 자녀 교육에도 중요하다. 남극의 신사라는 별명이 어울리는 펭귄이란 동물이 있다. 암컷 펭귄이 알을 낳으면 수컷 펭귄이 기다렸다가 온 몸과 날개로 알을 덮고 새끼가 부화할 때까지 두 달 이상을 아무것도 먹지 않고 영하 40도의 강추위와 시속 40km가 넘는 강풍을 견디며 버틴다. 이런 부성애가 고난을 이겨내고 예쁜 생명을 얻게 한다. 아버지 펭귄 같은 모임을 조직할 수만 있다면, 4대강 자전거 투어, 부모와 자녀가 함께하는 캠프, 백두대간 종주, 협동조합 설립, 지역공동체 형성도 가능할 것이다. 서울 상원초등학교에서는 아버지 모임에 매달 150명~200명이 참석하는 행사를 진행하는데 치맥 파티와 애경사 참석으로 맺어진 관계망이 관심 주제별 모임이나 지역공동체로 발전하고 있다고 한다. 아버지 모임이 정례화되고 그들의 다양한 전문성이 학교를 매개로 해서 발현된다면 혁신교육의 성공은 견고해질 것이다. 방향과 계획을 세우는 데 그치고 추진하지 못한 것은 못내 아쉽지만, 이는 후임자들의 몫으로 남겨야 했다.

4. 학생들의
능동적 참여가 활성화되다

　주입식 위주의 수업을 받는 학생들은 수동적일 수밖에 없었다. 교복으로 통일시키고 규칙으로 제어하고 가부장적 문화를 따르게 하면 우수 학생은 성실할 수는 있지만 창의성이 길러지지 않았다. 그런데 학생회의 분위기를 살려주고, 학생회 임원들 스스로 문제 해결력을 갖도록 제도적 장치를 만들자 학생회가 적극적인 모습으로 변화되기 시작했다.

학생회가 전면에 나서다

대부분의 고등학교에서는 자치활동을 하지 않았다. 자치활동 시간에 자습이나 하고, 학급 회장은 담임교사 심부름을 했다. 혁신학교 이전의 학생회는 축제 때 동아리별로 예산 분배하는 것과 입학식과 졸업식 등의 학교 행사에서 도우미 역할하는 것이 전부였다. 교과교실제 도입 첫해의 혼란 상황에 대해 학생회가 앞장서서 학교에 대한 불만을 표시하고 인터넷에 학교 흉을 보는 일까지도 벌어졌다. 그러나 학생들의 자치활동에 기초하지 않고 학교가 바뀔 수 있을까?

혁신학교를 준비하면서 가장 먼저 학생회가 주도적으로 주관한 것은 인헌고 생활협약 제정이었다. 선사고 생활협약을 모델 삼아 학생회가 중심이 된 인헌고 생활협약을 마련하기로 했다. 차근차근 준비하여 생활협약 추진위원회를 꾸린 후 5월 말과 6월 초에 학년별 오픈스페이스를 개최하여 7월 중순 최종적으로 인헌고 생활협약을 교사·학생·학부모의 3자 협약으로 만들었다. 학생회는 학급-학년-전교의 단계에서 학생들의 토론 과정을 적극적으로 주도했다.

평범한 철봉은 5달러이다. 철봉을 가공하여 말발굽을 만들면, 그 가치가 50달러이다. 바늘을 만들면 그 가치가 5천 달러이다. 정교한 스위스 시계의 용수철을 만들면 그 가치가 50만 달러에 이른다. 생활협약 제정을 통해 5달러짜리 학생회가 50만 달러짜리

〈그림 7-4〉 생활협약 제정을 위한 오픈스페이스 진행 모습

용수철로 만들어졌다.

그 다음 해에는 학생회 운영에 전문성을 가진 교사가 생활자치부장을 맡으면서 학생회는 더욱 발전된 모습을 보이기 시작했다. 학생회실이 마련되고, 새로 선발된 학생회 간부와 학급 정·부회장의 1박 2일 간부 수련회를 통해 연간 계획을 세우고, 정기 회의에서 학생들의 의견을 학교에 반영하는 제도를 마련하자 학생회가 이전과는 확연히 달라졌다. 학생회 임원들은 신입생 오리엔테이션에서 보조 교사로서의 역할을 담당하고, 학교 축제에서 주도적인 힘을 발휘해 축제의 완성도를 높였으며, 생활협약이나 금연 등 다양한 주제의 계몽 활동에 활발히 참여했다.

〈표 7-4〉2012년 인헌고등학교 8조 법금과 공동체 생활 협약

▽ 인헌고등학교 8조 법금
- 제1조 수업 방해 행위 및 교사의 정당한 지도에 대한 불응
- 제2조 무단 출결
- 제3조 흡연
- 제4조 고사관련 부정행위
- 제5조 절취
- 제6조 복장 규정
- 제7조 폭력
- 제8조 성폭력

▽ 인헌고등학교 공동체 생활협약
1. 교사의 약속(11항)
2. 학생의 약속(16항)
3. 학부모의 약속(14항)
4. 공동체 생활협약에 대한 준수의 의무
   - 3주체 공동체 생활협약 위원회는 교사 대표 2명, 학생 대표 2명, 학부모 대표 2명으로 구성하여 공동체 생활협약에 관한 평가와 의견수렴을 한다.
   - 각 주체별로 1년에 2회 이상 정기적으로 자신의 약속 상황을 점검하고 상호 비교·평가· 토론하여 협약이 준수될 수 있도록 한다.
   - 위 생활협약에 대한 각 주체에 대한 의견을 일상적으로 수합하여 각 주체의 단위에서 해결을 위해 노력한다.

학생들이 직접 자기주도학습실을 운영하다

3학년부장일 때 야간 자율학습실 운영을 맡았었다. 2011년에는 효율적 운영을 위해 교무혁신부장의 업무로 이관하였다. 감독 교사가 매일 바뀌면 운영 방침이 사소하게 차이가 나는데, 이러한 차이는 자율학습 자체를 무너뜨린다. 그래서 학생들의 자치활동으로 운영하게 하여 교사의 업무 부담을 줄이고 최적의 학습 환경 조성을 목표로 하였다.

우선 야간 자율학습을 하는 학생 중에서 학년별로 위원을 뽑아 운영위원회를 구성한 다음 매주 2회 회의를 통해 운영 실태, 벌칙

〈그림 7-5〉정문에서 계몽활동을 하는 학생회

현황 등을 점검하게 했다. 이들이 정기적으로 순회하면서 학습 환경을 조성했다. 또한 야간 자율학습에 참여하는 학생 전체를 대상으로 월 1회 연수를 진행하고 불편한 사항들을 시정하였다. 예산을 투입해 대학 선배를 감독 위원으로 뽑아, 저녁 9시부터 11시까지 학생 운영위원이 해결하기 어려운 지시 불응자 문제, 전기 관리, 열쇠 관리 등을 맡겼다. 교무혁신부장은 운영위원회 회의, 전체 회의 및 감독위원 관리를 맡았다. 학생운영위원에게는 순회 시간을 봉사 시간으로 인정해주었고, 사교육에 의존하지 않고 자기주도학습을 충실히 한 학생에게는 분기별로 '자기주도학습상'을 주었다. 2011년 3학년 이과 여학생 한 명은 운영위원으로 성실히

〈표 7-5〉2013년도 인헌고 자기주도학습실 운영 원칙

▽ 학생 참여 원칙
1. 학년별 운영위원을 선발하여 자율적으로 운영한다.
　학년 당 남녀 1인씩 총 6인으로 구성하여 출결체크, 학습 분위기 조성에 앞장선다.
2. 참여하고자 하는 학생은 학교사회복지사에게 신청한다.
3. 운영위원회에서 운영세칙을 정한다.
4. 3층에는 3학년 60석, 1학년 25석을, 2학년 25석을 배당한다.
5. 신청은 학년별로 받아 자리를 배정하여 학교사회복지사에게 통보한다.
　학교사회복지사는 이를 수합하여 홈페이지에 게재하고 학생에게 공지한다.
　단, 퇴출과 충원은 학년에서 마련한 예비 순번에 따라 배정한다.
6. 참여 학생은 학교에서 제공하는 강연, 연수 및 회의에 참여하여야 한다.

▽ 학생 배정 및 퇴출 원칙
1. 배정 원칙
  ● 평일 참여 횟수가 많은 학생(1인 또는 2인)에게 우선적으로 배정한다.
  ● 방과 후 보충으로 결석할 경우에는 출석한 것으로 간주한다. 단, 방과 후 보충의 참석 유무는 방과 후 보충 교사의 확인이 있을 경우 출석으로 간주한다.
2. 퇴출 원칙
  ● 무단 결석(지각, 결과, 조퇴 3회는 결석1일에 해당) 3회 이상 시 퇴출된다.
  ● 출석 체크 시 좌석에 없으면 결석 처리 한다.
  ● 참여 기간은 기별로 하되, 퇴출하면 같은 기에는 들어올 수 없다.
3. 이용 규칙
  ● 쉬는 시간 이후 자습 시간에는 자리를 이동할 수 없다.
  ● 화장실, 정수기 사용은 쉬는 시간에만 가능하다.
  ● 기존 불참확인서는 사용 할 수 없다.
4. 벌점
  ● 잡담 및 공부 방해 행위를 할 경우 벌점 1점을 부여한다.
  ● 자습 시간에 휴대폰을 사용할 경우 벌점 2점을 부여한다.
  ● 자율학습실에 음식물을 반입 할 경우 벌점 1점을 부여한다.
  ● 신발을 신고 자율 학습실을 출입 할 경우 벌점 2점을 부여한다,
  ● 운영위원 지시에 불이행할 경우 벌점 2점을 부여한다.
  ● 감독관 지시에 불이행할 경우 즉각 퇴출 처리한다.
  ● 벌점이 총 5점 이상일 경우 퇴출 처리한다.

▽ 시상
  ● 운영위원으로 참여할 경우 시간을 계산하여 봉사 활동 시간으로 부여한다.
  ● 자기주도학습에 일정 기준 이상 참여한 경우에는 기별로 자기주도학습 우수상을 수여한다.

참여하고 자기주도학습상을 꾸준히 받았는데, 울산과기대에 합격했다. 2012년의 운영위원은 연세대 경영학과, 2013년의 운영위원은 서울시립대 행정학과에 합격했다. 인헌고의 야간 자율학습실은 텅텅 비거나 무질서한 공간이 아니라 공부하려는 학생들에게 연중 개방되는 공간이 되었다.

도전 골든벨이 열리다

2012년 7월 KBS에 〈도전! 골든벨〉을 신청했는데, 1년 후에 차례가 왔다. 학생회가 학생들의 능동적인 참여로 운영되고 패배주의를 극복하기 위해 뭔가 새로운 도전이 필요한 시절이었다. 일정이 잡히고 공지되자, 아이들은 학교에 대해 자긍심을 느꼈지만 한편으로는 '우리가 40번 이하에 다 탈락해 망신당하는 것 아니야?' 하는 우려감도 가지고 있었다. 두 달 동안 지도교사의 지원 아래 참가 학생들이 열심히 준비했다. 아이들이 교과서를 모아 공부하고, 예상 문제를 만들어 공유하고, 서로 질의응답을 하는 시간까지 가졌다. 비록 골든벨을 울리지는 못했지만 많은 사연들이 전국에 전파를 타고 퍼져나갔고, 3학년 학생이 49번까지 문제를 맞히었다. 학부모들은 음악에 안무를 구성해 찬조 출연하여 응원을 해서 열광적인 환호를 받았다. 돌아가신 아버지에게 가수가 꿈이라고 말하며 노래를 부른 여학생, 의사 남편과 아프리카 의료 봉사를 하고 싶다는 간호사 지망 학생, 깐풍기가 먹고 싶다고 말한 최

〈그림 7-6〉 인헌 고도전골든벨(2013년 9월 1일 방영)

다득점자 등 다양한 사연과 감동적인 이야기가 KBS 방송을 통해 전국으로 퍼져나갔다. 그렇게 인헌고는 점차 살아 있는 학교로 변해갔고, 학부모와 학생, 교사는 하나가 되어 학교에 환호했다.

> 나는 생각했다.
> 희망이란 것은 있다고도 할 수 없고,
> 없다고도 할 수 없다.
> 그것은 마치 땅 위의 길이나 마찬가지다.
> 원래 땅 위에는 길이란 게 없었다.
> 걸어가는 사람들이 많아지면
> 그것이 곧 길이 되는 것이다.
> — 루쉰, 〈고향〉

8장

학년부를
'작은 학교' 시스템으로
운영하다

1. '작은 학교'를 꿈꾸며

학교가 잘되자면 열정이 넘치는 교사가 많아야 한다. 그런데 모든 교사에게 그것을 기대할 수는 없다. 의욕적으로 일에 매달린다고 해서 월급을 많이 주는 것도 아니다. 동료 교사들이 칭찬하는 것도 아니라면, 몇 차례 시도해 보다가 주저앉는 교사도 적지 않을 것이다. 하지만 학교가 교사의 자율성을 전적으로 신뢰하며 뒷받침해 준다면, 교사들은 열정을 발휘하기 시작한다. 한두 사람이 아이디어를 내놓으면 그것으로 시스템을 만들어 나가고, 그것을 서너 사람이 받쳐주면서 실천하면 학교는 변하게 되는 것이다.

인헌고는 28개 학급의 작은 규모의 학교다. 하지만 그것은 서울에서 작은 규모의 학교일 뿐, 시골 학교의 눈으로 보자면 여전히 큰 학교다. 따라서 전체 규모로 무슨 일을 도모하는 것이 쉽지 않다. 교사마다 생각이 다르기 때문에 일사불란하게 일이 이루어지기도 어렵다. 따라서 좋은 시스템을 만들었다고 하더라도 의지를 가진 교사가 충분하지 않다면, 반대편 교사들 쪽에서 얼마든지 불화의 싹을 키울 수 있다. 특히 총감독에 해당하는 학년부장들이 의기투합을 해야 하는데, 그렇지 못하는 경우가 많다. 학교가 학년 중심으로 운영될 때 각 학년은 완전히 독립적 지위를 갖기 때문에 누구도 그 영역을 건드리기가 쉽지 않다. 아무리 콘트롤 타워에서 조종을 하더라도 각 학년에서 따라주지 않으면 별다른 효과를 거둘 수 없다. 어떤 교장이 뛰어난 리더십을 지니고 있더라도 교사들이 학년부에 벽을 쌓게 되면 그 영향력이 미치기 어렵다.

혁신학교는 교사의 자발성으로 만들어지는 학교다. 그런데 누구나 자발적인 것은 아니다. 또한 모든 교사가 혁신의 이념을 공유하는 것도 아니다. 따라서 모든 구성원의 뜻을 하나로 모으려고 하기보다 다른 의견을 가진 교사들의 협조를 받으려고 노력해야 혁신 시스템은 굴러간다. 만약 5명~6명의 교사가 혁신을 이끌어 간다면, 혁신에 동조하지 않는, 많은 교사들이 그것을 받쳐주어야 한다. 그래서 다수의 사람들을 이끌자면 반대편 사람들에게 책을 잡힐 만한 일을 하지 말아야 하고 그들까지 하나로 끌어들일 수 있는 포용력이 필요하다. 만약 반대 측에서 혁신에 반대하는 논리를 가지고 다른 교사들을 움직인다면 혁신은 위기를 맞게 된다. 따라서 혁신 이념으로 무장한 교사와 더불어 하나의 방향성을 가져야 하겠지만, 누구나 따를 대의를 찾아야 하고, 모두에게 이익이 되는 방안을 찾아야 한다. 반면에 어떤 학년에서는 혁신과는 전혀 무관한 영역으로 숨어 버릴 수도 있다. 학교에서 다수의 교사들이 자율 동아리와 멘토링을 운영하는데, 어느 한 학년에서 방과 후 보충 수업만 하고 있다면 그 시스템은 균열된다.

학년부를 '작은 학교'와 같은 개념의 자율적 구조로 만들어야 한다. 물론 교무혁신부, 창의체험부, 생활자치부, 인문사회부, 각 학년부 부장들은 적어도 한 달에 한 차례씩 만나 진학과 혁신에 관련된 사항들을 함께 점검해야 한다. 그렇게 하지 않으면 '지식 전달'을 중시하는 교사들은 문제집 풀이에 매달리게 된다. 언제나 방과 후 보충학습 시간을 앞당겨 분위기를 잡아야만 아이들 실력을 키워 대학에 보내게 된다고 강변하는 사람들도 있다. 그들은 수능 준비를 제대로 해주지 못한 것에 대한 죄책감을 가지고 있나 보다. 특히 아이들이 학교에서 수행하는 활동과 독서가 입시와 무관하다고 생각하는 교사들 자신이 그렇게 생각하는 경우가 많다. 아무리 학업이 부진한 학생이 많아도, 그들이 수업을 듣든 말든, 주입식으로 무엇인가 가르쳐야만 교육을 시켰다고 생각하는 교사들이 있는 것이다. 그들은 자신이 철학적으로 빈곤하다는 것을 인식하지 못한다.

발상의 전환이 필요하다. 그런 교사가 자발성을 갖게 될 때 엄청난 폭발력을 보일 수도 있다. 이러한 잠재력을 기대하며, 자발성 회복 방안을 찾아야 하는데, 이것은 명분과 실리가 동시에 전달되어야만 가능하다. 교사가 확신이 없으면 아무리 좋은 이상도 받아들이지 않는다. 따라서 많은 회의가 필요하고, 자신이 시스템과 학교의 규칙을 만들었다는 의식을 심어주어야 한다. 어떤 의욕적인 교사가 그런 방관자들에게 리더십을 보일 수 있는 한계가 한 학년 정도이다. 다시 말해 10개 학급을 넘지 않아야 학년부장이 담임교사들을 이끌어가는 것이 비교적 용이하다. 교사들이 쉽게 합의할 수 있는 인원수가 10명 정도라는 것이다. 그 숫자가 넘어가면 합의보다는 중구난방 다른 의견들이 나오기 시작한다. 따라서 학년별로 '작은 학교' 개념으로 운영하는 방법을 생각해야 한다. 그렇게 하면, 거기에 '작은 나라'가 들어선다. 그리고 방관자들의 자발성도 끌어낼 수 있게 된다.

인헌고의 경우 올해 처음으로 1학년 담임교사가 8명으로 줄었는데, 학년부장이 말하기도 전에 담임교사들이 나서서 "핸드폰을 수거하자", 혹은 "뮤지컬 경연대회를 열자"하며 일이 벌어졌다. 모든 일은 한번 합의되면 지켜져야 한다. 싫더라도 서로 의견을 맞추고, 힘을 모아 합의한 대로 이뤄나가야 한다. 그렇지 않을 때 규칙은 무너지고 모두가 공황 상태에 빠진다.

데보라 마이어는 "작은 학교에서만 변화를 만들어내고 모든 교사진이 참여하는 깊이 있는 지속적 토론이 가능하다"[1]고 말한다. 자신에게 놓인 문제를 공동으로 협력해서 해결하려면 교사들끼리 의견 일치를 보아야 한다. 같은 학년부에 앉아 있는 교사들은 뒤

---

1. 데보라 마이어 지음, 정훈 옮김, 『아이들이 가진 생각의 힘』, 맘에드림, 2014, p. 203.

돌아서서 이야기를 나누더라도 그것이 곧바로 전체 의견이 될 수 있다. 그럴 때 그것은 엄청난 힘이 된다. 출결과 복장 문제는 물론, 수업 시간에 화장하는 것까지 제어할 수 있다. 다만 교사들이 일관성을 가져야 한다.

담임교사들의 단합은 학생들을 변화시킨다. 아이들은 같은 학년 교사들이 똑같이 대하면 그것을 믿게 된다. 핸드폰을 제출하지 않고 사용할 때 모든 교사들이 벌점 5점을 주면 어떤 아이도 그에 대해 반발하지 않는다. 그런데 어떤 교사가 그것을 봐줄 때 아이들은 모든 문제를 교사 책임으로 돌린다.

교사들이 뜻을 모아 대학 진학을 위해서는 이러이러한 것을 준비해야 한다고 말한다면, 아이들은 그것을 쉽게 받아들인다. 그런데 어떤 교사가 학교 활동의 의미를 축소해서 말하게 되면 그때부터 아이들은 자기 편한 대로 생각하기 시작한다. 모든 교사가 진학의 중요성을 말해주고, 어떤 진로를 정할지, 어떤 학과가 좋은지 설명할 때 아이들은 자기가 진학해 공부할 대학에 대해 관심을 갖는다. 인헌고가 대학 합격률이 급속히 높아진 이유는 그것이다.

학년제로 운영하는 작은 학교가 예산과 교사 채용, 시간 운영, 교육과정 등에서 자유로울 수는 없다. 하지만 재량권을 가지고서 공동체의 특성을 살릴 수 있는 기회는 많다. 그것 자체가 독립성을 갖고 있는 구조이기 때문이다. 규모가 작기 때문에 담임교사들이 학생의 이름을 쉽게 외우고, 심지어는 학년 전체 아이들의 이름을 외우기도 한다. 그럴 때 신뢰 관계가 만들어져 아이들을 올바른 방향으로 이끌게 된다. 교사가 자율적으로 만들어가는 학교에서 소규모 그룹의 교사는 더 쉽게 뜻을 모을 수 있다. 학년부 중심의 구조에서 의견을 모아 학생들을 위한 더 좋은 방법을 찾아내는 것이다. 어떤 의식을 가진 교사가 부장을 맡느냐에 따라 학년마다 편차가 생길 수 있겠지만, 운영의 묘를 잘 살리면 반대편까지 끌어들여 커다란 변화를 이끌 수도 있다.

업무 시스템을 리모델링할 때 학년부와 지원부서로 대별하였다. 혁신학교 이전에는 학년부는 학년 업무를 맡는 부서였지만, 혁신학교로 된 이후에는 업무 부담이 없는 상태에서 수업과 학생 상담에 전념하고, 같은 학년 담임교사들은 한 교무실에서 함께 지내는 것으로 편성되었다. 1학년부의 수학여행과 2학년부의 수련회는 창의적 체험활동으로서 '수업'으로 간주하여 학년부에서 맡게 하였지만, 가장 힘들고 어려운 결재와 브로슈어 만드는 일은 업무행정팀이 전담하게 하였다. 학년부가 계획해서 업무행정팀에게 넘기면, 업무행정팀이 결재하여 사업을 진행하고, 사업이 종료된 뒤에 결산도 업무행정팀에서 맡았다. 한편 수학여행은 학급별로 운영하는 것을 원칙으로 했다.

수학여행은 학급별로 가기 때문에 2월 신입생 오리엔테이션에서 아이들에게 20여 개의 수학여행 코스를 소개하고, 그중에서 반별로 어디를 갈 것인지 토론하는 시간을 주었다. 코스가 정해지면 숙박, 이동 수단, 놀이, 식사 종류까지 학생들이 정한다. 열성적인 아이들은 미리 프레젠테이션 자료를 만들어 아이들 앞에서 발표해 자신이 기획한 코스가 좋다고 적극 설득한다. 물론 담임교사는 모든 과정에 참여하여 학생들의 활동을 극대화하기 위한 도움을 아끼지 않는다.

담임교사는 30명 이내의 학생들을 이끌고 다양한 활동을 함께 한다. 그리고 이것을 학생부에 빠짐없이 기록한다. 학생부의 80%는 담임교사가 기록해야 하는 내용이다. 학교에서는 담임교사가 아이의 특성과 활동 내역을 가장 잘 파악할 수 있다. 한 학기에 두 차례 정도 상담을 하면 담임교사는 아이의 가정환경과 진로 목표와 의지를 알 수 있게 된다. 그리고 야간 자율학습이나 방과 후 보충수업은 물론 각종 봉사 활동과 진로 활동, 공연 관람 등 담임교사가 자세하게 설명하면서 권하지 않으면 아이들은 움직이지 않는다. 그래서 담임교사가 적극적인 학급과 그렇지 않은 학급은 언제나 큰 차이가 발생한다. 소규모 단위에서 담임교사들이 잘 합의하면 의욕이 다소 부족한 교사들도 아이들을 잘 챙겨주게 된다. 학부모 연수나 학부모 모임을 통해 많은 학부모들이 담임교사와 만나면서 의견을 전할 때 보다 충실한 학급이 만들어지고, 학생부 기록이 알차게 채워진다. 반면 학년을 지원하는 부서(교무혁신부, 교육연구부, 창의체험부, 인문사회부, 과학정보부, 생활자치부 등)는 학년부에 비해 상대적으로 많은 업무를 맡게 된다.

혁신학교 첫해 학년부에 업무 부담을 없앴더니, 3학년부에서는 30여 개의 교내 경시대회를 신설했다. 갑자기 경시대회가 늘어나자 3학년 교사들은 그해 내내 힘들어했다. 이를 극복하기 위해 그 다음 해에는 교과 성격이 강한 경시대회는 교과부에 넘기고, 교과 성격이 약하거나 융합된 것은 인문사회부, 과학정보부, 예체능부 및 창의체험부로 넘겼다. 이렇게 부담을 줄임으로써 진로 관련 대회의 효율적 운영과 학교생활기록부의 충실한 기록이 가능해졌다. 필요한 경시대회는 학년부에서 자발적으로 개최한다.

이런 활동이 대학 입시를 위해 너무 작위적이지 않냐고 되물어오는 교사들이 적지 않다. 그러나 이것을 최근에 많은 학교에서 학생들 '스펙'을 만들어주기 위해 여는 교내 경시대회와는 많이 다르다. 인헌고에서 운영하는 대회는 학생들의 학교 활동을 적극적으로 유도하며, 진로를 탐색하도록 장려하기 위해 고심 끝에 만들어진 것이다. 이런 교내 대회에 참여한 아이들은 학생부에 풍부한 내용을 적을 수 있게 되고, 또 입학사정관 전형에서 자기소개서를 쓰고 포트폴리오를 만드는 데 결정적인 도움을 받는다. 학생들은 교내 경시대회를 통해서 한 단계 성장한다. 뮤지컬을 창작하고, 생활 속의 작은 아이디어를 발전시켜 논문을 써서 상을 받아본 아이는 달라진다. 자신의 인생 자체가 바뀌게 된다.

2. 3학년부의 체계적 운영

'내 교육 인생의 황금기를 인헌고에서 보냈다.'고 할 정도로 그동안 혼을 바쳐 공교육 정상화 방안을 찾아보려고 노력했다. 혁신학교는 최초로 교사로서 내 자발성을 끌어냈다. 언제나 나는 아웃사이더였고 기껏해야 비판자였다. 권위주의적인 교장에 맞서 항의하고, 싸운 뒤에는 교사들끼리 모여 자조하는 그야말로 평범한교사였다. 그런데 진보의 작은 씨앗들이 자라서 경기도와 서울에정말로 혁신학교가 만들어지고 있었다. 물론 공교육이 무너지고,

일반고는 슬럼화 직전의 상황이었다. 이제 그야말로 예전처럼 주입식 교육은 불가능해졌다. 아이들에게 교과 내용을 강조해도 그것을 듣는 아이들이 거의 없는 세상이 되고 말았다. 아이들은 교사보다 인기 개그맨의 말을 더 신뢰한다.

3학년부장은 한 학년을 책임지는 것만이 아니라 학교 전체의 입시의 방향을 책임진다. 그래서 2011년에는 진학특별위원회를 만들고, 교감, 교무부장, 창체부장, 인문사회부장, 과학부장, 1학년부장, 2학년부장, 3학년부 부장과 기획 담당자가 주기적으로 회의를 하며 우리 학교가 진학을 위해 필요한 것이 무엇인지 의논했다. 그 가운데 입학사정관 전형에 필요한 것들을 소개했고, 3학년부에서 도모하고 있는 행사에 대해 설명했다. 그러면 인문사회부와 과학부에서는 그에 걸맞는 교내 대회를 신설하고, 1학년부장과 2학년부장은 자신의 학년에 필요한 사업을 진행했다. 또한 1년에 한두 차례씩 3학년부장이 진행하는 교사 연수에서 입학사정관 전형을 어떻게 준비하고 그 결과가 어떻게 나오는지 설명했다. 처음에 학생부 기록에 반발하던 교사들도 점점 대세에 따랐다. 특히 학부모 연수와 1~2학년까지 입학사정관제를 위한 입시 설명회를 진행하고 학생과 학부모가 활동한 내역을 기록해 담임교사에게 가져오자 반대하던 담임교사들도 그것을 모른 척할 수 없는 상황이 되었다. 이제 어떻게 학생부를 기록해야 하는지 모두 안다. 오히려 교사의 열정이 넘쳐 학생부의 제한된 지면을 넘기기 일쑤이다.

3학년을 맡게 되면 2월 업무 분장이 끝난 직후에 담임교사들과 모여 4시간 가량 1년 동안 우리가 무엇을 해야 할 것인지 일정표와 계획서를 나눠주며 설명했다. 이때 방향을 잡지 못하면 교사와 아이들이 짜임새 있게 진로·진학 계획을 세우지 못하게 된다. 특히 3학년에도 진로와 관련된 동아리를 개설해, 아이들이 진로와 관련된 학과에 지원할 때 그 동기를 명료하게 설명할 수 있도록 해야 했다. 동아리 활동 시간에 자습을 하는 것이 아니라 전공과 관련된 논문을 찾아내어 읽고 요약하며, 가능하다면 저희끼리 토론하게 했다. 그리고 이와 함께 전공 관련 NIE, 롤모델 노트 만들기, 전공 독서 등을 병행해서 진행한다. 우리는 아이들이 자신이 흥미를 느끼는 분야에 대해 정리하고, 그 분야의 교수에게 이메일을 보내 인터뷰를 요청하고, 또 진로에 관한 포트폴리오를 만들게 했다. 어떤 아이는 독극물에 대한 조사를 하고, 원소기호를 정리하고, 환경오염 피해 사례를 조사하기도 했다.

1학기 중에 학생과 학부모와 함께하는 3자 면담을 두 차례 하도록 권했다. 어려운 집안의 아이들이 부모와 갈등을 겪는 경우가 있다. 부모가 자신을 보살펴주지 못해 자신이 공부도 못하고 장래도 없다고 생각하는 것이다. 그리고 부모와 아이가 대학에 대해 생각하는 것도 다르다. 부모는 성적과 상관없이 터무니없이 '좋은' 대학을 꿈꾸고, 현실을 파악하지 못한 채 자식 탓만 한다. 이런 부모와 자식 사이에서 담임이 중재에 나서서 잘 이야기하면 부모는 아이를 이해하게 되고, 아이는 부모를 좋아하게 된다. 그리고 이

때부터 교사, 학생, 학부모는 팀워크를 이뤄 입시라는 목적을 향해 함께 가게 된다. 두 사람이 힘을 합해주면 아이가 가는 길이 쉽다. 무엇보다 아이들의 진짜 목표가 생겨난다. 터무니없이 높은 목표를 갖던 학부모와 아이가 열심히 노력하면 원하는 분야의 어느 정도 대학에 갈 수 있는 실력이라는 것을 안 뒤로는 그 정도만 이루더라도 고마워하고, 합격하면 환호할 수 있게 된다.

어떤 학부모는 아이 수준보다 조금 높은 대학 입학처에 학생부와 성적을 가지고 찾아다니며 면담을 했고, 1학년 때부터 학부모가 아이를 데리고 나로호 발사대를 방문하고 발명품 경진 대회를 나가면서 많은 실험을 한 아이는 내신 성적이 5.5등급이어도 인하대와 미네소타주립대에서 높은 평가를 받고 합격했다. 패션에 한글 문양을 도입한, 디자이너 이상봉을 만나고, 수많은 패션쇼를 관람하고, 상품 디자인과 의류와 관련된 전공 서적을 많이 읽은 아이는 숙명여대, 성신여대, 서울여대에 동시 합격하는 기쁨을 맛보았다. 또한 학교 활동만, 즉 멘토링을 성실히 하고, 동아리에서 좋은 활동만 하더라도, 그들이 노력한 진정성을 인정받아서 6개 대학에 지원했는데 서너 대학에 합격한 아이들도 많았다.

학부모의 역할은 중요하다. 모의고사 성적과 아이의 현실을 파악하면, 부모는 눈높이를 낮춘 채 그 상황에서 가장 큰 성과를 거둘 수 있는 지원 가능 대학을 찾는다. 그리고는 자식이 어느 대학에만 들어가도 좋겠다는 이야기를 비로소 하게 된다. 그럴 때 부모와 아이는 화해를 하게 되고, 그때부터 진정한 목표를 갖게 된다. 우리 학교 아이들이 대학에 가서 적응을 잘하는 이유도 여기에 있다. 자신이 최선을 다해 들어간 대학은 모두에게 꿈과 같은 낙원이 된다. 그 아이들이 얼마나 기쁘겠는가. 또 그만큼 자신이 들어간 대학에 애정을 느끼면서 열심히 생활한다. 또 그러다 보니 그 대학에서 장학금을 받고 정상에 오르는 경우도 있다. 이런 분위기가 조성되자 성적이 좋지 않은 아이들도 전문대학이나 지방 대학을 잘 선택하면 한두 곳이라도 합격할 수 있다는 사실을 알게 되고, 실제로 면접 연습이라도 몇 번 하고 가면 보란듯이 합격을 했다. 학교의 진학률을 높일 뿐만 아니라, 맞춤형 진학지도를 통해 우리 학교 아이들이 자신보다 내신 성적 등급이 더 높은 다른 학교 학생들이 입학하고자 원하는 대학보다 더 좋은 곳에 들어가게 만드는 것이다.

나는 어느 해에는 학부모들에게 학부모 총회를 포함한 입시 연수를 한 달에 두 차례씩 하기도 했다. 수시와 정시 등 입시 방법에 대한 설명회, 각 과목 교사들로 하여금 국어, 영어, 수학 교과와 탐구 방법을 공부하는 설명회, 입학사정관제 준비 방법 설명회, 학생부 기록 방법과 중요한 교내 대회와 학교 활동 설명회, 자기소개서와 포트폴리오 준비 방법 설명회, 합격생 학부모의 준비 방법 소개 설명회 등 입시와 관련된 설명회만도 한 해 다섯 차례 이상 열었다. 그러면서 담임교사의 중요성, 3자 면담과 학생부 관리 방법, 진로와 관련된 준비, 구술 면접 준비 방법 등을 소개하기도 했다.

대학이 요구하는 인재상을 살펴보면, 아이들이 준비해야 할 것이 무엇인지 분명해진다. 3학년은 기록을 생산해내는 시기이다. 아이들이 수능도 준비하고, 논술에 대한 대비도 해야 하지만, 1~2학년 때 한 것을 찾아내고, 부족한 것을 보완하고, 또 필요한 책을 읽어야 할 때이다. 심지어 봉사 활동도 기록된 시간이 부족하면 해야 하고, '독서활동'란에 기록될 수 있는 독서가 부족할 때에는 '교과별 세부 능력 평가'란이나 진로란 등에 적을 수 있는 내용을 준비해야 한다. 그리고 이것은 수업 시간에 진행된 활동을 그 수업 담당 교사가 기록해야만 가능한 일이다. 그렇기 때문에 아이들이 교사와 좋은 관계를 유지하려고 노력하게 된다. 특히 담임교사와 사이가 좋지 않으면 대학 입시에 불리하다는 것이 부각된다. 왜냐하면 고3 담임교사가 자기소개서와 구술 면접 지도를 해줄 뿐만 아니라 추천서를 써주기 때문이다. 그래서 교사에게 예절 바르지 않으면 입학사정관제 전형을 생각할 필요도 없다는 이야기를 자주 했다. 3월 개학하는 날 3학년 아이들을 강당에 모이게 해 두 시간 이상 예절과 인성에 대해 강조하고 준비해야 할 것에 대해 이야기했는데, 그러니 1~2학년 때 최악의 행동을 했던 아이들도 숙연해졌다. 그리고 교무실에 들어올 때 배꼽 인사를 하고, 담임교사에게 애교를 부리는 아이들도 늘어났다. 적어도 아이들은 가정 형편 때문에 대학에 가든 가지 못하든, 일단 합격하고 싶어 한다. 그리고 실제로 합격하면 무슨 수를 쓰든지 한 학기라도 대학을 다닌다. 이러한 과정은 그 아이들에게 일종의 로망이 된다.

따라서 마음만 잘 먹는다면 자기 자신에게 맞는 대학을 누구나 갈 수 있다.

고등학교 3학년에서 가장 중요한 것이 진로지도이다. 3학년부장으로서 나는 10개 반의 진로 과목을 한 주에 한 시간씩 담당해 한 학기 동안 아이들에게 대교협 자기소개서를 써보게하고, 임의로 전공 학과 탐색 결과를 소개하고, 진로 일지를 만들어 발표하게 했다. 발표자는 복장을 반듯하게 하고, 목소리를 키우고, 잘 발표하고 난 뒤에 면접 대비 질문을 받으면 간략하게 대답한다. 발표 내용에는 탐색한 학과와 관련해서 무엇을 배울 것이고, 어떤 분야에 집중할 것인지, 그리고 전문가와 인터뷰한 내용이 꼭 들어가야 한다. 특히 인터뷰 내용을 통해 무엇을 배웠고, 전공에 대해 어떤 지식이 축적되었는지, 전문가가 추천해준 책은 무엇이고, 그것과 관련해 무엇을 했는지 발표할 수 있도록 준비해야 지도했다. 그러면 비슷한 학과에 가려는 다른 학생도 정보를 공유하게 되고, 그 정보를 알게 된 아이들은 이후 더 체계적인 내용으로 프레젠테이션을 하게 되었다. 그리고 그것을 기말고사 전에 진로 일지 파일로 제출하도록 했다. 이로써 대학교에 제출할 자료가 다 만들어지게 된다. 아이들은 순발력이 좋아 전년도에 가장 우수했던 진로 일지를 몇 개만 보여주면 그해에는 더 좋은 자료를 만들어낸다. 바로 그것이 아이들의 잠재력이다. 그간 아이들은 이런 기회를 만나지 못해 무기력했던 것이다. 아이들은 기회를 만나자 교사의 기대보다 훨씬 더 앞서 나갔다.

그 후 역경 극복 수기와 봉사 활동 수기 등을 쓰는 시간을 갖는다. 이때 진로 관련 교내 대회는 아이들의 수상 기록을 제공하고 훗날 포트폴리오 자료를 만드는 데 도움을 준다. 역경 극복 수기는 모든 아이가 성장 과정에서 겪은 자신의 체험을 극적 긴장감을 가지고 묘사하고 서술하는 것이다. 방황을 한 뒤 반전으로 정신을 차리게 된 경험은 누구나 가지고 있다. 그것을 이야기로 만드는 훈련은 자기소개서를 쓰는 데에도 큰 도움을 준다. 롤모델 노트 대회는 자신의 전공과 관련된 저술이 있는 전문가를 롤모델로 정하게 한다. 그래야 자기소개서와 면접 때 도움을 받기 때문이다. 특히 책 한 권이라도 읽고 그 내용을 설명하면서 롤모델을 이야기한 아이들에게 주로 수상이 돌아가면 아이들도 그 취지를 잘 이해하게 된다. 멘토링 일지 대회에서는 멘토링을 많이 한 것도 중요하지만, 멘토링 사진을 넣어 그 내용을 정성스럽게 설명하고, 멘토와 멘티의 소감이 잘 드러나고, 담임교사가 지도한 보람이 큰 것을 수상 기준으로 한다. 또한 봉사 활동 수기 대회에서는 가족과 함께 유니세프 등에 후원금을 내고, 장애인이나 독거노인을 돌보는 봉사 활동을 한 내용을 살펴보도록 한다. 봉사활동을 함으로써 자신의 의식이 어떻게 바뀌었는지 보여준 경우에 높은 평가를 주도록 한다.

'NIE(혹은 TIE)일지' 대회는 어떻게 전공에 대한 이해를 심화시켜 나갔느냐에 초점을 맞춘다. 전공에 대한 이해가 논문 제출로 나타나지 않더라도 전문 분야에 대한 상식 이상을 보여준다면 높이 평가한다. TIE는 TV 다큐멘터리를 보고 쓴 감상문이라고 말할 수 있다. 전공에 관한 지식을 보여주는 다큐멘터리는 책 못지않게 많다. 그런 것들을 보면서 전공에 관한 지식을 어떤 식으로든지 소화해야 한다. 그래서 소규모 자율 동아리를 하면서 읽은 책을 정리하고, 토론 소감을 쓴 것도 좋은 자료가 된다.

학생들은 입학사정관 전형에서 대학에 제출해야 하는 자료가 자격증이나 수상 기록을 의미하는 것으로 잘못 알고 있는 경우가 많다. 나는 그런 학생들에게 프레젠테이션 자료와 많은 자료들을 압축하거나 효과적으로 배치하여 간단한 논평을 넣어야 대학에서 중요하게 볼 것이라고 강조한다. 교내 수상 내역이나 활동 같은 것이 사진이나 도표를 통해 하나의 이야기 형식으로 만들어질 때 그것의 효과는 극대화된다. 실제로 자료를 잘 만드는 아이들은 기대한 것보다 좋은 대학에 합격했다. 다시 말해 좋은 활동을 하는 것도 중요하지만, 그것을 설명하기 위해 실로 꿰어내는 솜씨도 필요했다.

혁신학교에서 아이들은 과정 중심 교육과정으로 행복을 찾는다. 입시를 준비할 때에도 자기 혼자만 잘하려고 하는 것이 아니라 멘토링을 통해 함께 가려는 아이들이 많아지고, 좋은 대학을 꿈꾸는 아이들도 경쟁하기보다 서로 면접 연습을 도와주며 자기 세계를 만들어간다. 연극이나 뮤지컬을 만들기 위해서도 서로 양보하고 의기투합해 새로운 것을 만들어야만 좋은 결과가 나온다는 것을 아이들은 잘 알았다. 조별 발표에서도 자기 조원을 책임

〈표 8-1〉 3학년부가 세운 연간 주요 대회와 활동

활동＼월	겨울방학	2월	3월	4월	5월	6월	7월	8월	9월	10월	11월	12월	1월	2월
신학년대비 학년회의	→→→													
자기소개서 준비	→→→→→→→→→→→→→→													
교내 경시대회			→→→→→→→→→→											
대학 입시설명회				→→→→→→→→→→→→→										
진로일지 만들기				→→→→→→→→										
논술 및 적성			→→→→→→→→→→→											
구술면접						→→→→→→→→								
입시 준비 설명회	→→→→→→→→→→→→→→→→													

져야 하고, 때로는 조원을 가르쳐서 발표 준비를 도와야 하기 때문에 저절로 멘토링이 이루어진다. 그리고 전문가 인터뷰를 갈 때에도 사진 찍는 사람이 필요하기 때문에 자기 조원을 데리고 가는 경우가 많다. 그러면 조장만 목적을 이룬 것이 아니라 다른 조원들도 중요한 체험을 하게 되는 셈이다. 혼자 되는 일은 없다. 그것은 사교육을 통해 자기 실력을 기를 때에나 가능한 일이다. 대학 입시 자기소개서에서 학습 경험을 말하라고 할 때 아이들은 모두 이상의 〈날개〉를 토론하고 비평하고 그것을 각색한 뒤 뮤지컬을 공연하고, 그리하여 마침내 이상에 대해 소논문을 쓰는 것까지

이야기할 수 있게 된다면, 그것은 그야말로 자기 세계를 찾아가고 만들어가는 일이 된다. 그리고 그 과정에서 조별 토론과 연극, 뮤지컬 공연 등이 포함되어 있어서 협력하지 않고 이루어지는 일은 없다는 것을 배우게 된다. 이렇게 되면 3학년 아이들 사이에서도 긴장된 분위기가 만들어지지 않았다. 자신의 세계를 만들되 남을 도와야 한다는 분위기가 형성되었다. 경영인이 되고, 공무원이 되고, 교사가 되는 것이 종착점이 아니라, 그것을 통해 다른 사람을 돕는 것이 최종 목적이 되었다. 서로 이해하고 돕는 분위기가 형성된 것이다. 그것이 바로 공교육 정상화를 통해 꿈꾸는 일 아닌가?

학기 초에 교사나 기성세대에 대해 까닭 없는 분노로 가득 찬 학생들도 따뜻한 교풍 속에서 나눔과 배려를 실천하고, 남의 입장을 이해하며 공동체를 만들어갔다. 인헌고가 '행복공동체'가 되어간 과정은 실로 눈물겹다. 그것은 교사들이 갈등을 딛고 서서 이룩한 것이고, 학생과 학부모가 단합된 힘을 보여주었기 때문에 가능했던 것이다. 이것이 진로·진학을 중심으로 시작된 것이지만, 사실상 수업 혁신과 창의적 체험활동, 생활자치 등 학교생활 전반에 걸쳐 이루어진 것이다. 이런 교육 활동을 통해서 교사들도 자율성을 갖게 되었고, 자기 학교를 만들어가게 되었다.

특히 교사 스스로 깨우치고 터득한 자율성은 학교를 변화시키고 마침내 인헌고를 혁신 명문으로 만들었다. 그것은 모든 교사가 힘을 모아 이룬 결과이다.

3. 1학년부의 효율적 운영

2014년, 1학년을 맡았다. 그 이전까지는 3학년을 이끌고 입시를 위해 어둠 속에서 지푸라기라도 잡는 심정으로 지도해 왔다면, 이제 1학년 학생들을 데리고 무엇인가 실천해 볼 수 있는 좋은 기회가 온 것이다. 그래서 3학년 입시를 지도하면서 1학년 때 준비했으면 좋았으리라고 생각되는 것들을 시도해 볼 수 있었다. 학년부장이라는 직책은 교직의 꽃이다. 한 학년 담임교사들과 공동 운명체로서 아이들과 다양한 활동을 할 수 있기 때문이다.

먼저 오리엔테이션, 학급별 수학여행, 학급 간 장기 자랑 경연대회와 같은 것이 떠올랐다. 진학과 관련된 여러 교내 대회를 만들고, 아이들의 진로에 도움을 줄 수 있는 것이라 생각했다. 전문가를 인터뷰하게 하고, 전공과 관련된 활동 및 독서를 권장하며,

소규모 자율 동아리 활동도 확대하면 좋을 것 같았다. 그러자 비로소 혁신학교 교사가 되었다는 느낌이 다가왔다. 3학년부장을 할 때에는 학부모와 교사 전체에게 입시 방향과 방법을 소개하고, 학생부 기록에 대해 강조했었는데, 이제 1학년 총감독으로 8개 학급 220명의 아이들만 돌보아도 되는 것이어서 한층 홀가분했다. 적어도 어두운 동굴 속에서 문고리를 찾아다녀도 문이 열리지 않아 쩔쩔매던 3학년 입시 담당에서 벗어나, 동굴 밖으로 나와 눈부신 햇살 속에서 아이들과 산과 들을 뛰노는 그런 쾌감을 무어라 말해야 하나. 정말이지 그런 기분이었다. 그동안 3학년을 맡았기 때문에, 하고 싶어도 해보지 못한 일을 다 실행해 보리라 다짐했다.

중요한 것은 1년간 사업을 언제 어떻게 구상하느냐에 달려 있다. 인헌고는 12월 겨울방학 직전에 교사들의 투표로 부장 교사를 선임하기 때문에 겨울방학 기간에 다가오는 1년에 대한 계획을 세울 수 있었다. 1학년부는 신입생 오리엔테이션으로부터 시작된다. 전년도에는 신입생 오리엔테이션 자체가 너무 느슨해 아이들이 학교에 자부심을 갖거나 긴장하는 것 같지가 않았다. 그래서 기획과 논의를 하여 아이들에게 자기소개서를 쓰게 하고, 개학 전까지 3권의 책을 읽어오게 계획했다. 자기소개서는 '성장 과정이 진로를 정하는 동기와 어떻게 관련되는가', '앞으로 진로와 관련된 어떤 활동을 하고 싶은가' 등을 주제로 1,500자씩 쓰도록 지도했다. 자기계발서로 『꿈꾸는 다락방』(이지성, 2007)과 『멈추지마 다시 꿈부터 써봐』(김수영, 2011), 인문학 서적으로 『왜 세계의 절반은 굶주리는가』(장 지글러, 2007), 소설로 〈광장〉(최인훈), 〈난장이가 쏘아올린 작은 공〉(조세희), 『허삼관 매혈기』(위화, 2013), 〈당신들의 천국〉(이청준) 중에서 각 분야에 한 권씩 읽고 독후감을 써 교내 대회에 참가하도록 했다. 특히 자기 계발서는 신입생 오리엔테이션 때까지 읽어오게 했는데 아이들에게 좋은 영향을 미쳤다. 일반고로 낙오자처럼 밀려온 아이들이, 새롭게 자기 의지를 다짐해 보는 시간을 갖게 된 것이다. 어떤 아이는 자기 계발서의 문제점을 써서 금상을 받기도 했는데, 결국 1학년 때 자기 계발서가 학생들에게 어떤 악영향을 미치는가 하는 문제에 천착해 논문으로 완성하기도 했다. 사서 교사와 초청 강사가 진로와 꿈에 대한 프로그램을 진행했는데, 김수영의 『멈추지마 다시 꿈부터 써봐』의 내용과 TV에서 인터뷰한 내용을 편집해서 보여주어, 마치 우리가 각본을 만들어서 진행하는 것과 같은 효과를 보게 된 것이다.

더욱 놀라운 것은 아이들이 신입생 오리엔테이션 때 핸드폰을 수거하는 모습이었다. 우리 학교를 명문으로 만들자면 먼저 규율을 지켜야 하고, 교사와의 관계가 좋아야 하고, 기본적인 예절을 지켜야 했다. 그래서 "1학년만 잘 보내라, 그러면 길이 보인다."고 강조했다. 전년도 학교 설명회 때 혁신 학교를 다니고 싶다고 말한 아이도 들어왔고, 무엇보다 학교를 배정받은 뒤에 자사고로 옮겨 가려는 아이들이 사라졌다. 물론 그렇다 해도 자사고는 여전히 성적이 우수한 학생들을 빨아들이는 블랙홀이다. 남학생들로 이루어진 학급에서는 중학교 성적 50% 내에 들었던 학생이 평균적으로 6명 정도로 `다른 해와 크게 다르지 않다.

신입생 오리엔테이션 반응은 뜨거웠다. 학생들은 물론 교사들도 만족해했다. 2년째 해보는 것이어서 제법 짜임새를 갖춘 행사로 만들었다. 담임교사들은 해볼 만하다고 자기가 맡은 학급에 대해 만족감을 드러냈다. 음악 교사는 이상의 〈날개〉로 뮤지컬을 해보자고 말했고, 나는 담당 교과인 국어 시간에 토론과 연극, 그리고 각색까지 책임지겠다고 말했다. 그러자 논술, 미술, 기술 교사 모두 힘을 합해 융합 수업을 해보자고 말했다. 그것은 소규모 학급 음악회나 학급별 장기 자랑을 넘어선 엄청난 기획이었다. 하지만 담임교사들은 기꺼이 해보자고, 아이들의 자부심을 심어줄 수 있어 재미있겠다고 말하며 의욕을 보였다.

그래서 엄청난 일을 도모했다. 첫 번째로 핸드폰을 거두자는 기획안이 나왔다. 일반고에서 가장 큰 문제는 핸드폰을 가지고 노는 아이들이다. 그들은 수업 중에도 음란한 동영상을 보고, 자기가 기분 나쁘면 수업하는 교사를 사진으로 찍기도 했다. 그리고 도무지 운동장에 나가 놀려고 하지 않고, 친구들과 이야기하려고도 하지 않은 채 핸드폰만 보면서 뒹구는 아이들이 늘었다. 그러면 학교에서 게임하고, PC방에서 게임하고, 집에서 다시 게임하는, 이 불행한 영혼들을 가상현실에서 구해낼 방법이 없게 되는 것이다. 이런 아이들이 올바른 학교생활을 하도록 어떤 어려움이 있더라도 핸드폰을 걷자는 의견을 올해 새로 온 교사가 꺼냈다. 우리 모두 찬성했다. 오히려 교장, 교감이 난색을 표했다. 그것이 인권조례에 어긋나지 않느냐, 그렇게 준비 없이 갑자기 시행해도 문제가 없겠느냐는 것이었다. 또한 학교운영위원회에서 통과되어야 하는데, 그것도 확신할 수 없다는 것이었다. 하지만 우리는 담임교사들만 단합하면 아무런 문제가 없다고, 우리의 결심을 밀어달라고 간청했다.

1학년 아이들은 다른 학년 아이들보다 훨씬 더 좋은 분위기 속에서 수업을 받고 있다. 아이들의 입학 성적을 잘 모르는 교사들은 이제 혁신학교로 소문 나서 좋은 학생들만 들어왔다고 말하기도 한다. 하지만 그것 때문에 그런 것은 아니다. 현재는 교실에서 수업 중에 화장하는 여학생이 거의 사라졌는데, 그 이유는 수업 중에 화장하면 화장 도구를 압류하고 벌점 2점을 주는 것으로 담임교사들이 결의했기 때문이다. 수업을 방해하거나 교사를 모독하는 아이들에게는 더 큰 벌점을 준다. 아이들에게 최선의 서비스를 제공화되 규칙의 중요성도 알려주자고 담임교사들이 결의한 것이다.

나는 예전에 3학년에게 적용한 교육 활동을 이제 1학년 아이들에게도 적용한다. 특히 진로와 관련된 다양한 활동과 대회, 진로 포트폴리오 만들기에 초점을 맞추고 있다. 이러한 활동은 입학사정관제와 관련이 된다. 아이들에게 봉사 활동은 50시간을 하고, 책은 20권을 읽어야 한다고 못 박았는데, 독서 카페를 비롯한 활동과 '독서 토론' 대회와 독후감 대회가 있었고, 9월에 '봉사 활동 수기' 대회를 개최했다. 또한 3월에 1학년 대상 교내 경시대회를 소개하면서 '나의 꿈 발표' 대회, '롤모델 보고서' 대회를 소개하면서 전문가 인터뷰를 강조했고, 수업과 연계해서 디베이트와 소논문 쓰기를 의무적으로 하도록 했다. 디베이트는 방과 후 수업에 개설하기도 했는데, 아이들이 논리적으로 말하고 글을 쓰는 데 큰 도움을 주었다. 소논문 쓰기는 에세이 쓰기 형태로 진행되었는데, 한 쪽에 소제목을 주고 5쪽을 채우는 과제가 제시되었다. 물론 그 것은 자신의 진로와 연관되어야 했고, 자신의 생각이나 아이디어가 조금이라도 들어가야 했다. 그리고 진로 포트폴리오를 만들 때에는 자신이 원하는 학과 탐색을 집어넣고 마을의 달인이나 롤모델, 혹은 대학 교수를 인터뷰한 내용을 소개하게 했다. 물론 그에 앞서 NIE 대회, '멘토링 일지' 대회가 있었고, 마지막으로 논문 대회를 배치했다. 그리고 학년 전체로 진행되는 학과별 골든벨과 다양한 백일장(소설 쓰기, 시화 그리기, 영화 보고 감상문 쓰기, 만화 그리기 등)과 사생 대회를 열었다. 아이들은 반별 수학여행을 다녀와서 자신이 행했던 여행의 일정과 거기서 얻은 것들을 활동 보고서로 작성했다. 그리고 10월부터 진로포트폴리오를 만들고, 소논문 쓰는 일에 몰두했다. 그 아이들의 저력은 쉽게 헤아려 볼 수 있는 것이 아니었다. 이런 대회와 활동은 아이들에게 학교 활동에 참여할 기회를 줄 뿐만 아니라 학생부를 풍부하게 기록할 수 있는 좋은 자료가 되었다.

〈표 8-2〉 1학년부가 세운 연간 주요 대회와 활동

월 / 활동	겨울방학	2월	3월	4월	5월	6월	7월	8월	9월	10월	11월	12월	1월	2월
신입생 OT	•——→													
신학년대비 학년회의	•——→													
교내 경시대회			•———————————————————→											
수학여행		•————————————————→												
뮤지컬 경연대회					•————————→									
융합수업			•——————————————→											
진로일지 만들기							•————————→							
소논문 쓰기			•————————————————————→											

학교 부장 회의에서 가장 큰 대립을 보인 것 중의 하나가 방과 후 보충학습 시간이었다. 기존대로 오후 6시에 하자는 안과 아이들 기초학력을 올리기 위해 오후 4시 30분에 하자는 의견이 팽팽하게 맞섰다. 2월에 그 안건만으로 세 시간 넘게 회의를 해서 일단 유보하기로 했었다. 그런데 1학년 오리엔테이션을 간 사이에 열린 부장·기획 연석회의에서 다수결로 '오후 4시 30분' 안을 통과시켰다. 물론 나는 반대했다. 그것은 혁신학교를 지속하느냐 마느냐와 연관된 문제였기 때문이다. 아이들이 120여 개의 소규모 자율 동아리를 개설하고 있는데, 그것이 제대로 운영되지 않는다고 하더라도, 그것을 제대로 운영하도록 돕는 것이 우선이지, 그 시

간에 방과 후 학습을 하게 되면 이제 자율 동아리 활동은 위축될 수밖에 없었다. 그 시간에 멘토링, 토론, 답사, 예체능과 관련된 활동이 있어야 하는데, 교사의 편의대로 하다가는 모든 것이 깨져 버린다는 것이 내 주장이었다. 그 일 때문에 부장들끼리 갈등이 벌어지기도 했는데, 나는 그럴지라도 지킬 것은 지켜야 한다고 생각했다. 결국 3학년만 오후 4시 30분에 시작하기로 하고, 1~2학년은 예전과 마찬가지로 오후 6시에 시작하도록 했다. 오후 4시 30분에는 수많은 교내 대회가 열렸고, 오후 5시부터 저녁 식사를 하기 때문에 결국 3학년 수학에서 한 강좌가 개설되는 것으로 끝났지만, 새로운 시스템을 만들고 자신이 중요하다고 생각하는 어떤 시스템 하나를 지키는 일은 정말로 힘들었다.

　나는 올해 공립학교 5년 임기의 마지막 해를 1학년 부장으로 보내고 있다. 앞으로도 내가 작은 헌신을 했던 혁신학교가 계속 발전해서, 새로운 혁신학교로서의 모델이 되기를 희망한다. 나와 함께 이상의 〈날개〉에 대해 토론하고 연극을 만들고 뮤지컬을 만들었던 아이들, 그리고 함께 R&E 활동을 하고 소논문을 쓰기 위해 안간힘 썼던 아이들이 몇 년 후에 놀라운 성과를 거두기를 바란다.

9장

학교생활기록부,
어떻게
기록할 것인가?

1. 자율 활동

　교사는 학교생활기록부에 학생의 활동을 기록할 때 어떤 영역에 적어야 하는지 고민한다. 학생부에는 '교과 세부 능력', '창의적 체험활동', '행동 특성 및 종합 의견', '독서 활동' 영역이 있는데, 학생이 수행한 활동이 어디에 해당되는지 잘 판단이 서지 않는 것이다. 우선 그것이 어디에 속하든 기록하는 사람의 정성이 들어가 있으면 대학의 면접관에게 감동을 준다. 다시 말해 어떤 활동을 했을 경우에 교사 판단으로 적절하게 적으면 되는 것이지 그것으로 크게 고민할 필요는 없다.

　'자율 활동'은 리더십에 해당한다. 예전에는 반장 두 차례를 하거나 학생회 회장단에 속하면 '리더십 전형'에 지원할 수 있는 자격이 주어지기도 했지만, 지금 그런 혜택은 없다. 다만 아직까지도 그런 활동이 대학 진학에 유리하리라는 속설이 파다하다 보니 아이들이 리더십에 관심을 쏟는 것이다.

하지만 리더십은 학생회장이나 반장이 아니더라도 얼마든지 학급에서 구현할 수 있다. 어떤 학생이든 학급별 수학여행, 학급 간 경연 대회, 조별 청소나 학급 관리 등에서 활동할 때 그런 리더십이 잘 드러난다. 자기주도학습실 운영위원이나 멘토링 활동도 여기에 포함될 수 있다.

고등학교에서 반장을 한번 해보는 일은 아이들의 로망이다. 그래서 다른 아이들에게 인심을 얻기 위해 노력하고, 자신을 드러내기 위한 홍보 방법을 마련하는 반장 지원자도 있다. 특히 입학사정관제에 관심이 있는 학생들은 반장이나 부반장을 하려고 한다. 쉽게 리더십을 인정받을 수 있기 때문이다. 그런데 대부분 담임교사의 일손을 덜어주고, 수업이 시작될 때 인사를 하는 것으로 그치고 만다. 그래서 나는 학기 초 선거 전에 리더십에 대해 설명하고 학급이라는 유기체를 의미 있는 존재로 만들 수 있는 공약을 제시하게 한다. 그러면 '왕따가 없는 반,' '폭력 제로의 반,' '반갑게 웃어주는 반' 등 다양한 공약이 나온다.

학급 학생회에는 5~6명의 부장을 둔다. 형식적인 조직 차원에 그치지 말고 이들이 적극적으로 활동할 수 있도록 역할을 부여한다. 반장, 부반장, 부장들만 해도 8명 정도 된다. 담임이 이들과 정기적으로 학급의 현안과 학사 일정 중심으로 임원 회의를 가져 학급 경영을 해도 좋을 것이다. 우리 반에서 어떤 아이는 진로에 관

〈자료 9-1〉 중앙대, 서울과기대, 숙명여대에 동시 합격한 학생의
스터디 그룹 및 멘토링 활동 학생부 기록

학년	영역	시간	특기사항
1	자율활동		매주 주말마다 '모의고사 때려잡기'라는 스터디그룹을 자발적으로 결성하여 활동함. 총 5명으로 구성된 이 그룹은 주로 모의고사 수리영역에 대한 심화학습을 진행하였음. 누군가 이해를 못하는 부분은 서로 가르쳐주고, 어려운 수학 문제 등은 상호 의견 교환과 적극적 참여를 통해 문제를 해결해 나갔음. 특히 소그룹의 효과적 운영을 위해 자신들만의 규칙과 창의적인 해결방안을 함께 찾아가면서 그룹 내 면학분위기 조성을 위해 다같이 노력하였음. 시험기간을 제외하고 주말마다 다섯 시간 이상씩 자기주도적으로 성실하고 꾸준히 공부를 해나간 점이 돋보임. 또한 이 학생은 총무 역할을 맡아 그룹 내 분위기 조성에 도움을 줌. (중간고사 기간 포함) 동안 성적이 매우 부진한 친구를 자신의 공부시간을 희생해가며 끝까지 책임지고 도와주었음. 주말에는 중학교 수학교과서로 지도하고 영어 단어를 외우게 하였고, 시험기간에도 함께 공부하며 지도하였음. 공부 습관이 거의 없던 친구에게 공부방법 가르쳐주기, 격려하고 코칭하기 등의 활동을 통해 전 과목 공부를 도와주었고, 이를 통해 성적향상, 자신감과 의욕 회복 등 결정적인 도움을 주었음.

한 신문 기사를 스크랩하거나 인터넷 기사를 칠판에 붙여 입시 준비를 도왔고, 어떤 아이는 매일 영어 문장을 두 개씩 칠판에 써놓기도 했다. 어떤 아이는 자신이 잘하는 교과를 아침 자습 시간에 전체 아이들을 모아놓고 멘토링을 하기도 했다. 특히 전날 배운 교과에서 어려운 것들을 그 아이가 설명해주면 선생님 수업보다 더 좋아하는 아이들도 많았다. 복습을 통해 완전히 이해되기 때문이다. 교사인 내가 볼 때에는 우스꽝스러운 방법인데 아이들은 고개를 끄덕이며 진지하게 받아들이는 경우도 적지 않다.

〈자료 9-1〉을 보면 스터디 그룹과 멘토링을 한 사실이 기록되어

〈자료 9-2〉 중앙대, 서울과기대, 숙명여대에 동시 합격한 학생의
적응 활동과 학교 축제 활동 학생부 기록

학년	영역	시간	특기사항
1	자율활동		(서울대 청소년 사회문제해결 프로그램 수료) 22시간. 서울대학교교육종합연구원이 주최하고 서울시와 서울특별시 교육청이 후원한 서울대 청소년 사회문제해결 프로그램을 수료함. 이승환 강사의 성공한 사람보다는 위대한 사람(history marker)이 되라는 말씀에 크게 감명받았음. 또 이 시대의 3대 문제인 환경, 복지, 교육을 심도있게 다루며 진행한 토론과 강의에 대한 소감문을 제출하였음. (학교 축제 진행) 학교 축제 때, 학생회부회장으로서 준비와 진행 등 활동에서 중심적인 역할을 다 해냈음. 팜플렛 주문, 포스터 붙이기, 찬조공연 섭외, 풍선 2,200개로 강당 장식, 강당 의자 및 가켓 설치, 각종 놀이마당 코너 배치 등. 분담과 협조를 통하여 선배들과의 우정을 키웠고, 애교심이 더욱 커졌음. 축제를 성공적으로 마친 보람을 가졌음.

있다. 이는 재능 기부 행위이고 협력 활동이며 나눔의 생생한 모습이다. 교실이 소우주로서 제 역할을 다하는 현장인 것이다. 이런 그룹이 교실마다 2개~3개만 만들어지면 집단 괴롭힘이나 학교 폭력은 사실상 사라지게 되고 학습부진아나 부적응 학생이 학급 권력을 장악하는 기현상도 사라질 것이다.

이런 학급 일을 넘어서 학교 일을 하는 아이들이 있다. 학생회 임원 활동이나 야자실 운영위원, 방송반 아이들에 대한 내용도 '자율 활동'란에 적어줄 수 있다. 아울러, 학생의 특성을 어떻게 표현할지 고민할 필요도 있다. 형식적으로 적어주면 대학의 면접관도 형식적으로 읽게 된다. 3년간 뛰어난 활동을 한 아이라면 사례를 들어가며 감동적으로 적어주는 방법을 고민해야 한다.

교육부나 교육청에서 요구하는 적응 활동이 너무 많아서 학교 차원에서 의미 있는 적응 활동을 하기란 쉽지 않다. 학생들은 일정한 주제에 대해 외부 강사의 강연을 듣고, 교사는 이를 학생부에 기록한다. 그러나 교사가 학생들 개개인의 활동이나 느낌은 알 수 없기 때문에 모든 학생에게 일률적으로 강연 주제를 적는 경우가 많다. 이런 형식적인 기록을 극복하는 방법이 있다.

아이들에게 적응 활동에 참여한 '소감문'을 작성해서 제출하는 과제를 주는 것이다. 각자 어떻게 내용을 숙지했고, 그에 따라 무엇을 배웠는지, 어떤 생각을 했는지, 또한 어떤 활동을 하겠다는 각오를 했는지 적게 해서 그것을 토대로 학생부에 기록한다. 〈표 9-2〉를 보면 학생부 기록에 '강의에 대한 소감문을 제출하였다'는 구절이 있는데, 이는 학생부 기록이 학생 개개인의 소감문에 근거하고 있음을 보여준다.

2. 동아리 활동

　수업 시간에 운영하는 정규 동아리 활동은 학년별로 다르다. 동아리 활동 시간은 1~2학년에서는 학생들의 재능과 취미를 펼칠 수 있는 활동으로 제대로 운영되지만, 대다수 고등학교 3학년에서는 그 시간에 자습을 시킨다. 그러나 인헌고에서는 3학년에서도 대학 진학과 관련한 동아리를 편성해 운영하였다. 아이들이 자신의 흥미만 찾다가 고3이 되어서 대학의 전공을 선택하게 되면 진로를 세운 동기가 턱없이 부족하다는 사실을 알게 된다. 이때 전공 학과와 관련된 동아리가 있다면 그 아이는 동아리 활동을 잘 활용할 수 있다. 그 시간에 전공 관련 책을 읽거나 그 읽은 내용을 발표하고 토론하는 시간을 갖는다면 큰 도움이 될 것이다. 그런데 학생부에 그런 활동이 잘 기록되어 있지 않다면 입학사정관 전형에서 어려움을 겪게 된다. 실제로 화학과를 지원한 어떤 학생은 그와 관련된 책을 읽고, 독성 화합물에 대한 자료 조사를 많이 했어도, 그것을 학생부에 기록한 내용이 없어 입학사정관제를 준비하는 데 어려움을 치르기도 했다.

동아리 활동은 학교 부적응 학생들이 마음껏 끼를 발산할 수 있는 기회를 준다. 그런 점에서 학교 안전망(school safety network)에 해당한다. 비록 국어, 영어, 수학 과목에서는 학습이 부진하더라도 동아리 활동만 열심히 해도 다른 아이들에게 인정을 받는다면, 이는 자신의 적성과 장점을 잘 찾아낸 경우에 해당한다. 그리고 그 아이는 학교에 얼마든지 기쁘게 등교할 이유를 갖게 된다. 어떻게 모든 아이들이 공부만 잘하겠는가. 어떤 아이는 실험하고 뭔가 발명품을 만드는 일이 좋은데, 학교 성적은 중간이 안된다. 어떤 아이는 책을 많이 읽는데, 국어 성적도 바닥이다. 그런데 그 아이의 글솜씨가 뛰어나다면 그 아이는 대학에 가서 다른 아이보다 잘 적응할 수 있다. 현재의 입학사정관제는 그것을 가능하게 한다. 공부에 관심 없는 학생들도 학교 활동에 적극적으로 참여하게 만들어야 한다. 그 아이들이 고등학교에서 공부에 눈을 뜰 수도 있지만, 대학에 가서 큰 재능을 보이는 경우도 많다. 따라서 동아리 활동의 활성화는 성적에 따라 줄을 세우는 입시 교육의 폐해를 줄일 수 있는 중요한 방안이기도 하다. 어떤 학생은 공부 때문에 학교에 오고, 더러는 친구 때문에 오고, 더러는 동아리 활동 때문에 온다. 그러다 보면 학교 교육망에서 소외되는 학생은 없어진다.

　대다수 학교는 철저히 성적 우수자 중심으로 운영되고 있다. 방과 후 보충수업도 말이 보충이지 심화 학습 아닌가. 진정 수업 진도를 따라가지 못하는 아이들에 대한 대책은 어디에도 없다. 3학년부장을 할 때의 일이다. 관악구청의 지원금에서 남는 부분이 있다고 연구부장으로부터 사업을 의뢰받았다. 입학사정관 전형에 온 힘을 쏟아 정신없이 살아오다 보니 늘 걸리는 문제가 학급에서 4~5명씩 아무 희망 없이 살아가는 아이들이었다. 이들과 2박 3일 계획을 세워 3학년 담임교사들과 함께 진도로 문화 여행을 떠났다. 생계형 아르바이트에 찌들리고, 가정환경이 불우하여 사회의 빈곤 트랙에서 벗어나지 못하는 아이들에게 제대로 된 여행을 경험할 수 있는 기회를 한번 주자는 취지였다. 진도 문화해설사의 해설과 용장산성, 운림산방, 쌍계사, 세방낙조, 진도국립국악원 씻김굿 등을 보고 오는 답사였다. 학교교육에 치이고 교사들에게 상처받은 아이들에게 교사 대표로서 미안함을 표현하고 사죄하는 마음도 담긴 여행이었다. 여행지에서 학교로 돌아오기 전날 세족식에서 이렇게 말했다. "너희들만 데리고 오는 여행에 나는 많이 긴장했다. 너희는 학교의 모든 문제를 일으키는 아이들이라 함께 가는데 예상치 못한 일이 발생하지 않을까 걱정을 많이 했다. 그러나 여행하는 동안 너희들이 보여준 자세에 나는 깊이 반성하고 뉘우친다. 단지 공부만 못할 뿐이지 공부 잘하는 아이들과 다른 게 하나도 없는 너희들을 보면서 나는 또 하나의 희망을 갖게 되

〈표 9-1〉 학습이 부진한 아이들과 함께한 문화 체험

2010학년도 진도문화체험

1. 계획 및 일정

가) 목표 : 학교에서 소외된 학생의 자유와 담임간의 소통의 시간 마련 및 학생간 친교에 대한 상담을 통한 인성교육의 순화를 위함이다.

나) 전체일정 : 2010년 6월 5일(토) 10:00 ~ 7일(월) 18:00

다) 장소 : 전남 진도군 운림산방 문화마을 및 진도 문화유적지

라) 세부일정

날짜	시간	내용	숙소
8. 5	10:00~10:30	진도로 출발	운림산방
	10:30~13:30	서산 휴게소(점심식사 및 휴식)	
	13:30~16:30	진도 도착	
	16:30~17:00	숙소 배정 및 휴식	
	17:00~18:00	전망대, 용장산성	
	18:00~20:00	저녁식사	
	20:00~22:00	강강술래	
	22:00~23:00	하루의 정리(느낀 점 쓰기 및 발표)	
	23:00~	취침	
8. 6	06:00~07:00	기상 및 아침식사	운림산방
	07:00~12:00	용장산 산행(쌍계사, 운림산방)	
	12:00~13:00	점심식사	
	13:00~15:00	진돗개 체험	
	15:00~17:00	남도의 섬, 다도예관	
	17:00~19:00	숙소 이동 및 저녁식사	
	19:00~21:00	전수관, 남도소리기행 체험	
	21:00~22:00	캠프파이어	
	22:00~	세족식 및 담임과의 만남	
8. 7	~07:00	기상	운림산방
	07:00~08:00	아침식사	
	08:00~10:00	바닷길, 생태체험관, 충무공전시관	
	10:00~13:00	유달산 등정	
	13:00~14:00	점심식사	
	14:00~18:30	학교도착	

었다." 함께한 담임교사들도 모두 숙연해졌다.

그런데 학교에 돌아오니 몇몇 교사들의 표정이 좋지 않았다. 학교에 말썽이나 일으키는 아이들에게 그런 돈을 쓰며 낭비할 필요가 있느냐는 것이었다. 단기간에 600만 원이라는 거금을 썼으니 국고를 낭비한 벌을 받아야 한다는 식이었다. 또한 그것이 하필 교장의 고향이었느냐라는 문제로 따지는 교사도 있었다. 그런데 그것이 어쨌단 말인가. 자기 고향을 소개하고 싶은 사람은 누구라도 있을 수 있고, 또 가장 잘 알기 때문에 소개하는 것이기도 했다. 어쨌든 이 여행을 통해 교사도 아이들을 이해하고 아이들도 교사를 이해하게 되었는데, 그래서 모두 행복해졌는데, 그런 점들을 헤아리지 못하는 교사들이 적지 않다는 사실에 서운했다. 더욱이 진도는 정말로 아름답고, 다양한 체험을 할 수 있는 곳이었다. 이순신 장군이 명량해전을 벌였던 울돌목이 있는 자리였고, 진도아리랑을 비롯해 다양한 문화유산과 유적지가 있는 곳이었다. 어쨌든 그 아이들은 여행 이후 졸업할 때까지 학교생활에 적극적이었고 교실에서 수업 분위기를 흐리는 일을 하지 않으려고 노력했다.

동아리 활동은 바로 이런 효과를 가져온다. 학습이 부진한 아이들 대부분 생계형 아르바이트를 하기 때문에 방과 후 활동에 참여하기가 어렵고, 참여를 강제하면 역효과가 나타난다. 정규 동아리 활동을 진로와 맞추어 선택하게 하되 3년간 지속적으로 활동하는 것이 중요하다. 학년이 바뀔 때마다 동아리가 바뀌면, 입학사정관

<자료 9-3> 연세대, 고려대, 중앙대, 서울시립대를 동시 합격한 학생의
자율 동아리 활동 학생부 기록

학년	영역	시간	특기사항
2	계발활동	80	(Debate and Participation 반) 이 학생은 사회문제에 대한 다양한 해결방안과 대안을 모색하면서 사회에 대한 참여의식을 고취하자는 취지를 가지고 '토론과 참여'라는 반을 자발적으로 개설할 만큼 토론에 대한 열의와 적극성, 진취적이고 자기주도적인 태도를 보임. 평소 자기주장을 논리적으로 전개하여 사람들과 소통하는 것에 많은 흥미가 있었고, 중학교 때부터 토론 반 활동을 하여, 자신의 의견을 개진하고 다른 사람들의 다양한 의견에 대해 지대한 관심이 있었음. 1년 동안의 계발활동을 통해 다양한 토론방식을 접하며 다른 사람과 의견을 나누는 토론의 즐거움을 알게 된 점, 지식과 사고의 확장으로 더욱 폭넓고 합리적인 생각을 하게 된 점, 비판적인 안목을 키우게 되어 언론에 대해서도 무조건적인 수용이 아닌, 자신만의 견해를 가질 수 있을 만큼 성장한 점, 타인의 말을 경청할 수 있는 성숙한 태도를 함양한 점, 상충하는 의견을 조율하는 방법을 경험으로 알게 된 점, 특히, '토론과 참여'반을 개설한 사람으로서 여러 번의 토론 시간에 사회자 역할을 하며, 중립적인 입장을 잃지 않고 열린 마음으로 토론을 원활하게 이끌어내는 능력을 발휘함. 구성원들의 심도 있는 토론을 이끌어내기 위해 적시에 필요한 질문들을 재치 있게 구사하는 면모를 보임. 이러한 역할을 통해 중립적인 사회자 역할의 중요성과 어려움을 몸소 체험하며, 토론을 이끄는 위치에서 각각의 상반된 입장을 더욱 깊이 이해할 수 있게 됨. 이러한 계발활동의 성과들을 기반으로 삼아 토론대회 참가라는 적극성과 준비성을 발휘하여, '교내 토론대회' 금상 수상과 서울시 교육청 주관 '서울학생토론대회'에서 장려상 수상이라는 괄목할 만한 성과를 이끌어냄

은 그 학생의 진로 의식이 약하다고 판단해서 평가가 떨어지게 된다. 정규 동아리 활동을 날짜별로 활동한 내역을 학생부에 적어주는 것이 좋다. 자율 동아리 활동이 가장 활발한 학교는 용인외고로 200여 개가 된다고 한다. 인헌고도 2014년도에는 120여 개의 동아리가 만들어졌다.

자율 동아리 활동에 활발하게 참여한 어떤 학생은 1학년~2학년 내신 성적은 전교 1등을 할 정도로 우수했지만, 3학년 1학기 때 내신 성적이 교통사고 때문에 뒤처졌다. 그래도 고려대, 서울시립대, 연세대, 중앙대 네 곳에 합격했다. 중요한 합격 요인은 자율 동아리 활동이었다. 'Debate and Paticipation'을 결성해 운영 계획을 세우고 적극적으로 활동한 것이 인정받은 것이었다.

아이들이 자율 동아리를 구성하는 것은 자신이 세운 진로와 관련된 구체적인 활동이 필요하기 때문이다. 대학에서 공부하고 싶은 학과가 정해지면 그에 따르는 활동이 필요한데, 교과와 정규 동아리 활동만으로는 부족한 것이다. 이때 비슷한 전공을 택하려는 아이들 서너 명이 모여 자율 동아리를 구성하여 함께 책을 읽고, 대학 교수나 그 분야의 전문가를 찾아가 인터뷰하고, 연구소나 박물관과 같은 곳에 답사 가는 것을 권장했다. 자율 동아리 활동은 자기주도학습의 실천이고, 자기 스스로 찾아가는 공부이다.

3. 봉사 활동

봉사 활동에는 학교 교육과정을 통해서 하는 교내 활동과 외부 기관에서 하는 교외 활동이 있다. 그렇지만 가장 중요한 봉사 활동은 학생부에 적히지는 않지만 학급에서 이루어진다. 생활 속에서 봉사 활동 자세를 배워 실천한다는 점에서 큰 의의가 있다. 다만 아이들은 봉사 활동 시간으로 기록되지 못하고 학생부 '자율 활동'이나 '봉사 활동'란에 담임이 적어주는 것으로 만족해야 한다.

교내 봉사 활동에서는 봉사 활동의 의의와 참여 자세를 교육할 필요가 있다. 봉사 활동을 한 경우 '봉사 활동 실적'란에 기록을 하고 구체적인 활동 내역은 '특기 사항'란에 기록한다. 봉사 활동 실적은 정량적 평가에 해당한다. 따라서 시간만 기록되어 있을 뿐이지 그 학생이 어떤 활동을 했는지 파악할 길이 없다. 따라서 그 활

〈자료 9-4〉 숭실대에 합격한 학생의 학급 봉사 활동 학생부 기록

학년	영역	시간	특기사항
3	봉사활동		학급의 대걸레 업무를 담당하여 관리를 철저히 하고 주 3회 깨끗이 빨아서 학급에 비치함.

동 내역을 창의적 체험활동 영역의 '봉사 활동'란에 적어주면 대학에서 학생을 선발할 때 지원자의 상황을 잘 파악할 수 있게 되는 것이다.

적어도 자기 전공 분야와 관계된 봉사 활동, 악기를 들고 가서 노인이나 장애인들 앞에서 연주하고 함께하는 봉사 활동, 소록도나 음성 꽃동네 등 사회에서 가장 소외된 계층이 생활하는 곳에서 하는 봉사 활동, 다문화 가정이나 탈북자 가정을 돕고 또는 외국인 노동자의 인권을 보호하는 봉사 활동을 하도록 권했다. 그리고 그것을 봉사 활동 수기로 적고, 여러 활동에 대한 사진 기록을 남겨두도록 했다. 이런 봉사 활동을 한 아이들은 아무리 말썽을 피우다가도 자신을 다시 발견하게 되고, 설혹 부모가 이혼을 했다고 하더라도 자신을 낳아준 것을 고마워했다. 또한 앞으로 남을 돕는 삶을 살고 싶다는 아이도 생겨났다.

이런 활동을 장려하기 위해 음성이나 가평 꽃동네로 가는 버스를 학부모회가 1년에 두세 차례씩 버스를 대절하기도 하고, 담임교사가 하루동안 자기 반 학생과 함께 봉사 활동을 떠나는 '봉사 활동의 날'을 정하기도 했다. 그럴 경우에 조금 더 힘든 봉사 활동을 하는 것이 학생부에 기록되고 아이들의 인생에도 큰 의의가 있

<자료 9-5> 봉사 활동 실적과 내역 학생부 기록

| 학년 | 봉사활동실적 | | | | |
	일자 또는 기간	장소 또는 주관기관명	활동내용	시간	누계시간
3	2013. 3.26	(학교)인헌고등학교	봉사활동 사전교육	1	1
	2013. 4. 6	(개인)난향2동 공동생활가정	청소, 말벗	3	4
	2013. 5. 5	(개인)음성 꽃동네	식사준비, 꽃동네 청소활동, 꽃동네 가족 돌보기	7	11
	2013. 5.18	(개인)난향2동 공동생활가정	청소, 말벗	2	13

| 학년 | 창의적 체험활동 상황 | |
	영역	특기사항
3	봉사활동	(음성 꽃동네 봉사활동) 어린이날 음성 꽃동네 구원의 집에 방문하여 7시간 동안 지적 장애와 지체장애를 앓고 있는 어르신들을 보조함. 식사보조, 청소, 빨래를 하였으며, 어르신들의 산책과 운동을 도움. "…식기 수십 개를 씻어본 경험은 처음이었다. 네 명이 싱크대에 일렬로 서서 각자 역할을 나누었는데, 나는 1차적으로 수세미로 그릇을 닦는 역할을 맡았다. 내가 그릇을 닦고 옆으로 넘기면, 친구들이 받아서 씻고 차곡차곡 정렬했다. 다 끝내고 나니 팔이 제법 아팠지만, 어르신들이 맛이었다고 하시는 걸 듣고 기분이 좋아졌다. 그나마 위로가 되었던 건 작년에 내가 노트 첫 부분에 편지를 썼었는데, 어느새 노트가 봉사자들이 그린 돼지 그림으로 꽉 차 있었다는 사실이었다. 내가 없는 동안에도 많은 사람들이 아저씨 곁에 있어주셔서 정말 다행이었다…(후략)" 라는 내용의 소감을 제출함. (난향 요양원 봉사활동) 한 달에 한 번 난향 요양원에서 봉사활동을 실시함. 치매에 걸린 어르신들과 함께 풍선놀이를 하거나 어르신들게 말벗을 해드렸으며, 시설 청소를 함. 식사 시간에는 장기를 살려, 기타를 쳤으며, 어르신들과 함께 노래를 부르며 봉사를 즐김.

다는 것을 강조했다. 또한 '봉사 활동 수기' 대회를 열어 아이들이 실행한 봉사 활동의 내용과 세상을 바라보는 의식이 어떻게 바뀌었는지 글로 표현하는 과제를 제시하여, 학생부에 기록할 수 있는 근거로 삼았다.

4. 교과 학습 발달
세부 능력 및 특기 사항

〈자료 9-6〉을 보면 이 학생은 다양한 학과 활동을 성실히 한 학생으로 보인다. 그러나 곰곰이 살펴보면 교과 우수상은 내신 성적으로 판별할 수 있기 때문에 별반 실속이 없다. 그것은 주로 사교육에 의존한 것이기 때문이다. 공교육으로 학업 성과를 올린 것을 증명하려면, 그 상을 받기 위해 활동한 내용을 담당 교사가 '세부 능력 및 특기 사항'란에 기록해 놓아야 한다. 어떤 학교에서는 경시대회에 지원하는 학생이 많아서 제한을 두거나 제비뽑기를 하기도 하는데 그것은 잘못된 방법이다. 참가자 수가 적으면 대학에서는 수상 기록의 공신력에 의문을 갖기 때문이다. 참가 인원이 많은 경우 예선을 거치도록 운영하면 된다. 이런 점들 때문에 교내 시상에 대한 세심한 주의가 필요하다.

〈자료 9-6〉 한 학생의 모든 수상 개요가 적힌 학생부 기록

구분	수상명	등급(순위)	수여기관	참가대상
교내상	1학기 교내영어경시대회	장려상	인헌고등학교장	전교생
	교내 백일장대회	1학년 장려상	인헌고등학교장	1학년 전체
	교내 논술대회	장려상	인헌고등학교장	1, 2학년
	교내 푸른꿈 기록대회	대상	인헌고등학교장	1학년
	2학기 교과우수상(국어, 수학, 영어, 사회, 기술, 가정)	-	인헌고등학교장	1학년
	교내모범상	지도상	인헌고등학교장	전교생
	교내 논술대회	은상(3위)	인헌고등학교장	전교생
	1학기 교과우수상(수학 I , 영어 I , 일본어 I , 한문 I)	-	인헌고등학교장	2학년
	교내 영어 말하기 · 쓰기 경시대회 (말하기 부문)	금상(2위)	인헌고등학교장	1, 2학년
	교내 영어 말하기 · 쓰기 경시대회 (쓰기 부문)	장려상(5위)	인헌고등학교장	1, 2학년
	교내 NIE 경진대회	장려상(5위)	인헌고등학교장	1, 2학년
	교내 독후감 경시대회	금상(2위)	인헌고등학교장	1, 2학년
	2학기 교과우수상 (문학 II , 영어 II , 경제, 동아시아사, 일본어 I , 한문 I)	-	인헌고등학교장	2학년
	진로탐색대회	동상(6위)	인헌고등학교장	3학년
	1학기 교내 영어 듣기 경시대회	우수상(4위)	인헌고등학교장	전교생
	1학기 교내 영어 골든벨	금상(2위)	인헌고등학교장	전교생
	경제 골든벨 대회	은상(4위)	인헌고등학교장	전교생

어쨌든 어떤 학생이 상을 받지 못했을지라도 그 성실성이 인정되면 그 대회에 참여하고 노력한 모습을 '자율 활동'란이나 '세부 능력 및 특기 사항'란에 기록해도 좋다. 3학년 1학기 중간고사 둘째 날 시험을 대비하여 공부를 늦게 하다가 제시간에 맞추어 일어나지 못해 시험 시간에 결석한 아이가 있었다. 너무 힘들어하는 아이를 보고 '세부 능력 및 특기 사항'란에 그 상황을 기록했다.

어떤 교사들은 교육부에서 내려보내는 학생부 기록 지침을 너무 철저히 지킨다. 교사들이 나에게 학생부 기록 형식에 대해 문의하면, 나는 "기록해 주고 싶은 곳에 기록하세요. 우리나라 말을 우리나라 대학에서 읽지 못하겠어요? 다양한 창의성이 학생부에 나타났으면 좋겠네요."라고 답하였다.

교과 학습 발달 상황의 '세부 능력 및 특기 사항'란에 적힌 내용은 대체로 무의미한 경우가 많다. 〈자료 9-7〉의 한국 근현대사 기록을 보면 '역사에 대한 관심과 흥미가 높으며, 특히 일제 강점기의 국외 독립운동에 관심이 많으며'라고 적혀 있다. 이는 지극히 상투적이고 추상적인 서술이다. 또 다른 '확률과 통계' 교과 기록을 보면 '위 학생은 수업 시간에 태도가 바르며 수학에 대한 흥미가 높고 문제 해결 능력을 키우기 위해 적극적이고 끈기 있는 노력을 보임'이라고 기록했다. '교과 학습 발달 사항'란의 원점수, 과목 평균, 표준편차 및 석차 등급을 보면 알 수 있는 내용을 추상적으로 반복하는 것뿐이다.

그럼 어떤 내용이 기록되는 것이 좋을까? 국어 과목이라면 문

〈자료 9-7〉 2010년도의 세부 능력 및 특기 사항 학생부 기록

한국근·현대사 : 역사에 대한 관심과 흥미가 높으며, 특히 일제 강점기의 국외 독립운동에 관심이 많으며 암기하는 역사 학습이 아닌 공감하여 이해하는 학습 태도로 열정적으로 수업에 임함.

한국지리 : 이 학생은 한반도의 지형과 기후, 문화에 대하여 관심이 많으며 수업시간에 적극적인 태도를 보임.

생물I : 생물에 관심이 많으며 의문이 아는 문제는 책을 찾아보거나 질문하여 문제를 해결하려는 경향이 있음.

영어독해 : 다양한 문화에 대한 열린 마음을 가지고 있으며 평소 원어민 교사와 영어로 대화하기위해 적극성을 보이며 노력하는 태도가 좋음.

TOKL. 국어 능력 인증서(01063686) 취득 : 국어능력 5급(국어능력인증시험)

독서능력측정평가 (주)낱말어휘정보처리연구소 LQ지수 1650(전국 평균 1215), 문학 및 자연 과학분야에 대한 이해력이 매우 뛰어나며, 추론 능력 역시 매우 높음. 전반적인 독서 이해 능력이 매우 우수함.

멘토링 활동을 통해 멘티의 영어 단어 학습 및 영어 기본 구조 교육을 도와주었으며, 멘티의 영어 학습 의욕 향상에 큰 도움을 주는 멘토 역할을 훌륭히 수행함.

단의 주제를 설정하고 내용을 요약하는 능력과 토론과 발표 능력이 중시될 것이다. 수학에서는 개념 중심의 학습 여부와 수업 시간 친구들과 서로 가르침을 주고받는 모습이나 창의적인 논리 전개 능력이 중시될 것이다. 영어를 비롯한 외국어에서는 듣기, 말하기, 글쓰기, 원서를 몇 권이나 읽었는지가 중요할 것이다. 탐구 과목의 경우, 개념을 제대로 이해했는지, 토론 능력 및 파워포인트나 프레지 등으로 발표하는 능력 등이 기록되면 좋다.

따라서 강의식 수업을 위주로 하는 경우에는 '세부 능력 및 특기 사항'에 적을 수 있는 내용이 거의 없다는 점을 학교는 명심해야

〈자료 9-8〉 교과 수업에 참여하는 태도가 돋보이는 학생부 기록

국어 : A-교과서에 없는 스물 다섯 편의 시가 실린 '작은시집'에 스스로의 생각과 느낌을 적는 과제를 성실하게 수행하였음. 또한 한 학기 동안 혼자서 수필, 소설, 시 등을 창작하여 40쪽 정도를 채우는 난이도 높은 과제('국어노트쓰기')를 끈기있게 완수하였음.
B-진지하고 성실한 태도로 수업에 임하여 학습 단원마다 요약을 잘하고, 다른 단원과 통합하여 생각하는 능력이 뛰어나며, 읽은 작품에 대해 감상문을 잘 작성하고 발표하여 친구들의 학습 흥미 진작에 기여함.
-방과후 '공부의 신(자기주도학습반)' 수업을 자발적으로 신청하고 열심히 참여하였음. 소규모 그룹을 대상으로 한 이 과정을 통해 공부법을 배우고 이를 적용하려는 노력을 하였음. 시험에 대비하여 계획을 짜고 시험이 끝난 후 자신의 모습에 대해 분석하였음. 득히 매 수업시간 내용까지 기록하는 '징검다리 플래너'를 쓴 후 일주일에 한번씩 그를 구성원 앞에서 플래너를 공개하고 교사의 피드백을 들으며 스스로를 성찰하였음. 방과후 시간, 주말에 휴식과 공부를 조화롭게 할 수 있는 능력을 키우려고 노력하였음.

한다. 수업 방법을 바꾸어서 토론 수업이나 참여형 수업 및 협동 수업을 진행하는 경우에만 기록할 내용이 풍부해진다. 한 학생에 대해 10여 명의 교사가 다양한 관점에서 학생을 판단하고 잠재력을 기록한 학생부여야 하는 것이다. 교과 교사가 아이의 교과 활동과 관련한 인성과 적성을 기술하면 좋을 것이다.

〈자료 9-8〉를 보면 국어과는 토론과 참여형 수업 위주로 운영되고 있으며 아이의 전공과 관련한 활동이 국어 시간에도 활발하게 이루어지고 있음을 알 수 있다. 교과 담당 교사는 자신의 수업 방식을 간단히 약술한 뒤 수업 참여 학생의 태도와 발표 내용, 창의적 활동 내용을 기록하면 더욱 좋다. 어쨌든 수업에 참여한 학생의 모습이 선명하게 떠오른다면 그 기록은 성공적인 것이라고 말할 수 있다.

10장

자기소개서,
포트폴리오,
면접 준비 지도

1. 자기소개서와 포트폴리오

2015학년도 대교협 자기소개서 문항을 살펴보자.

1. 고등학교 재학기간 중 학업에 기울인 노력과 학습 경험에 대해, 배우고 느낀 점을 중심으로 기술해 주시기 바랍니다(1,000자 이내).
2. 고등학교 재학기간 중 본인이 의미를 두고 노력했던 교내 활동을 배우고 느낀 점을 중심으로 3개 이내로 기술해 주시기 바랍니다. 단, 교외활동 중 학교장의 허락을 받고 참여한 활동은 포함됩니다(1,500자 이내).
3. 학교 생활 중 배려, 나눔, 협력, 갈등 관리 등을 실천한 사례를 들고, 그 과정을 통해 배우고 느낀 점을 기술해 주시기 바랍니다(1,000자 이내).
4. 대학 자체 문항(1,500자 이내).

2015학년도 대입 자기소개서는 1~3번 문항의 내용과 글자 수가 같아 수험생들이 한숨을 돌렸다. 대학마다 자기소개서 문항이 다르고 글자 수가 다르면 아이들이 여름방학 내내 자기소개서를 써도 다 해결할 수 없었다. 자기소개서를 쓰다가 수능을 실패하는 경우도 적지 않았다.

입학사정관 전형이 학생부 종합 전형으로 바뀐 뒤, 대학에서 포트폴리오 제출 요구가 사라지는 경향을 보이고 있다. 학생부가 자료가 되고, 자기소개서에서 합격 여부를 가르는 것이다. 그렇다면 학생부에 아이들을 떠올릴 수 있는 내용이 많아야 하고, 자기소개서는 그 학생부를 효과적으로 드러나게 하는 역할을 해야 한다. 여기서 중요한 것은 고등학교 재학 기간 중 '학업에 기울인 노력과 학습 경험'에 대해 묻고, '교내 활동 3개'를 명시적으로 묻고 있는 것이다. 따라서 학교 교육과정과 교과 수업을 통해 학생들이 자기주도적으로 학습할 수 있는 상황을 제공하지 못하는 학교는 학생들을 학생부 종합 전형으로 대학에 보낼 수 없게 되는 것이다.

이제 교사들이 수업을 바꾸고 학교 활동 프로그램을 개발하지 않는 한 대학에 보낼 수 없는 시대가 되었다. 1번 문항을 살펴보자. 여기서 요구하는 것은 성적이 향상된 모습을 보여달라는 것이 아니다. 주입식 수업 열심히 들었다고 써보았자 아무런 감흥을 주지 못한다. 그리고 그것은 '학습 경험'도 되지 못한다. 사교육 받으며 성적 올린 것을 내세우는 것일 따름이다. 그렇다면 '학습에 기울인 노력', 즉 조별 발표 수업이나 토론 수업에서 팀워크를 이루며 기울인 노력이 어떤 결과를 가져왔는지 쓰고, 다른 조원들과 어떻게 협력을 이루어서 함께 발표하게 했는지 노력한 내용들이 들어가야 한다. 이상의 〈날개〉를 읽은 후, 비평문을 쓰고 토론한 뒤, 그것을 바탕으로 각색을 해 연극을 하고, 다시 반 전체가 한 편의 대본을 만들어 연습을 하면서 뮤지컬을 만들었다면, 또한 그 후 그것을 논문으로 만드는 작업을 병행해 국어국문학과로 진로를 정하게 되었다고 쓴다면, 그야말로 최상의 '학습 경험'이 될 것이다. 또한 선택한 전공과 관련된 활동을 포함해야 한다. 동아리와 진로 활동에서 전공과 관련된 실험, 답사, 인터뷰, 독서와 같은 활동을 했고, 그로 인해 진로에 대한 동기가 뚜렷해지고, 자발성을 가지고 그 분야에서 상식 이상의 공부를 했다는 것을 보여주어야 한다. 입학사정관제에서 중요한 체험은 '자기주도학습'과 '역경 극복'이다. 어려운 환경을 뚫고, 자발적으로 진로와 관련된 공부에 파고들어 자기 세계를 만든 학생을 대학에서는 선호할 수밖에 없는 것이다.

과학 수업에서도 그런 사례가 많다. 한 아이는 '활동 위주의 참여형 수업'으로 과학 수업에서 '신재생에너지' 단원을 배우던 중 '해양에너지'에 대해 발표하게 된 후, 대체에너지의 장단점을 파악하는 공부를 계속하게 되어 대학 학과를 정하게 되었다는 자기소개서를 썼다. 이 자기소개서에는 학생이 단순한 지식 암기가 아니라 자기 진로를 찾아가는 교육을 경험했다는 것이 드러난다. 그 학생은 이러한 자기소개를 가지고 환경에너지공학과에 지원하게 되었다. 국어 수업의 사례를 소개한 자기소개서를 보자.

> 교과서 내용을 정리한 프린트를 친구들에게 나누어 주
> 고, 친구들의 질문에 성의 있게 대답했습니다. 발표할 내
> 용을 충분히 이해한 다음, 동영상이나 신문 기사와 같은
> 자료를 활용하여 프레젠테이션 자료를 만들고, 각자의 의
> 견을 존중하여 발표자 순서를 정했습니다. 또한, 저희 조
> 는 방과 후에 영화 〈완득이〉를 함께 보고 토론하면서 발
> 표 준비를 마무리했습니다. 그럼에도 사람들 앞에 서는
> 것을 두려워하는 친구가 있었습니다. 앞에 서는 두려움
> 을 극복하는 데 도움을 주고자 저는 친구에게 'OX퀴즈'를
> 제안했습니다. 말할 때 친구의 부담도 덜어주고, 친구가
> 자신감을 갖고 수업을 하게끔 도와주었습니다.

이런 자기소개서 내용을 통해 아이들은 대학에 고등학교에서
자신이 어떻게 성장했는지 보여줄 수 있게 된다.

이런 수업을 통해 학습에 몰두한 아이가 진로를 결정한 뒤에는
더 노력하게 된다. 자기 자신이 선택한 학과를 탐색하고, 그 학과
에서 공부할 내용을 숙지한 뒤에, 그것을 가르치는 대학 교수에게
인터뷰를 요청해 만나서 10가지 질문을 하며 많은 조언을 받고 왔
다면, 그 아이의 눈빛은 바로 바뀐다. 또한 거기서 소개받은 전공
서적을 읽는 소규모 동아리를 만들어 아이들과 토론하고 글쓰기
를 하고, 나아가 논문까지 쓰게 된다면, 이보다 이상적인 입학사
정관 전형의 합격 모델이 어디 있겠는가?

물론 자기소개서를 잘 쓰기는 쉬운 것이 아니다. 자신이 중요한 활동을 많이 했으면서도 그 경험을 글로 옮기는 능력이 부족한 것이다. 그래서 다른 사람이 쓴 것을 훔쳐오는 경우도 있다. 하지만 대학 입학처의 검색에 걸릴 뿐만 아니라 걸리지 않는다고 하더라도 효과적일 수 없다. 2010년대에 들어서 스펙의 시대에서 스토리의 시대가 되었다고 말한다. 그만큼 자신이 활동하고 준비해온 과정을 잘 표현하는 것이 중요한 것이다. 그래서 인헌고는 그런 것들을 해결하기 위해 학생들에게 '역경 극복 수기 대회'나 '봉사 활동 수기 대회', 진로탐색 대회 등을 열어 자기가 한 일에 대해 이야기로 구성하는 연습을 하도록 지속적으로 지도했다.

자기소개서는 자기 자신의 가치를 강조하는 전략적 글쓰기 형식이다. 물론 교내 활동을 많이 하고 좋은 이상을 가져야 할 것이다. 전공 관련 서적을 많이 읽고 그것과 관련된 활동을 해야 한다. 궁극적으로 고등학교 3년 동안의 행적을 가장 인상적으로 밀도 있게 적어야 할 것이다. 그래서 지원자의 역량을 판단할 수 있게 만들어야 한다. 따라서 스토리를 만드는 방법을 알아야 하고, 그것을 자기 방식으로 이끌어가야 한다. 짧은 지면에 자기 이야기를 담는 방법은 소설이나 이야기를 써본 훈련이 된 사람이 더 유리할 것이다. 1,000자 안팎의 짧은 글에 그것을 담으려면 주도면밀해야 한다. 따라서 전략적으로 접근해 면접관이 자기소개서만 읽고서도 지원자의 됨됨이나 태도를 떠올릴 수 있도록 써야 한다.

자기소개서는 적어도 1분 내에 면접관을 사로잡아야 한다. 5줄 정도를 읽으면 더 읽고 싶다는 생각이 들어야지, 그렇지 못하면, 그 자기소개서는 함부로 버려지기 쉽다. 그래서 첫 문장부터 면접관의 호기심을 끌어야 한다. 그러자면 인상적인 명제로 시작하는 것이 좋고, 그것이 자신의 생활 신조나 자기소개서 전체의 주제와 관련된 것이면 더욱 좋다. 나를 이끌어 온 힘이 무엇인지, 내가 평범한 사람이 아니라 도전 의식과 열정을 지니고 얼마나 치열하게 살아왔는지 보여주어야 하는 것이다. 하지만 많은 아이들은 문장 쓰는 일에 서툴렀고, 정작 중요한 것들은 빠뜨리고 별 효과 없는 활동만 잔뜩 늘어놓는 경우가 많았다.

먼저 어느 지역에서, 어떤 학교에서, 혹은 그 전공 분야에서 어떤 역할을 할 것인지 한 마디로 압축해 설명해야 한다. 그것이 자신의 핵심 멘트가 될 수 있을 것이다. 하지만 그 포부가 자기 자신만을 위한 것이 아니라 자기보다 어려운 남을 위한 것이기도 해야 할 것이다. 이 세상은 탐욕이 넘치지만 그것의 폐해를 해결하려는 사람은 드물다. 아무리 대학이 자본주의와 신자유주의 물결에 편승하더라도 면접관은 이상을 꿈꾸는 교수이고, 대학에서 요청하는 올바른 인재상은 자기만 잘 먹고 잘사는 사람이 아니라 많이 배워 남에게도 도움을 주고, 세계 평화에 이바지하는, 그리하여 우리 사회의 부조리를 해결하고, 가난한 사람들에게도 살 길을 찾아주는 사람이다. 그것이 자신의 신념으로 자리 잡지 못하는 한 자기소개서와 자료를 연결하는 어떤 내용도 담기 어렵다.

1. 첫 문장부터 면접관을 사로잡을 만한 명제를 던져라.
2. 짧은 문장으로 주술관계를 명확히 하라.
3. 서술어를 줄이고 이어지는 문장에서 같은 주어를 반복하지 말라.
4. 질문에 대한 정확한 답을 쓰도록 노력하라.
5. 이야기를 일관성이 있게 진행시켜 하나의 성격을 떠올리게 하라.
6. 단점이나 역경을 드러내고 그것을 극복해 감동을 선물하라.

자기 자신의 성적을 올리기 위해 자기 주도적으로 노력한 일, 학교에서 가장 의미 있는 활동, 협동심을 통해 조별, 동아리별, 학급별 리더십을 보인 사례, 남을 위해 나눔과 배려를 실천한 일은 자기소개서의 중요한 내용이다. 더욱이 자신의 주어진 환경을 극복하는 일은 더할 나위 없이 중요하다. 이런 내용을 실천하지 못한 학생은 쓸 말이 없을 것이다. 하지만 인헌고의 경우에는 입학하기 전 오리엔테이션이나 1학년 때부터 이런 내용에 대해 알려주었고, 다양한 학교 활동에 참여한 아이들은 적어도 쓸 말이 없어서 쩔쩔매는 경우가 없었다. 수업 시간에 발표를 하고, 토론하고, 멘토링을 통해 자기보다 어려운 아이들을 가르쳐 본 아이들은, 그런 활동이 더 큰 자신감을 주고, 공부에 대한 동기부여가 되었다고 쓰면 된다. 또 미리 대학 학과 홈페이지를 방문해 학과 탐색을 하고, 거기서 무엇을 배울지, 대학 들어가면 어떤 활동을 할 것인지 생각해 본 아이들은 학업계획서를 작성할 수 있다. 또한 역경 극복일지를 써보고 어려운 가정환경이나 성적이나 친구 관계에서 힘든 일을 극복한 아이들은 쓸 이야기가 많다. 다만 그것을 어떻게 효과적으로 담느냐가 중요하다.

글을 쓰면 친구들에게 읽어주고, 가족이나 가까운 선생님에게 지도받는 것도 중요하다. 왜냐하면 아이들의 문장은 제대로 쓰여진 경우도 드물고, 그것이 효과적으로 잘 표현된 경우는 더욱 찾아보기 힘들기 때문이다. 학부모는 아이가 놓친 것을 더 잘 찾아냈다. 또 선생님의 도움을 받으면 적어도 표절 의혹을 받지 않으면서도 어지간하게 안정된 글쓰기를 보여주었다. 여기서 가장 중요한 전반적 맥락을 첫 문장에 쓰게 하고 마지막 문장에도 첫 문장에 쓴 문장을 다시 반복해서 쓴다는 마음으로 글 전체의 통일성을 이루도록 지도하는 것이다. 그리고 가능한 한 1,000자 정도의 글쓰기라면 거기에 두세 개의 활동을 효과적으로 담아야 한다. 그러자면 300자~500자로 하나의 활동을 적어야 한다.

더욱 중요한 것은 자기소개서에 학생부 내용이 절반 정도는 들어가야 한다는 사실이다. 이미 학생부 자체가 중요한 '공문서'가 되고 있는 마당에 자기소개서가 그것을 정리하고 중요한 것을 다시 확인하는 내용이 되어야 했다. 학생부가 20~30장이 넘는 아이들의 경우에는 어떤 대학이건 그것을 정리해내기가 쉽지 않을 터였다. 그러면서 그런 활동을 이끌어간 정신적 힘을 자기소개서 서두에서 드러내면 대학 면접관을 호감을 갖고 읽게 된다.

포트폴리오(제출 자료)도 크게 보면 자기소개서의 연장이다. 이 경우에는 특히 3~10개 사이의 활동을 목록표에 적어내고, 그것을 A4 용지 10~30장 정도로 제출하게 된다. 여기서 단순히 상장이나 기록물을 원본 그대로 복사해서 내는 것은 자료의 효과를 보여주기 어렵다. 그것을 통해 제출한 자료가 어떤 의미를 지니는지, 지원자의 장점이 시각적 효과를 얻으며 부각되어야 했다. 따라서 자료 또한 큰 주제, 혹은 전체를 아우르는 제목이 있어야 했다.

"자기 세계를 만들고자 노력하니 세계가 다가왔다!"

이런 정도의 내용이면 어떨까? 내가 진로에 대한 의지를 가지고 노력하고, 소외된 이웃과 가난한 사람을 위해 살겠다는 뜻을 품고 학교 활동을 실천하니 무엇을 해야 하는지 알게 되었고, 자기 목표가 생겨 어떤 힘든 일도 즐겁게 할 수 있었다는 정도의 이야기. 그런 제목으로 자신의 이야기를 5~10개 정도로 나누고, 그것이 전체적으로 하나의 정신으로 연결되도록 할 때 감동이 온다.

여기에 덧붙여 사진을 잘 활용할 수 있다면 더욱 좋다. 사진과 활동을 연결시킬 때 서류 심사자가 훨씬 더 좋은 인상을 받게 된다. 서류를 나열하기보다 서류를 증명할 수 있는 사진 자료를 활용해 자신의 소감을 쓰고 그것을 효과적으로 표현해내는 장치를 만들어야 한다. 다시 말해서 포트폴리오는 사진을 활용한 자기소개서라고 보면 된다.

인헌고에서 포트폴리오 만드는 훈련은 1학년 때부터 지속적으로 시도되었다. 그것이 반드시 진로와 전공과 관련된 내용일 것,

사진을 첨부한 전문가 인터뷰를 집어넣을 것, 자신의 활동을 하나의 이야기로 만들 것 등은 대회에 제출하기 전의 유의 사항이었다. 아이들은 '마을의 달인 찾기' 대회, '롤모델 노트' 대회, '진로탐색' 대회, 'NIE' 대회, '멘토링 일지' 대회, '봉사 활동 일지' 대회 등을 통해서 자료를 만드는 데 익숙해졌다. 자료란 만들어 본 자만이 잘 만들 수 있다. 그리고 선배들이 만든 것을 한 번이라도 보게 되면 더 좋은 자료를 만들었다. 전문가를 인터뷰하고 전문가가 추천한 책을 읽고 소논문까지 쓰게 되면 한 학생의 포트폴리오는 완성된다.

2. 사전 예상 질문을 날카롭게

　면접은 1차에 합격한 학생들이 뚫는 최종 관문이다. 지원자는 대학 면접관의 날카로운 눈을 통과하며 신뢰를 주어야 할 소명을 지니고 있다. 따라서 면접을 받으러 갈 때가 되면 짧았던 치마 길이가 원상태를 회복하고 머리도 단정해진다. 태도는 말할 나위 없이 온순해지고 머리 색깔이나 화장도 원상태로 돌아와 모범생이 된다.

　입학사정관 중심 진학 대비 방법에서, 마지막 준비 작업에 해당한 것은 구술 면접 연습이다. 면접에 익숙하지 않은 학생들은 당황하기 쉽고 면접관 앞에서 버벅거리고 온 아이들은 눈물을 내쏟기 일쑤다. 면접관이 어떤 질문을 할지는 아무도 모른다. 그렇다면 그것을 어떻게 준비해야 할까? 단순히 대학 면집관 앞에 서는 자세와 태도만으로는 부족하다. 면접관을 감동시킬 정도로 당당한 태도를 보여야만 합격 소식을 들을 수 있다. 그런데 아무리 발표를 잘하는 아이들이라고 하더라도 맨 처음 면접에 응할 때는 당황하기 마련이다. 면접의 형태도 소양면접과 심층면접, 토론면접 등 다양한 면접이 있다. 학생부와 자기소개서, 그리고 제출 자료들이 학생들을 거르는 1차 평가 자료라면, 구술 면접은 그것을 확인하며 2차로 거르는 역할을 한다. 입시에서 입학사정관들이 마지막으로 응시생들에 대한 여러 판단을 실로 꿰는 일이 구술 면접이다.

구술 면접은 입시의 꽃인 만큼 그것을 준비하기까지 많은 노력이 필요하다. 적어도 자신이 지망하는 대학이나 학과에 대한 상식 이상의 이해를 지니고 있어야만 한다. 또한 자신이 제출한 학생부 어디에서 질문이 나올지 예상해야 한다. 입학사정관은 학생부 기록이 믿을 만한지 알아보기 위해서 학생부에 기록된 토론 내용, 독서 활동 등에서 의심이 갈 만한 내용을 질문할 가능성이 높다. 이때 사전에 대비책을 세우지 않은 학생들은 당황할 수밖에 없다. "네 창의성을 설명해 보라."와 같은 질문도 답변하기 어렵지만, 아무런 의미도 없는 듯이 툭툭 내던지는 질문은 답변하기 더 어렵다.

3학년 1학기로 마감한 학생부를 보며 지도교사는 학생부에서 나올 수 있는 질문을 10가지 정도 찾아낸다. 다음의 내용은 내가 면접 준비를 지도할 학생의 학생부를 보며 끄집어낸 질문이다.

1. 김△△(교육대학 지원자)

― 스터디 그룹 활동과 멘토링을 통해서 느낀 점이 무엇인가?

― 3학년 때 '인헌Economic'에서 어떤 활동을 했나?

― 일일 교사 체험으로 배운 것이 무엇인가?

― 자율 동아리 '학교의 눈물'에서 각 나라의 교육정책을 비교했다고 하는데, 어느 나라 교육 방식이 가장 우수한 것 같은가?

― 우리나라 진로교육의 가장 큰 문제점이 무엇인가?

― 교수 인터뷰는 어떻게 하게 되었나?

― 가장 기억에 남는 봉사 활동은 무엇이고, 그것을 통해 무엇을 배웠는가?

―『공부의 달인 호모 쿵푸스』(고미숙, 2012)를 통해 무엇을 배웠는가? 〈에밀〉(장 자크 루소), 『꼴찌도 행복한 교실』(박성숙, 2010), 『교사의 도전』(사토 마나부, 2013)의 내용을 물을 수도 있다.

― 오픈스페이스를 통해 얻은 것들이 무엇인가?

2. 이△△(교육학과 지원자)

― 자기주도학습상과 그와 관련된 것들에 대한 설명해 보라.

― 많은 활동을 했는데 자신이 행한 학교 활동에서 가장 기억에 남은 것은?

―『교사와 학생 사이』(하임 기너트 지음, 신홍민 옮김, 2003), 『비폭력 대화』(미셜 로젠버그 지음, 캐서린 한 옮김, 2011)에 대해 설명해 보라.

- 〈1984년〉(조지 오웰), 〈좁은 문〉(앙드레 지드), 〈파우스트〉(요한 괴테)를 읽었다고 하는데, 괴테에 대해서 설명해 보라.
- 우리나라 교육의 딜레마가 무엇이라고 생각하나?
- 200시간이 넘는 봉사 활동을 했는데 가장 의미 있는 활동은 무엇이었나?
- 멘토링이나 스터디 그룹을 통해 무엇을 배웠는가?
- 영어 성적이 너무 뒤처진다고 생각하지 않나? 영어 공부가 필요 없다고 생각했나? 글로벌 리더로서의 가능성을 가졌는가?

3. 조△△(사학과 지원자)
- 무단 지각이 19차례다. 지원자의 성실성에 대하여 말해 보라.
- 국립중앙박물관과 서울역사박물관, 정동의 역사박물관을 견학했다는데, 그것들은 무슨 차이가 있나?
- '경교장'은 무엇을 하는 곳인가, 또 거기서 무엇을 생각했는가?
- 손은미 학예사를 인터뷰하면서 어떤 일을 하고 싶다고 생각했는가?
- 4·19의 역사적 의의를 알게 되었다고 적혀 있는데, 그것과 촛불 시위가 어떻게 다른가?
- 이이화의 『한국사 이야기 1: 우리 민족은 어떻게 형성되었나』(1998)를 읽고 느낀 점을 설명하라.
- 교내 상을 받은 다큐 감상 글은 어떤 내용이었나?

— '학교 디자인 봉사부' 활동을 통해 학교 벽화를 그렸다는데, 그것을 통해 무엇을 배웠는가?

— 〈햄릿〉에서 "누구냐? 거기 누구냐?"가 '정체성'에 대한 물음이라고 했는데, 그것이 무슨 뜻인가?

— 아날학파와 에릭 홉스봄에 대해 말하라.

4. 손△△(경찰행정학과 지원자)

— 학급 회장, 부회장을 몇 차례 했는데, 자신의 리더십에 대해 설명하라.

— '리더의 언어'를 깨달았다고 적혀 있는데 그 의미가 무엇인가?

— 경찰을 꼭 해야 할 인성을 갖추었는가?

— 카프카의 〈변신〉이나 〈심판〉 등을 읽고 토론했다고 적혀 있는데, 그것을 읽은 소감을 말하라.

— 뒤르켐이나 베버와 같은 사회학자들이 어떤 역할을 했는가?

— 음성 꽃동네 봉사 활동을 통해 느낀 점이 무엇인가?

— NIE 일지, 뉴스 스터디 일지에서 무엇을 조사했고 무엇을 배웠는가?

— 올해 가장 인상적인 뉴스를 말해보라. 거기서 알게 된 사회 문제와 그것을 해결할 방안을 말해 보라.

— 도정일, 박원순의 『다시 민주주의를 말한다』(2010)에서 무엇을 배웠는가?

— 경기대 민수홍 교수를 인터뷰하면서 배운 것을 말하라.

이런 정도가 되면 학생부에 대한 질의응답은 충분히 되는 셈이다. 그런다고 질문이 다 끝난 것은 아니다. 학과마다 각기 다른 질문 유형이 있고, 최소한 학과 관련 전공 서적에 대한 질문이 남았고, 그 분야의 전문가에 대한 질문이 계속된다.

아이들이 답변하기 곤란할 내용만 찾아서 질문하니 말을 잘하는 아이들도 쩔쩔 맨다. 때문에 자신의 약점에 대해 다시 한 번 생각하고 보완할 장치를 마련하게 된다. '봉사 활동'란에 미심쩍은 내용이 적혀 있으면 그것에 관해 질문하고, 어떤 질문에 지원자가 주저하거나 당황하는 모습을 보이면, 더 집중적으로 그 분야에 대해 질문을 한다. 처음에 아이들은 당황해서 울음을 터뜨리는 경우도 있지만 차츰 적응되면 자기 나름대로 준비 방법을 찾아온다. 어떤 아이는 면접 노트를 만들어 50개 이상의 질문에 어떻게 답변할 것인지 대비한다. 학생부에서 사소한 기록까지 사실성을 확인하는 질문을 하면서, 면접관은 자기소개서 내용에 대해서도 다양한 각도에서 질문해 그것의 진위를 밝히게 한다. 면접관이 묻는 것 이상으로 자신을 드러내지 못할 때 더 혹독한 지적을 받는 것이 구술 면접 연습이다. 큰 목소리와 자신감 넘치는 태도를 보이지 않는 한, 계속해서 지적을 한다. 그러면 아이들은 그것을 고치기 위해 저희끼리 모여 질문하고 답변하는 연습을 한다.

구술 면접 연습에서 마음가짐과 태도

〈마음가짐〉

- 학생부와 자기소개서의 내용은 완벽하게 알고 있어야 한다.
- 지원 대학, 지원 전형, 지원 학과의 특성에 맞는 준비를 하자.
- 자신을 한 문장으로 표현할 멘트를 정하자. "A대에서 더 큰 '나'를 찾고, 우리나라에서 더 큰 A대를 찾아낼 ○○○입니다." 역설적 표현, "마음만은 우리나라에서 최고 부자인 ○○○입니다."
- 동영상을 찍거나 거울을 보면서 연습하자.
- 기출문제로 대비하고, 인터넷 면접 후기와 수험생 카페 등에서 예상 질문을 뽑아보자.
- 복도에서 대기할 때에도 다른 수험생과 조용히 이야기를 나누며 지나가는 면접관에게 목례를 하자. 면접관이 대기실의 수험생의 태도도 관찰한다.
- 중언부언 실수를 하게 되면, 면접관에게 정중히 양해를 구하고 "다시 한 번 정리해서 말해도 되겠습니까?"라는 식으로 풀어나가자.
- 자신이 잘 모르는 질문이더라도 쉽게 포기해서는 안 된다. "교수님, 힌트 조금만 주시면 안 될까요?", "질문을 이해하지 못했으니 다시 한 번 설명해 주세요."와 같은 추가 질문을 해서라도 성실히 답변하려는 자세를 보이자. 면접의 적극적인 태도가 높은 평가를 받을 수 있다.

〈태도〉

- 단정한 복장, 바른 태도는 기본이다.(교복 착용): 노크
  하고 들어와 목례를 한 뒤, 면접관 앞 의자 쪽으로 걸어
  가 자기를 규정지을 수 있는 멘트를 한 뒤 90도 각도로
  인사를 한다.
- 시선은 면접관의 얼굴을 향해야 한다.
- 면접 도중 입 움직이기, 혀 내밀기, 다리 떨기, 머리 흔
  들기, 손톱 뜯기 등을 삼간다.
- 답변은 표준어를 사용하며 발음을 명확하게 한다.
- 집단 면접을 할 경우에 본인의 답변이 끝난 후에도 바
  른 자세를 유지하고 있어야 한다.

  특히 전공 관련 질문은 그 분야의 독서와 활동에 대한 확인이라서
어려운 질문을 한다. 따라서 전공에 관한 책이나 논문을 읽지 않으
면 답변하기 어려웠다. 그래서 아이들은 예상되는 질문과 전공 관
련 전문가와 롤모델을 정하고 그에 따르는 지식을 습득하기 위해 노
력했다. 아이들은 구술 면접 연습을 하면서 자기가 지원하는 대학
이념에 대해서도 숙지하고 그 이상에 맞는 사람이 누구일지, 어떤
자세로 어떤 일을 해야 할지 판단하게 했다. 이런 과정을 거치는 과
정에서 아이들은 자신이 목표한 대학에 합격하기를 더 간절히 소망
했다. 그리하여 마침내 자기가 소망하는 대학에 합격했을 때 그 아
이는 세상을 다 얻은 것 같은 기쁨을 누렸다. 그리고 그런 아이들은
자기 대학 설명회를 하기 위해 찾아와 후배들에게 귀감이 되었다.

3. 실제 구술 면접의 개괄적인 모습

구술 면접 대비반에서 하는 일은 정해져 있다. 먼저 아이들에게 자기 멘트를 붙이게 했다. 그것은 면접관을 지원자의 페이스로 끌어오기 위한 장치이다.

"안녕하십니까? 대한민국 행정을 새롭게 디자인하고
싶은, 행정학과를 지원한 ○○○입니다!"

이렇게 멘트를 하면서 자리에 앉으면 면접관은 응시생의 관심사를 한 문장으로 정리하면서 그에 대해 질문하게 된다. 우리나라 행정에 무슨 문제가 있나요? 그런 질문이 나온다면 그것은 응시자가 미리 준비한 것을 답변할 수 있는 기회가 된다. 거기에 자기의 공부와 재능, 이상을 뽐낼 수 있게 된다. 그런 점에서 첫 멘트는 면접관의 함정에 말리지 않고 지원자의 페이스를 찾을 수 있게 한다. 그러면 소양 면접으로 들어가 보자.

"어떻게 해서 우리 학교에 들어올 생각을 하게 되었지요?"
"이 전공을 선택한 동기가 무엇입니까?"
"꼭, 우리 학교여야 하는 이유가 있어요?"

처음에 당황하던 아이들은 이제 정신을 차리면서 이런 질문에 술술 자기 이야기를 하게 된다. 그런데 면접관이 이상한 질문을 한다.

"우리 학교 몇 번 와 보았어요?"

조금 심한 경우에는, "우리 학교에 뭘 타고 왔어요?" 하고 묻는다. 그러면 어떤 아이는 "두 번 왔어요." "버스 타고 왔어요." 하고 단답형으로 대답한다. 나는 면접 연습 시 그런 학생에게 주의를 준다. 면접관이 그런 답변을 들으려고 질문한 것은 아닐 터였다. 주로 15분 동안 진행되는 면접에서 지원자가 질문 하나에 엉뚱하게 답변한다면 그것은 지원자가 자기를 드러낼 수 있는 기회 하나를 잃는 꼴이 되고 만다. 다만 면접관이 피로해 간단한 질문을 했을 뿐이다. 그래서 이런 질문에도 자신이 지원한 대학에 대한 이미지, 혹은 그 대학의 이념과 그것에 맞추어 준비하게 된 과정, 그리고 그 대학에 들어오고 싶은 간절한 소망 같은 것을 함께 이야기하게 했다.

"저는 ○○대학 △△학과에 대해 홈페이지를 몇 차례 방문해 커리큘럼을 살펴보고, 교수님들이 무엇을 가르치고, 제가 어떤 강의에 흥미가 있는지 살펴보았습니다. 저는 ○○○교수님과 △△△선배님을 합격하면 꼭 찾아 뵙고 싶습니다. 저는 오늘까지 세 번째 ○○대학을 방문했습니다. 오늘도 미리 한 시간 일찍 도착해 대학 캠퍼스를 거닐면서 미래의 우리 학교에 대한 벅찬 느낌을 확인했습니다."

적어도 이런 정도로 답변을 하면 면접관도 그 준비가 밉지 않게 보일 것이다. 그런 뒤에 많은 독서 활동 중에서 읽지 않은 것으로 여겨지는 책이 있으면 그에 대해 질문하고, 봉사 활동에서 수상한 점이 있으면 그것에 대해 집중적으로 파고 들어갔다. 1학년 때 무단 지각이 왜 많으냐고 질문하면 아이는 거의 절망에 빠지게 된다. 하지만 그럴 때일수록 정신을 차려야 하고, 솔직하게 자신의 잘못을 인정한 뒤, 고학년에 올라갈수록 더 열심히 살아오게 된 것을 이야기하게 했다. 또한 교과별 세부 능력 평가에 적힌 내용을 지목해 질문한다.

"수업 중에 이런 것을 발표했는데, 이게 무슨 의미지요?"

이럴 경우에도 "생각이 잘 나지 않는데요."라고 말해서는 안 된다. 그것을 가르치고, 발표 수업을 하게 한 교사의 입장까지 설명할 수 있어야, 학생과 학교에 대한 신뢰감을 줄 수 있다. 학생부에 기록된 아주 사소한 내용까지 확실히 꿰뚫고 있어 그에 관한 어떤 질문이 와도 시원스럽게 답변해야 한다. 다시 말해 학생부와 자기소개서에 씌어 있는 내용 중에서 의미 있거나 비중 있는 내용을 찾아내어 그에 대한 답변 훈련을 해야 한다. 에밀리 브론테의 소설을 읽었다고 적혀 있으면 그것을 읽고 무엇을 느꼈는지 주인공 이름은 무엇이고 작가는 어떤 위치에 있는지 설명할 수 있어야 한다.

"당신의 창의성에 대해 설명해 보세요."

이런 질문을 받으면 준비되지 않은 상황에서 패닉 상태에 빠진다. 그냥 학교 수업에만 열중했고, 보통 아이들과 마찬가지로 활동했다면 더욱 그렇다. 하지만 누구라도 아이디어를 가져보지 않은 사람이란 없다. 그리고 누구나 대단한 창의력을 가진 것이 아니라 뭔가 주제가 주어지면 그것을 일반화시킨 뒤, 그것을 변화시키거나 발전시킬 방안을 찾아낸, 그런 수업 방식에 매료된 이야기를 해야 한다. 그런 수업에서 그것도 조별로 친구들과 의논해 더 나은 아이디어를 찾아낸 경험을 말한다면, 어떤 대회에서 상을 받은 것보다 훨씬 더 훌륭한 답변을 한 것이 된다. 수학 문제를 엉뚱한 방법으로 풀어낸 것, 영어 단어를 외우는 독창적인 방법, 좋아하는 현대시를 모방하면서 패러디한 시를 쓴 것 등을 말해 볼 수도 있겠다.

"왜 그런 봉사 활동을 했나요? 힘들지 않았어요?"

이런 질문을 받으면, 음성꽃동네 봉사 활동에 가족과 함께 갔다는 것, 처음에는 장애인들을 씻어주는 일이 너무 힘들었지만, 힘든 봉사 활동 가운데 쾌감을 느꼈다는 것, 그리고 건강하게 낳아준 부모님에게 고마움을 느꼈다는 것, 그래서 세상에 나가면 그런 사람들을 위해 더욱 열심히 살겠다는 것을 이야기하면 된다. 봉사 활동을 함으로써 그런 정도의 의식의 변화가 생겼다고 말해야 하는 것이다. 이런 활동 모두가 훌륭한 세계관을 가진 인간의 모습으로 나타나야 하는 것이다.

한편 전공 관련 심층면접은 적어도 그 분야에서 상식 이상의 지식을 가지고 있으며, 적어도 그 분야에서 뛰어난 사람들의 이름을 몇 사람 정도는 자신 있게 댈 수 있어야 한다. 만약 영문학과를 지원해, "우리나라 문학을 외국에 소개하고 싶은, 영문학과를 지원한 ○○○입니다"라고 소개했다면, 우리나라에서 어떤 작가를 좋아하고, 어떤 글을 영어로 번역할 것인지 설명해야 한다. 또한 영문학을 공부해 문학평론가가 되고자 한다면, "영문학과 출신의 백낙청, 김우창, 도정일과 같은 비평가가 되고 싶은 ○○○입니다" 정도로 말할 수 있어야 한다. 또한 그 비평가들이 어떤 활동을 했는지 설명할 수 있어야 한다.

　이런 연습을 몇 번 하다 보면 이제 아이들끼리 모여서도 제법 진지한 분위기에서 면접 연습을 하게 된다. "에밀리 브론테가 샤롯 브론테보다 뛰어난 점은 무엇이지요?", "셰익스피어의 〈리어왕〉은 왜 그렇게 훌륭하다고 하는 것이지요?" 이런 정도는 너무 앞서 나간 것이지만, 실제로 아이들의 학생부에 에밀리 브론테의〈폭풍의 언덕〉이나 〈리어왕〉을 읽었다는 기록이 있다면 얼마든지 나올 수 있는 질문이다. 그러면 〈리어왕〉과 〈햄릿〉을 비교할 수 있어야 하고, 여기에 소포클레스의 그리스 비극까지 곁들여 설명한다면 면접에서 거의 최고 점수를 받게 될 것이다. 물론 그것은 그런 독서를 이미 했고, 그것들을 다시 정리해 준비한 경우에만 가능한 일이다. 친구들끼리 하는 면접 연습도 이와 비슷한 질문을 하고자 노력한다면, 이제 아무리 어려운 질문이 나와도 순발력 있게 대처하게 된다. 그리고 강조를 하지 않아도 아이들은 모범적인 태도를 취하게 된다. 여자아이들은 머리를 뒤로 묶고, 어떤 사소한 것 하나까지 놓치려고 하지 않는 자세가 저절로 갖추어진다.

　한편 입장할 때 멘트를 했듯이 퇴장할 때의 멘트도 정하면 좋다. 자신을 면접관에게 각인시킬 수 있는 모든 방법을 동원해야 한다.

면접이란 어떤 점에서 형식적으로 어떤 자세를 갖추었는지 살펴보는 방식이다. 면접관에게 주도권을 빼앗기면 어떤 질문이 나올지 전전긍긍하게 된다. 하지만 입장할 때 첫 멘트를 잘하고, 다시 마지막 멘트로서 면접관에게 편안한 웃음을 자아내게 한다면, 이 학생을 가르쳐도 좋겠다는 생각을 하게 된다. 현대는 자기를 표현하는 시대이고, 뭔가 음침하게 자기 생각을 하는 사람보다 환기차고 열정이 넘치는 사람을 좋아한다. 이런 학생을 만드는 일은 학교 교육과정이 전체적으로 뒷받침을 해주어야 하고, 학생 스스로 열정적으로 그런 활동을 할 때만 가능해진다. 따라서 이런 점을 잘 지도하면 학교는 살아나고 아이들은 예절 바를 뿐만 아니라 자기 학교를 정말로 사랑하는 사람이 된다.[1]

---

1. 인헌고의 이런 구술 면접 대비반에 대해 EBS에서도 관심을 가졌다. 제주도의 한 고등학교에서는 여름 방과 후에 아이들을 보내고 교사도 10명이 방문해 배워가기도 했다.

에필
로그

1. 탐욕의 시대를 거슬러
교육이 지향해야 할 현대성

규범에 도전하고 새로운 형식을 찾을 것. 이것이 '현대성'의 핵심적 맥락이다. 교육에서도 마찬가지다. 시대의 흐름에 따라 형식의 변화를 가져와야만 다른 내용을 가르칠 수 있다. 이제 낡은 기계적 틀에서 벗어나 새로운 방식을 찾지 못하면 학습자를 만족시킬 수 없다. 시대의 흐름을 놓친 교사의 이야기에 어느 누구도 귀 기울이지 않는다. 아이들을 '시민'이나 '국민'으로 찍어내는 시대는 끝났다. 그것은 국가가 필요로 하는 이데올로기를 강화하는 시대에나 가능했던 일이다. 아이들 스스로 자기 가치관을 찾아내야지 그것을 강제할 수 있는 시대가 아닌 것이다. 그래서 더욱 새로운 형식이 필요하다. 교육 혁신이 요청되는 이유다.

교육 혁신은 두 가지 방향에서 전개되어야 한다. 하나는 우리

교육의 모순을 바로잡아주는 방향이요, 다른 하나는 시대의 흐름에 맞춰 그것을 제대로 흘러가게 해주는 방향이다. 신자유주의 물결 속에서 우리의 교육은 길을 잃고 있다. 지구촌 시대에 앞서 나가자면, 엘리트가 필요하고 그 엘리트를 키우다 보면 피해 받는 사람도 많을 것이다. 하지만 그 빛나는 청소년기의 아이들이 학교에서 할 일을 찾지 못하고 잠만 자고 있다면 교육을 담당하는 많은 이들이 죄악을 범하고 있는 것이다. 적어도 학교에서 잠자는 아이들을 깨우지 못하는 교육은 '죽은 교육'이다. 교실에서 잠을 자는 아이들은 스스로 역량이 부족한 탓도 있겠지만, 크게 보아 제도의 희생물이고, 작게 보아 일선 현장의 교사들이 직무 유기로 인해 내던져져 있는 것이다. 현재의 문제점을 파악하고, 그것을 고쳐나가면서 이와 함께 미래의 길을 찾지 않는 한, 죽은 교육은 살아나지 못한다.

연봉과 몸값만이 중요한 가치 기준이 되는 시대다. 거기에 승자독식의 이데올로기가 작동하고, 자본의 탐욕이 넘실거린다. 이제 정의와 양심과 도덕과 같은 가치들은 사라졌다. 국가, 이념, 역사 등을 이야기해도 누구도 귀 기울이지 않는다. 모든 정신적인 것은 자본의 장식품에 불과하다. 아이들은 '잘살기' 위해 배우는 것이 아니라 남을 지배하기 위해 교육을 받고, 책상에 엎드려 잠을 자면서도 부자가 되려는 욕망만 키우고 있다. '자유'라는 이름으로 벌어지는 경쟁과 차별의 교육, 해마다 1등에서 60만 등까지 줄을 세우고, 고교를 서열 1위에서 2,500위까지 줄을 세우는 교육은 아이들의 숨통을 막는다. 그래도 그 서열대로 자유를 배급하기 때문에 아이들은 잠꼬대를 하면서도 부자를 욕망한다. 그런데 그 배급이 상위 3개 대학에서 끊긴다면, 그 학벌 사회에서 아이들이 해야 할 일은 무엇인가? 아무리 어른들이, 너만이 그 기회를 잡을 수 있다고, 꼭대기에 설 수 있다고 부추길지라도, 그것은 속임수에 불과하다.

세상은 바뀌었다. 포스트모더니즘을 넘어선 새로운 현대성이 논의되고, 교육계에서도 구성주의를 넘어선 '복잡성 교육'이 논의된다. 근대의 합리주의가 비판되면서 데카르트의 '생각하는 나'를 넘어, 몸과 무의식과 생태 환경까지 포함한 '나'를 찾는 노력이 진행되고, 탈구조주의와 다원주의, 그리고 생태주의가 논의되고 있다. 이것은 개발 중심의 시대를 살아온 사람들이 생각하는 세상과는 완전히 다른 세계가 도래했다는 것을 의미한다. 그런데 교사들이 자기 변화를 꾀하지 않은 채 자기가 대학 다니던 시절만 생각하며 아이들을 가르친다면, 그것은 죄악이다. 자칫 시대에 뒤떨어진 아이들만 양산하는 일이 될 수 있다.

해마다 수많은 대학에서 졸업생이 쏟아지는데 그들은 자기 살길을 잘 찾아가는가? 좋은 대학을 졸업해도 일자리를 구하지 못하는 시대에 이들이 해야 할 일은 무엇인가. 이른바 '인서울' 대학 졸업생 중 10% 정도만 공무원 시험에 통과하거나 대기업의 공채를 뚫을 따름이다. 그리고 그 수치는 계속해서 떨어진다. 그렇다면 치열한 경쟁을 뚫는 방법과 함께 그에 못지않게 이 세상에서 살아

남을 수 있는 방법, 서로 공존하며 살아갈 방법도 알아야 하는데, 우리 교육은 그런 것들을 가르쳐주지 않는다. 아이들이 무한 경쟁 속에 내던져진 채 편법과 아부는 물론, 학연과 지연과 혈연을 이용하고, 자신의 영혼을 저당 잡혀서라도 선두에 서야 한다는 것을 몸으로 익힌다. 그것은 악마의 유혹이다. 승자독식의 구조는 근대의 이념을 지우고, 지배의 논리와 욕망만 판치게 만든다. 자본주의는 다시 그 구조 속에 갇힌 어린 학생들에게 속삭인다. "자본과 권력에 저항하지 말고, 억압과 차별에 반발하지 말라. 한 번 사다리를 타고 올라오면 모든 것을 되돌려 받을 수 있다. 그러니 그때까지만 참고 견뎌라." 정말이지 그 말은 〈1984〉에서 빅브라더(Big Brother)가 하는 말이다.

탐욕의 시대다. 실제로 지배의 자리에 올라간 사람은 다른 사람이 올라오지 못하도록 자신이 올라간 사다리를 걷어차 버린다. 다른 이들이 올라오지 못하게 막아야 내가 누릴 게 많아지는 것이다. 이런 세상. 정의감과 공동체 의식이 사라진 사회에 욕망만 판친다. "부자 되세요." 그 시스템을 교묘하게 선전한다. 그 말을 들으면 누구나 부자가 될 것 같다. 하지만 강남 사람만 부자가 된다. 그들만 좋은 대학에 들어가고, 그들만 부모의 일을 물려받는다. 이렇게 말한다고 누가 부정할 수 있는가. 서울대 김세직 교수의 논문에 따르면, 서울 25개 자치구 가운데 강북구에서는 2014년도 서울대 합격생이 학생 100명당 0.1명 배출됐지만 강남구에서는 100명당 2.1명이 나왔다.[1] 말하자면 사는 동네에 따라 명문 대학을 들어가는 게 21배의 차이가 생기는 것이다. 이어 김 교수는 서울 일반계 고등학교에서는 100명당 0.6명이 서울대에 합격했지만 외고와 과학고에서는 각각 100명당 10명, 41명이 선발된 것으로 분석했다. 어느 학교를 선택했느냐에 따라서 명문대를 가는 것이 17배에서 70배에 이른다는 것을 알 수 있다. 이런 현실에서 일반고 아이들에게 일류가 되라, 부자가 되라고 권한다면 이는 얼마나 큰 난센스인가.

'한 명의 빌 게이츠가 수백만 명을 먹여 살린다.'라는 말로 수월성 교육을 옹호하는 이들이 많다. 겉으로는 그럴 듯해 보이는 말이다. 너희도 이 자리에 올라와 보아라, 그들은 그렇게 요구한다. 하지만 이미 사다리는 사라졌다. 올라간 아이들은 풍요를 누리지만 그렇지 못한 아이들은 잠만 잔다. 그렇다고 잠자는 것이 편한 것도 아니다. 고등학교 시절은 15~18세 전후의 빛나는 청춘이다. 알아야 하고 즐겨야 할 일이 그렇게 많건만, 교실을 어둡게 하기 위해 커튼을 내려놓고 무기력 상태, 아니 무중력 상태에 빠져 잠만 잔다. 그래도 그들은 사다리를 올라타야 한다고 잠꼬대를 하고 있다. 이 슬픈 현실. 그 잠자는 아이들을 그대로 두는 것은 시대의 죄악이다. 그들에게 그들의 청춘을 돌려주어야 한다. 공부하기 싫으면 맘껏 도전하고 맘껏 뛰어놀게라도 해야 한다. 그런데 그 아이들이 지옥에 영혼을 저당 잡힌 채 연체동물처럼 쓰러져 책상 위

---

1. 김세직, 경제논집, 『국민일보』, 2012. 8. 14

에서 자고 있다. 학교는 그 아이들에게 무슨 역할을 했는가. 지배의 구조를 내면화시키면서 아이들의 저항권까지 빼앗지 않았는가.

이제야말로 발상의 전환이 필요하다. 죽음의 교육에서 삶의 교육으로 물꼬를 돌려야 한다. 아이들이 자신의 삶을 찾고, 공동체에서 자기 역할을 찾아야 한다. 학교 공부에 흥미가 없는 아이들은 세상을 여행하고, 읽고 싶은 책이라도 맘껏 읽어야 한다. 그것이 삶의 길로 들어서는 것이고, 이데올로기로부터 해방되는 것이다. 낮은 출산율을 탓할 것이 아니라 자라는 아이들을 잘 키우고 그들에게 희망을 주어야 한다. 그들의 잠재력을 깨워주어야 한다. 이제 교육을 바꿔야만 할 자명한 논리가 만들어졌다. 우리 모두 살아가는 세상을 만들자. 차별을 넘어 해방으로. 이데올로기를 벗어나 자유로. 이것이야말로 우리가 함께 사는 공동체의 이상이다.

다양한 스펙트럼이 존재하는 세상이다. 주체가 권위적으로 자기 견해를 내세우면 그것은 타자를 받아들이려는 것이 아니라 자기 합리화에 불과하다. 현대는 하나의 중심축이 사라지고 다원화된 목소리가 존중받는 시대다. 하나의 입장보다는 다원화된 생각들이 서로 소통하며 합의에 이를 때 창발성이 발생한다. 주체보다 타자, IQ(지능지수)보다 EQ(감성지수), 이성보다 감성, 필연성보다 우연성이 강조되는 세상. 그것들이 결합되거나 앞뒤로 소통될 때 새로운 네트워크가 만들어진다. 따라서 수업에서도 교사의 한 목소리보다는 학생들과 어우러진 목소리들이 중요하다. 세상이 바뀌었으니 가르치는 방식도 달라질 수밖에 없다. 이미 대학의 선발 방식에서도 수능이나 내신 등 정량적 평가만을 고집하지 않는다. 영어 단어를 잘 외우고 수학 문제집을 많이 푼 학생만 뛰어난 인재가 아니라, 조별 수업에서 서로 협력해 자기들의 고유한 견해를 만들어내고, 이러한 과정을 통해 그것과 관련된 공부를 하고, 나아가 그것을 발전시켜 전공과 관련된 자기 공부를 시작한 아이를 뛰어난 인재로 인정하는 것이다. 사교육의 힘으로 영어, 수학 성적을 올린 아이보다 자기주도학습을 통해 창의성을 갖추게 된 인재를 더 선호하겠다는 것이다.

함께 모여 사는 세상이 아름답다. 세상은 언제나 변하고 언제 위치가 바뀔지 모른다. 누구라도 관계의 그물망에서 어떤 힘의 작용을 받았느냐에 따라서 특정한 지위를 획득한다. 거기서 어느 순간 벼랑으로 떨어질지 아무도 모른다. 관계 속의 매듭은 사실상 주체라기보다 비유적으로 말하자면 무수히 변형될 수 있는 아메바와 같은 것이다. 그것이 나중에 나비가 될지, 물고기가 될지, 사람이 될지 알 수 없다. 그것이 어떤 형태를 띠고, 어떤 종이 되든, 학생은 교사나 다른 이들과의 관계 속에서 다양한 삶을 체험해야 한다. 그래야 새로운 세계, 새로운 우주를 만들 수 있다.

지각과 의식과 환경과의 조화 속에서 만들어지는 그것. 모든 것들과 얽혀 있는 그것은 아메바처럼 꿈틀거리면서 지금도 자기 형태를 만들어가고 있다. 아이들은 그런 존재다. 그렇게 자기 견해를 만들고 자기 삶의 방식을 만든다. 다시 말해 아이들은 관계의 그물망 속에서 자기 스스로를 만든다. 그것은 지상에서 단 한 번도 존재하지 않았던 새로운 통일체이지만, 사회·문화적 흐름 속에서 얼마든지 변형될 수도 있는 그런 존재이다. 아이는 자신의 신체, 학교의 모임, 지역사회의 구성원으로 포개져서 그 속에서 자신의 언어를 찾는다. 그 가운데 자기 역할을 찾고 자기 실천을 하고 자기 자리를 재편한다. 그런 뒤 '공통된 어휘'까지 찾아낸다면 그는 진정한 공동체의 일원이 된다.

인간은 생물학적이며 문화적 존재이다. 그 틀 안에 갇혀 있지만 개별적으로는 끊임없이 창발성을 시도한다. 학생들도 대화를 나누고 놀이를 하면서 자기만의 특성을 찾아내고 주위 환경에 반응하면서 자기 세계를 이뤄낸다. 그것은 다원화된 주체들의 관계 속에서 만들어지는 것이지만, 때로는 마트료시카 인형처럼 포개진 상태에서 나타나기도 한다. 그것들은 포개져 있고, 주름이 접혀 있다. 그것이 때로는 주름을 펼치기도 하는데, 그때마다 쏟아지는 창발성을 보라. 우리 미래의 꿈과 가능성이 모두 거기에 담겨 있다. 그것은 현상과 학문과 담론 사이의 경계를 가로지르며 출현하는 복합적인 무엇이다.

복잡성 교육 옹호론자들은 인간 중심의 사고에서 생태계(혹은 생명체) 위주의 사고로 바꾸고, 모든 의미 있는 것들을 재정의하자고 말한다. 이것은 프랑스에서 일어난 68혁명의 발상과 비슷하고, 또한 포스트모더니즘의 돌풍이 불 때의 상황과도 흡사하다. 그렇다고 해서 의미를 해체하고 부유하는 기표들의 복잡한 양태를 즐기기만 해서 될 일도 아니다. 근대성을 극복의 대상으로만 생각해서는 교육이 사라질 수도 있는 것이다. 또한 우리는 근대성을 제대로 체험하지도 못했다.

우리가 추구해야 할 가치는 여전히 민주적이고 합리적인 것이다. 그것들 위에서 시스템을 구축하고 가치를 실현해야 한다. 이성의 시대가 갔다지만 간 것은 '도구적 이성'일 뿐이지 '진정한 이성'이 아니다. 그것은 우리 주변에 와본 적도 없는 것이다. 말하자면 나르시시즘적인 이성이 아니라 다원성을 옹호하며 타자를 존중하는 이성이 있을 것이다. 어떤 이는 이것만으로도 근대성이 무너져 재앙이 온다고 호들갑떨지만, 다른 어떤 이는 주체의 횡포에서 벗어나 이성을 찾았다고 반긴다. 실제로 과학과 수학, 합리성과 체계성과 같은 것은 우리에게 현대 문명을 이룩한 가장 귀중한 자산이다. 하지만 히틀러와 스탈린의 학살, 그리고 현재 선진국이라고 일컬어지는 나라들이 저개발국에게 저지른 횡포 때문에 근대적 주체의 위상은 성찰을 요구받고 있다. 이제 틀 안에서 서로 짓밟으려는 게임 〈배틀로얄〉과 같은 상황에서 벗어나, 관계의 그물망에서 서로 존중하며 평화를 이루는 방법을 찾아야 한다. 자기 자신의 판단이 소중하다면, 자기 판단을 유보하면서 상대방의 판단도 존중하는, 주체와 타자가 협력하며 대화할 때 진정한 이성은 찾아지는 것이다.

2. 학교 혁신의 틀은 없다

성열관 교수는 혁신학교를 "배움과 돌봄의 책임교육 공동체"라
고 정의한다.[2]

모두 협력해 살아갈 수 있는 공동체를 만들자는 것이다. 그것은
교육에 대한 일반론적인 정의이다. 일반고는 물론 특목고나 자사
고도 거기서 크게 벗어나지 않는다. 거기에 '끼와 꿈'을 장려하는
내용을 보태면 교육부의 정책과도 일치한다. "어울림 속에서 꿈을
키워가는 행복공동체"라는, 인헌고의 학교 이념도 여기서 출발한
것이다. 학교에서 삶의 길을 찾고 배움의 기쁨을 누린다면 그보다
더 좋은 일이 어디 있겠는가? 본시 '혁신'의 틀이란 존재하지 않는
다. 틀이 있으면 이미 혁신이 아닌 것이다. 따라서 언제나 변화 가

---

2. 성열관 · 이순철, 『혁신학교』, 살림터, 2011

능성을 열어둔 채 '공교육 정상화'라는 방향으로 나아가야 한다. 거기에 '혁신'이라는 이름을 붙일 수 있다.

혁신은 고정화된 틀에서 숨 쉬지 못한다. 아무리 사토 마나부의 배움의 공동체, 발도로프 교육, 비고츠키 교육, 핀란드식 교육을 시킨다고 하더라도 그 어느 것을 모델로 선택할 때 '혁신'은 사라진다. 학교 구성원이 그것을 받아들일 준비가 되어 있지 않다면 쓸모없는 것이 되고 말기 때문이다. 교사들은 누구나 자신만의 교육관을 가지고 있다. 물론 그중에는 시대에 뒤떨어진 것도 있고 아이들과 소통되기 어려운 것도 있다. 하지만 그런 경우라고 하더라도 본인이 새로운 교수법을 찾겠다고 나서지 않는 한 그 교사만의 교수법을 존중해야 한다. 시스템을 교체하고, 합의 절차의 민주화를 이뤄내야 하지만, 수업 혁신을 쉽게 이끌 수 없는 것이다. 그것은 어떤 방식이든지 학생들의 호응도가 중요하다. 수준 차가 분명한 구성원들을 만족시킬 방법이라면 그것이 어떤 형태더라도 무방하다. 주입식 수업이건, 문제 풀이식 수업이건, 쪽지 시험을 보는 형태건, 교사가 소신을 가지고 진행하고 학생이 흥미롭게 참여한다면 그것은 성공적인 수업이다. 다양한 시청각 자료를 사용할 수 있지만 그것이 없다고 해서 잘못된 수업도 아니다. 수업 혁신의 방법은 교사 스스로 찾아야 하는 것이지 강요될 수 있는 것이 아니다.

세상에 똑같은 혁신이란 없다. 어떤 아이들에게는 쪽지 시험 방식과 문제 풀이 방식이 필요하고, 다른 어떤 아이들에게는 동기부여를 줄 수 있는 퀴즈 풀이 방식이 좋고, 어떤 아이들에게는 디베이트 방식이 무난할 수도 있다. 교사 개개인의 여건에 따라 자신만의 에너지를 발산하며 수업을 한다면 그것은 모두 혁신 수업이라고 말할 수 있다. 다만 학생의 흥미도와 성취도를 파악하고 시대적 변화에 따른 교육 방식을 찾는 것은 교사 자신의 몫이다. 시대 변화에 적합한 수업 형태를 찾지 못하면 교사 자신이 고생하고 또 아이들의 호응을 받지 못한다. 새로운 수업이 '이오덕' 식이면 어떻고, 옛날 서당 방식이면 어떤가? 그것이 아이들에게 정신적 성숙에 기여한다면 그것으로 충분하다. 교사들이 자신의 교육관으로 아이들과 어우러져 새롭게 소통할 방법을 찾아내면 그것이 혁신이다. 그래서 새로운 소통을 부추길 장치만 마련되면 된다. 요즈음에는 학부모가 수업 참관을 하는 기회도 많고, 아이들이 일일이 수업 내용을 집에 가서 이야기하는 경우가 많아 소통의 문제로 교사를 피곤하게 할 필요가 없다. 물론 준비된 교사만이 수업 혁신 속에서 혁신의 등불을 켤 수 있다.

혁신의 틀이란 존재하지 않는다. 틀을 강조하다 보면 새로운 것들을 찾아낼 수 없고, 틀 안에서 빠져나오지 못할 뿐만 아니라 자신이 하는 일이 올바른지 판단하지 못한다. 그것이 혁신의 틀이라고 해도 그렇다. 어떤 이는 그것을 도식화해 혁신 스타일로 만들려고 한다. 먼저 교장실을 없애라고 말한다. 그런데 그것을 어떻게 없앤단 말인가? 물론 권위적인 교장이 사라지면 저절로 자율성이 살아날 것이다. 하지만 그런 교장이라도 함께 가야 한다면 같이 갈 다른 방도를 찾아야 한다. 그렇지 않고서 교장에게 적대적으로 대하다가는 문제를 해결하지 못한 채 갈등만 일삼게 된다. 꼭 뜻을 맞춘 교사가 아닐지라도, 같은 노조나 정파가 아닐지라도 함께 갈 수 있다면 함께 가야 한다. 물론 교장이 개방적 마인드를 갖추면 좋겠지만 그렇지 못한 사람들도 많다. 그래도 혁신학교를 받아들인 교장이라면 민주적 절차를 무시할 수 없고, 관리자의 입장에서 경비 사용을 꼼꼼하게 챙긴다고 하더라도, 결국에는 대의에 따를 수밖에 없다. 제도적으로 언제 마련될지 모르는 교장공모제만 기다린다고 해서 될 일은 아니다.

학생인권조례를 강조하며 아이들의 자율성을 극대화하자는 의견도 충분히 토론이 되어야 한다. 아이들에게 마음껏 자유를 누릴 수 있게 하는 것도 좋지만, 아이들 스스로 정한 교칙을 따르게 하는 질서 교육도 필요하다. 그 규칙을 어긴 학생은 저희들이 만든 교칙에 따라 전출이나 자퇴 처리도 할 수 있어야 한다. 아이들에게는 자유도 중요하지만 스스로 공동체를 지키는 의식을 배우는 것도 중요하다. 두발 자유화와 염색을 허용하더라도, 등굣길 교복 착용이나 점심시간에나 어슬렁거리며 나타나는 지각자에 대한 벌점 처리, 핸드폰 사용자에 대한 규제는 더 엄격하게 할 수 있다. 학교에서 네 차례 흡연을 한 학생에게 퇴학시킨다는 규칙이 만들어졌다면, 그 흡연자가 다른 학교로 옮겨가야 하는 불편함을 감내해야 하는 것이다. 아이들에게 무엇이든지 할 수 있게 해야 하지만, 아이들이 성숙한 인격체로 성장해 나가도록 도와야 한다. 그것이 시민의식을 형성하게 한다. 결국 아이들은 피교육자이다. 그 아이들의 요구를 들어주되, 아이들 스스로 자신의 삶의 장, 즉 공동체를 만들도록 노력하게 해야 한다. 아이들이 하고 싶은 말을 다 하게 한다고 해서 잘 자란다는 법도 없다. 하고 싶은 말을 하되, 말을 멈추는 법도 배워야 한다. 어떤 교사는 엄격하게, 다른 어떤 교사는 보다 유연하게 대하되, 규칙에 대해서는 합의한 대로 따라야 하는 것이다.

학년제에서 한 학년의 담임들은 한 교무실에 모여 있다. 담임교사는 다른 반 담임과 의논하며 형평성을 맞추어 규칙을 적용하고 개별적 상담 시간을 늘리게 된다. 학급 운영이 힘들어진 세상이지만, 업무 중심의 부서에서 많은 일들을 부장과 기획이 도맡아서 하게 된다면, 담임은 상담과 관리를 포함한 학급 운영에 보다 많은 에너지를 쏟게 된다. 사실상 그것은 2월 신입생 오리엔테이션부터 시작될 수 있고, 학년별로 학급 간 장기 자랑 대회 같은 것을 학년 주관으로 열 수 있게 한다. 그럴 때, 얻게 되는 효과는 말로 표현할 수 없다. 그렇다고 학년 담임과 부서 업무의 경중을 따지기 어렵다. 담임교사의 역할이야 끝이 없을 뿐만 아니라, 두 달에 한 차례 정도 아이들 상담을 하지 않으면 학년제에 충실했다고 말할 수 없다. 또한 아이의 진로와 생활지도에 도움을 주지 못한 채 업무 담당 교사에게만 과중한 일을 시키는 것이 될 수도 있다. 따라서 담임교사를 업무에서 해방시키되 업무를 맡은 교사와 다른 역할을 수행하는 장치를 마련해야 한다. 그럴 경우 학교에서 편안하게 지내는 교사는 한 사람도 없게 된다.

어떤 이는 혁신학교에서 교내 수상을 없애야 한다고 말한다. 이런 말은 시대에 뒤떨어진 견해다. 어찌 하나의 틀에만 맞추려고 하는가. 대학에서 교외 경시대회 수상 경력을 학생부와 자기소개서에 적지 못하게 하고, 이제 교내 대회 수상 경력만으로 학생을 평가하겠다고 했을 때, 교내 수상을 줄이면 아이들 대학 가는 길을 막는 꼴이 된다. 따라서 되도록 상을 주지 말자는 말은 입시를 포기하자는 말과 다를 것이 없다. 그렇다면 교내 대회에서 자신의 능력을 뽐내게 하되 모든 학생들이 참여할 수 있도록 지도하고, 상을 받지 못할지라도 참가한 학생들에게 혜택이 갈 수 있는 어떤 장치를 마련해야 한다. 그리고 그 내용도 학생부에 기록할 방법을 찾아야 한다. 그것이 진로와 진학에 결정적인 역할을 하게 된다. 교내 대회만 잘 활용해도 입시 준비를 제대로 할 수 있다. 그것이 아이들의 다양한 활동의 정점이 될 때, 그런 기회가 많이 주어질수록 좋아진다. 그뿐만 아니라 고3 때에도 희망 전공과 관련된 동아리를 하게 하고, 소규모 자율 동아리를 더욱 많이 늘려 부족한 전공 관련 독서와 토론 등을 하게 해야 한다. 그 속에서 아이들이 자신의 진로와 전공에 대해 탐색하고 리더십을 키울 수 있게 된다.

한편 혁신학교의 좋은 점은 자꾸 다른 학교에 알려야 한다. 어떤 이는 "남에게 보여주는 학교 운영이 곤란하다"고 말하지만, 다른 학교의 운영 방식도 배우고 자기 학교 운영 방식을 컨설팅 받기도 하면서 서로 좋은 점을 공유해야 발전하게 된다. 하나의 제도가 정착되기까지 무수한 시행착오를 범한다. 그리고 끊임없이 새로운 피를 수혈하고 머리를 짜내고 불가능에 도전해야 시스템이 안착된다. 왜 수업 공개와 수업 컨설팅이 필요하다고 말하면서 보여주는 학교 운영이 곤란하다고 말하는가. 자기 학교 특색을 다른 학교에 보여주고, 또 다른 학교의 모습을 지켜보면서 자기 학교의 특성을 살리는 것이 중요하다.

혁신의 핵심은 '자율성'이다. 그 자율성이 서로 대립되기도 하지만 방향성을 놓치지 않는 것이 중요하다. 자율적이지 않은 민주적 운영은 불가능하고, 신바람 속에서만 수업 혁신은 이루어진다. 교사가 주인 의식을 가지고 자기 학교를 만들고자 할 때, 또는 교사의 기가 살아날 때, 혁신이 가능하다. 그동안 관료주의적 억압 속에서 교사의 자발성은 짓눌려 왔다. 학교가 민주적 절차로 의사를 결정하지 못할 때 교육은 붕괴되고, 좁게는 일반고의 슬럼화 현상이 벌어졌다. 뭔가를 제안해도 시행되지 않을 때 교사의 사명감은 위축되고, 공립 고교에서는 5년만 근무하고 떠나면 된다는 무기력증이 퍼지게 된다. 좋은 아이디어를 장려하고 높이 살 때 학교는 변화된다. 결국 교사의 자발성이 학교를 변화시킨다. 모든 것의 핵심은 교사의 자율성이다. 교사도 자발적으로 학교와 교육과정 운영에 참여해야 자기 역할을 찾게 되고 의욕적으로 가르치게 된다. 자신의 아이디어를 거침없이 내게 되면서 독자적으로 활동하고 그에 대해 책임 의식을 갖게 된다. 그리고 그럴 때 부족한 부분을 채우려는 '공부'를 하게 된다. 그래서 마침내 수업 혁신도 이루게 된다. 학생도 일방적으로 배우는 것에서 탈피해 수업에 참여해야 자기 것을 만들게 된다. 이론적 맥락이야 교사가 설명해야 하겠지만, 많은 것들은 학생 자신의 노력을 통해 찾아내야 한다. 시대를 고민하지 않으면 시대에 맞는 교육을 할 수 없다.

혁신 교육은 '교사, 학생, 학부모'의 3주체가 공동체를 만들자는 것이지만, 본질적으로 가장 중요한 것은 교사들의 영혼을 일깨우는 것이다. 그동안 교육의 역사에서 교사는 언제나 수동적 위치에 놓여 있었다. 교사는 언제나 교육청과 교장이 시키는 대로, 국가가 지정한 교과서에 충실하며 아이들을 가르치면 되었다. 오히려 자기 방식대로 가르치는 교사가 있다면 그는 문제 교사로 낙인찍혔다. 지금도 많은 학교, 수많은 교사들이 수능 중심의 문제 풀이만 하고 있다. 그런데 그것이 가장 훌륭한 교육이라는 믿음을 가진 교사도 적지 않다. 결국 그런 수동성이 교육을 망치고 교사들의 역할을 망각하게 만든 것이다.

교사가 시대의 변화에 대응하는 수업을 만들고 아이들과 호흡하는 교실을 만들게 되면 모든 교육의 문제는 사라진다. 전교에서 1등을 하던 학생이 어려운 과정을 거쳐 교사가 된다. 단군 이래 가장 뛰어난 인재들이 일반고에 모여 있다. 그런데 교육의 관료주의와 권위주의 때문에 교사가 아무것도 할 수 없는 무기력증에 빠지게 만들었다. 그들이 의욕을 가지고 자기 학교를 만들게 하고, 그들의 비판 의식과 상상력을 키워주어야 학교가 발전한다. 정답은 없다. 모든 학교가 다른 형태의 스펙트럼을 펼쳐도 무관하다. 각기 다른 구성원들이 다양한 형태의 교육적 이상을 꿈꾸기 때문에 또 다른 형태의 학교를 만들수 있다면, 그것이 바로 '혁신'이다.

삶과 교육을 바꾸는
맘에드림 출판사 교육 도서

삶과 교육을 바꾸는 맘에드림 출판사 교육 도서

혁신학교란 무엇인가

김성천 지음 / 값 15,000원

교육 공동체가 만들어내는 우리 시대 혁신학교 들여다보기. 혁신학교 전반에 관한 이야기를 다루고 있는 책으로, 공교육 안에서 혁신학교가 생기게 된 역사에서부터 혁신학교의 핵심 가치, 이론적 토대, 원리와 원칙, 성공적인 혁신학교의 모습을 보이고 있는 단위 학교의 모습까지 담아냈다.

학부모가 알아야 할 혁신학교의 모든 것

김성천, 오재길 지음 / 값 15,000원

학부모들을 위한 혁신학교 지침서!
'혁신학교에서는 무엇을, 어떻게 가르치고 있는지, 교사 · 학생 · 학부모는 어떻게 만나서 대화하고 관계를 맺어가는지, 어떤 교육 목표를 지향하고 있는지 등 이 책은 대한민국 학부모들의 궁금증에 친절하게 답을 한다.

덕양중학교 혁신학교 도전기

김삼진 외 지음 / 값 14,500원

이 책의 1부는 지난 4년 동안 덕양중학교가 시도한 혁신과 도전, 성장을 사실과 경험에 기반한 스토리텔링 방식의 성장기로 전개하고 있다. 그리고 2부는 지역사회와 협력하여 펼치고 있는 교육 프로그램, 배움의 공동체 수업 등을 현장 사례 중심의 교육적 에세이 형태로 담고 있다.

학교 바꾸기 그 후 12년

권새봄 외 지음 / 값 14,500원

MBC PD 수첩에 방영되어 화제가 되었던 남한산초등학교.
아이들이 모두 행복하고, 얼굴 표정이 밝은 아이들. 학교 가는 것을 무엇보다 좋아하고, 방학을 싫어하는 아이들. 수업과 발표를 즐겼던 이 학교를 졸업한 아이들이 그 후 12년의 삶을 세상에 이야기한다.

교사는 수업으로 성장한다

박현숙 지음 / 값 12,000원

그동안 교사는 수업에서 아이들을 만나지 못해왔다. 관계와
만남이 없는 성장의 결손을 낳았다. 그리하여 우리 아이들과
교사들은 모두 참 아프고 외로웠다. 이 책에서는 교사, 학생,
학부모, 지역사회가 공동체로서 서로 관계를 맺을 때에만 배움은
즐거운 활동으로서 모두가 성장하는 삶의 일부가 될 수 있음을
보여준다.

교사와 학부모가 함께 읽는 주제 통합 수업

김정안 외 지음 / 값 15,000원

'서울형 혁신학교'로 지정된 7개 혁신학교들이 지난 1~2년
동안 운영한 주제 중심 통합 교육 과정과 수업 사례를 소개한
책이다. 이 학교들의 교육과정은 전국적으로 이루어지는
혁신학교들의 성과를 반영하였고, 자신의 지역사회의 실제
환경과 경험을 살려 실제 수업에 적용한 것이다.

혁신교육 미래를 말한다

서용선 외 지음 / 값 14,000원

혁신교육은 2009년 이후 공교육 되살리기의 새로운 희망이
되어왔다. 이러한 정책을 입안하고 추진하는 데 기여해왔던
6명의 교사 출신 연구자들이 혁신교육 발전에 필요한 정책
과제들을 모아 하나의 책으로 제시한다. 이 책은 교육철학,
교육과정, 교육행정과 학교 운영(거버넌스) 등에서 주요
이슈들을 정리하고 혁신교육의 성과와 과제가 무엇인가를
보여준다.

수업을 살리는 교육과정

서우철 외 지음 / 값 16,500원

최근 교육과정을 재구성하는 논의가 활발한 가운데, 이 책에서는
개별 교과목과 교과서의 형식에 얽매이지 않고 아이들의 발달을
고려하여 주제를 중심으로 교육과정을 재구성하여 통합적으로
운영하는 방법과 구체적인 실천 사례를 설명하고 있다. 이러한
과정은 같은 학년을 맡고 있는 교사들의 토론과 협력을 통해서
이루어진 것임을 이야기한다.

수업 딜레마

이규철 지음 / 값 14,000원

이 책을 관통하는 키워드는 '사람'이다. 저자의 노하우를 전수하는 것이 아니라, 수업 속에서 딜레마에 맞닥뜨려 고통받고 있는 선생님들의 고민을 담고, 신념을 담고, 그것을 이겨내기 위한 한 분 한 분의 마음을 담고 있다. 이런 고민 속에 이 책을 집어 든 나를 귀하게 여기며 다시 한 번 교사로 잘 살아보고 싶은 도전을 하게 한다.

좋은 엄마가 스마트폰을 이긴다

깨끗한미디어를위한교사운동 지음 / 값 13,500원

스마트폰에 대한 아이들의 집착은 대단하다. 스마트폰은 '재미있고 편리하다.' 그러나 스마트폰 때문에 아이들은 시간을 빼앗기고, 건강이 나빠지고, 대화가 사라지며, 공부와 휴식, 수면마저 방해를 받는다. 이 책은 이러한 사례들을 생생하게 소개하고 부모들에게 아이들의 스마트폰 사용에 어떻게 대응해야 하는지 대안을 제시한다.

엄선생의 학급운영 레시피

엄은남 지음 / 값 14,000원

34년 경력의 현직 교사가 쓴 생동감 넘치는 학급운영 지침서. 초등학교에서 아이들은 문자와 숫자를 익히는 것보다 학교와 교실에서 낯설고 모험적인 사건을 겪으면서 더 많은 것을 배운다. 이 책은 초등학교에서 교과서 지식보다 더 중요한 역할을 하는 학교생활과 학급문화를 만드는 데 담임교사의 역할을 다룬다. 교사와 아이들이 서로 존중하고 신뢰하는 관계를 어떻게 만들어야 하는지 구체적인 경험과 사례로 설명해준다.

진짜 공부

김지수 외 지음 / 값 15,000원

혁신학교가 추구하는 '진짜 공부'와 '진짜 스펙'이 무엇인지 보여주는, 졸업생들의 생동감 넘치는 경험담. 12명의 졸업생들은 학교에서 탐방, 글쓰기, 독서, 발표, 토론, 연구, 동아리, 학생회 활동을 통해 자신들이 생각하지도 못한 진짜 공부를 경험했음을 보여준다. 이 책을 통해 수능시험이 아니라 정말로 청소년 스스로 하고 싶은 즐기면서 성장하는 것이 우리 사회에 필요한 것임을 새삼 느낄 수 있다.

수업 디자인
남경운, 서동석, 이경은 지음 / 값 15,000원

서울형 혁신학교의 대표적인 수업 혁신을 담은 이야기. 아이들이 서로 협력하면서 배우는 수업을 목표로 삼은 저자들은 범교과 수업모임을 통한 공동 수업설계를 대안으로 제시한다. 아이들은 교사의 설명을 통해 배우는 것이 아니라 서로 '옥신각신'하며 함께 문제에 도전할 때 수업에 몰입하고 배우게 된다. 이 책은 이러한 수업을 위해서 교사들이 교과를 넘어 어떻게 협력하고 수업을 연구해야 하는지 잘 보여준다.

아이들이 가진 생각의 힘
데보라 마이어 지음 / 정훈 옮김 / 값 15,000원

미국 공교육 개혁의 전설적 인물 데보라 마이어가 전하는 교육 개혁에 대한 경이롭고도 신선한 제언. 이 책은 학교 혁신의 생생한 기록을 통해 우리가 학교에서 무엇을 왜 가르치고 배워야 하는지에 대한 근원적인 성찰을 담고 있다. 아이들이 지성적으로 생각하는 마음의 습관을 배우는 것이 얼마나 중요하고 그것을 위해 학교가 무엇을 해야 하는지를 일깨워준다.

어! 교육과정? 아하! 교육과정 재구성!
박현숙 ·이경숙 지음 / 값 16,500원

교육과정 재구성을 고민하는 교사를 위한 현장 지침서. 이 책은 저자들이 학교 현장에서 교육과정 재구성이라는 화두를 고민하고, 실행한 사례들이 담겨져 있다. 책의 내용은 주제 통합 수업, 교과 통합 수업, 범교과 주제 학습, 교과 체험 학습, 프로젝트 수업 등 학교 현장에서 적용해 큰 성과를 본 것들을 세밀하게 소개하면서 교육과정 재구성 작업의 노하우를 펼쳐 보인다.

행복한 나는 혁신학교 학부모입니다
서울형혁신학교학부모네트워크 지음 / 값 16,000원

이 책은 학부모가 자신의 눈높이에서 일러주는 아이들의 혁신학교 적응기일 뿐 아니라, 학부모 역시 학교를 통해 자신의 삶을 고양시켜가는 부모 성장기라는 점에서 대한민국의 모든 학부모에게 건네는 희망 보고서이기도 하다. 혁신학교가 궁금한 학부모들이 이 책을 통해 혁신학교 학부모로서의 체험을 미리 하는 데 부족함이 없을 것이다.

우리가 신뢰하는 학교, 어떻게 만들 것인가?
데보라 마이어 지음 / 서용선 옮김 / 값 15,000원

이 책의 저자인 데보라 마이어는 보수와 진보를 막론하고 미국 공교육 개혁 분야에서 가장 신뢰받는 실천가이자 이론가로 평가받는다. 학교 안에서 '신뢰의 붕괴'를 오늘날 공교육이 직면한 가장 큰 도전으로 인식한다. 이 책의 원제 'In Schools We Trust'에서 나타나듯, 저자는 신뢰할 수 있는 공교육의 조건이 무엇인지 자신의 경험 속에서 제안하고, 탐색하고, 성찰한다.

교사, 어떻게 살아야 하는가
김성천 외 지음 / 값 15,000원

오랫동안 교육 현장에서 교육과 연구를 병행해온 저자 5인이 쓴 '신규 교사를 위한 이 시대의 교사론'. 이 책은 학교 구성원과의 관계 맺기부터 학교 현장에서 맞닥뜨리게 되는 여러 가지 문제들과 극복 방법, 교육 개혁에 어떻게 주체로 설 수 있는지, 어떤 과정을 통해 개인의 성장을 도모해야 하는지 등 신규 교사의 궁금점에 대해 두루 답하고 있다.

리셋, 교육과정 재구성
서울신은초등학교 교육과정 연구회 모임 지음 / 값 16,000원

서울형 혁신학교인 서울신은초등학교 교사들이 1학년부터 6학년까지 모든 학년의 교육과정을 재구성하고 실천한 경험을 모두 담았다. 이 책에 소개된 혁신학교 4년의 경험은 진정한 학습이란 몸과 마음을 통해 경험함으로써, 생각이나 감정을 다른 사람과 주고받음으로써, 과거 경험을 새로운 지식으로 다시 생각함으로써 실현된다는 점을 잘 보여주고 있다.

다섯 빛깔 교육이야기
이상님 지음 / 값 16,000원

충북 혁신학교(행복씨앗학교)인 청주 동화초등학교의 동화 작가 출신 선생님이 아이들과 함께 보낸 한해살이 이야기다. 이오덕 선생의 "아이들의 삶을 가꾸는 교육"을 고민하던 저자가 동화초 아이들을 만나면서 초등학생의 특성에 맞도록 활동 중심의 교육과정을 재구성하는 한편, 표현 위주의 교육을 위한 생활 글쓰기 교육을 실천하면서, 학교 교육을 아이들의 놀이와 생활, 삶과 연결시키고자 노력한 교단 일지를 바탕으로 구성되었다.

만들자, 학교협동조합

박주희 · 주수원 지음 / 값 14,500원

이 책은 학교협동조합이 무엇인지, 어떤 유형의 학교협동조합이
가능한지, 전국적으로 현재 학교협동조합의 추진 상황은 어떠한지
국내외 사례를 통해 소개하고 안내하는 한편, 학교협동조합을
운영하는 원리와 구체적인 교육방법을 상세하게 풀어놓고 있다.
저자들의 실천적 지침들을 따라가다 보면 학교협동조합은 더 이상
상상이 아니라 학교 구성원의 필요와 의지, 실천으로 극복할 수
있는 실현 가능한 미래라는 점을 알게 된다.

땀샘 최진수의 초등 수업 백과

최진수 지음 / 값 21,000원

초등학교에서 20여 년간 아이들을 가르쳐온 저자가 초등학교
수업에 대해서 기록하고 연구하고 실천하며 쌓아온 경험을
바탕으로 초등학생들과 수업을 함께하는 방법을 담고 있다.
아이들의 학습 동기, 아이들이 수업에 참여하는 방법, 칠판과
공책을 사용하는 방법, 모둠 활동, 교과별 수업, 조사와 발표
등 초등학교 교사가 아이들을 가르칠 때 알아야 할 가장
기본적이면서도 가장 중요한 모든 것을 다루고 있다.

혁신 교육 내비게이터 곽노현입니다

곽노현 편저 · 해제 / 값 17,000원

서울시 18대 교육감이자 첫 번째 진보 교육감으로서 혁신 교육을
펼쳤던 곽노현은, 우리 사회 전반을 아우르는 주요 교육 현안들을
이 책에서 포괄적으로 다루고 있다. 2014년 3월부터 1년간
방송된 교육 전문 팟캐스트 '나비 프로젝트' 인터뷰에 출연한
전문가들과 나눈 대화와 그에 대한 성찰적 후기를 담고 있다. 이
책은 그야말로 우리가 '지금 알아야 할 최소한의 교육 이야기'를
포괄하고 있다.

무엇이 학교 혁신을 지속가능하게 하는가

권성호, 김현철, 유병규, 정진헌, 정훈 지음 / 값 14,500원

독일 '괴팅겐 통합학교', 미국 '센트럴파크이스트 중등학교', 한국
혁신학교의 사례들을 통해 성공적인 학교 혁신의 공통점을
찾아내고 그것을 지속가능하도록 만들기 위해서 필요한 것은
무엇인지를 보여준다. 독자들은 이 책에서 괴팅겐 통합학교의
볼프강 교장이 말한 것처럼 "좋은 학교"를 만들기 위한 학교
혁신에 세계적으로 보편적이라고 할 만한 공통점을 찾을 수 있다.

교과를 꽃 피게하는 독서 수업

시흥 혁신교육지구 중등 독서교육 연구회 지음 / 값 16,500원

이 책은 지난 5년 동안 진행된 혁신교육지구 사업의 일환으로 학교에서 고군분투하며 독서교육을 이끌어왔던 독서지도사들이 실천 경험을 엮어낸 것으로 청소년기 학생들에게 장래 진로, 사랑, 우정, 삶의 지혜를 찾는 데 도움을 주는 독서교육을 잘 보여주고 있다. 특히 이 책에 소개된 국어, 수학, 과학, 사회, 도덕, 미술, 역사 등 다양한 교과와 연계한 협력수업은 독서교육의 새로운 전망을 보여주는 결실이다.

혁신학교의 거의 모든 것

김성천, 서용선, 홍섭근 지음 / 값 15,000원

저자들은 이 책에서 혁신학교에 대한 100가지 질문에 답하면서 혁신학교의 역사, 배경, 현황, 평가와 전망을 구체적인 증거를 통해 설명하고 있다. 이 책에 서술된 혁신학교에 관한 100문 100답을 통하여 우리 사회에 필요한 교육은 무엇인지, 교사와 학생들이 더 즐겁게 가르치고 배우면서 성장할 수 있는 교육을 위해 필요한 것이 무엇인지, 그것을 위해서 우리 사회 시민 각자가 자신의 위치에서 무엇을 하면 좋은가를 더 깊이 생각해볼 기회를 얻을 것이다.

교실 속 비주얼씽킹

김해동 / 값 14,500원

이 책은 비주얼씽킹 기본기부터 시작하여 교과별 수업, 생활교육, 학급운영 등에 비주얼씽킹을 응용하는 방법을 설명하고 있다. 특히 교사들이 초등학교 1학년부터 고등학교 3학년까지 국어, 수학, 영어, 과학, 사회 등 모든 교과 수업에 비주얼씽킹을 활용할 수 있도록 수업 지도안을 상세하면서도 간결하게 제시하고 있다. 또한 독자들이 책 내용에 대해 더욱 풍부한 이미지와 자료를 접할 수 있도록 저자의 블로그로 연결되는 QR코드를 담고 있다.

교육과정-수업-평가 어떻게 혁신할 것인가

이형빈 지음 / 값 15,500원

이 책은 교육과정 사회학자 번스타인(Basil Bernstein)이 제시한 '재맥락화(recontextualized)'의 관점에 따라 저자가 장기간에 걸쳐 일반 학교 한 곳과 혁신학교 두 곳의 수업을 현장에서 면밀하게 관찰하고 심층 인터뷰와 설문조사를 통한 연구를 바탕으로 무기력과 불평등을 재생산하는 교실을 민주적이고 평등한 구조로 바꾸기 위해 교육과정-수업-평가를 어떻게 혁신해야 하는지 제안하는 내용을 담고 있다.

혁신학교 효과

한희정 지음 / 값 15,000원

이 책에서 혁신학교 효과를 살펴보기 위해서 저자는 혁신학교가 OECD DeSeCo 프로젝트에 제시된 '핵심 역량'을 가르치고 있는지, 학생·학부모·교사가 서로 배우는 교육 공동체를 이루고 있는지, 학생의 발달을 위한 다양한 교육과정을 운영하고 있는지, 교사의 자율성과 전문성을 강화하고 있는지, 자치적이고 민주적인 학교문화를 가지고 있는지, 지역사회와 협력하고 있는지를 다른 일반 학교와 비교하여 설명한다.

교실 속 생태 환경 이야기

김광철 지음 / 값 15,000원

아이들이 자연과 친해지고 즐길 수 있도록 교육하는 것은 쉬운 일이 아니다. 특히 도시 지역에서는 더욱 어렵다. 그래서 이 책은 도시 지역 학교에서도 쉽게 실천에 옮길 수 있는 다양한 생태·환경교육을 폭넓게 다루고 있다. 이 책에서 저자는 계절에 따라 할 수 있는 20가지 환경교육 프로그램을 제시하고, 그 방법, 순서, 재료 등을 상세히 설명해준다

이제는 깊이 읽기

양효준 지음 / 값 15,000원

교과서에는 수많은 예화와 발췌문이 들어가 있다. 이런 자료들은 교육부가 교육과정에서 요구하는 기준에 맞춰 어떤 이야기, 소설, 수필, 논픽션 등에서 일부만 가져온 토막글이다. 아이들은 교과서에 수록된 작품이나 이야기 전체를 읽지 못한 상태에서 단편적인 지문만 읽고 이해를 해야 하기 때문에 책을 읽으면서 생각하고 공감할 수 있는 기회와 흥미를 찾을 수 없게 된다. 이 책은 이러한 문제를 개선하기 위해서 한 권이라도 책 전체를 꾸준히 읽어가는 방법인 '깊이 읽기'를 대안으로 소개하고 있다.

인성의 기초가 되는 초등 인문학 수업

정철희 지음 / 값 15,500원

이 책은 아이들의 올바른 인성 교육을 위한 새로운 방법으로서 인문학 수업을 제시하고 있다. 이 책에서 설명되고 있는 인문학 수업은 교사가 신화, 문학, 영화, 그림, 역사적 인물의 일대기 등에서 이야기를 찾아 아이들에게 제시하고, 아이들이 그 이야기에 나오는 여러 문제와 인물 등에 대해 자신의 감정을 스스로 공책에 기록하고 일상의 경험과 비교하고 토의와 토론을 통해 자신의 생각을 발전시키는 수업이다.

수업, 놀이로 날개를 달다

박현숙, 이응희 지음 / 값 13,500원

이 책은 교육계에서 최근 가장 중요한 과제로 삼고 있는, OECD의 여덟 가지 핵심 역량(DeSeCo)에 따라 여러 놀이들을 분류해서 설명하고 있다. "놀이에 내재된 긴장의 요소는 사람의 심성, 용기, 지구력, 총명함, 공정함 등을 시험하는 수단이 되므로" 그것은 학생들의 역량을 키우는 수단이 된다. 이 책의 저자들은 수업이 놀이를 만났을 때 어떻게 핵심 역량이 강화되는지 이야기하고 있다.

더불어 읽기

한현미 지음 / 값 13,500원

이 책은 교사들이 학습공동체를 통해 교직의 전문성과 자율성을 새롭게 발견하며 성장하는 이야기를 다룬다. 우리 사회의 기존 교육 제도는 효율성이라는 명분으로 교사들을 통해 아이들에게 경쟁을 강요하면서 교사들 역시 서로 경쟁하도록 만드는 시스템을 가지고 있다. 이 책에서 저자는 이러한 비인격적인 제도와 환경 아래서 교사들이 교사로서 행복을 되찾기 위해서는 교사들끼리 서로 협력하며 같이 배우면서 아이들과 함께 성장할 수 있어야 한다고 말한다.

땀샘 최진수의 초등 글쓰기

최진수 지음 / 값 17,000원

글쓰기가 아이들에게 필요한 중요한 것이 되려면 먼저 솔직하게 써야 한다. 모르는 것은 '모른다', 잘못은 '잘못이다', 싫은 것은 '싫다', 좋은 것은 '좋다'고 솔직하게 드러낼 때 글쓰기는 아이가 성장하는 디딤돌이 될 수 있다. 그리고 이것은 가르치는 교사에게도 적용된다. 지도하는 사람과 지도받는 사람이 따로 있는 것이 아니라 함께 쓰고 함께 나누면서 서로 성장을 돕는 것이다.

성장과 발달을 돕는 초등 평가 혁신

김해경, 손유미, 신은희, 오정희,
이선애, 최혜영, 한희정, 홍순희 지음 / 값 15,500원

이 책은 교육적 대안을 마련하기 위해 혁신학교에서 지난 5~6년 동안 초등학생의 성장과 발달을 돕는 평가를 실천해온, 현장 교사 8명이 자신들의 지혜와 경험을 모아 놓은 최초의 결실을 담고 있다. 독자들은 이 책을 통해 평가는 시험이 아니며 교육과정과 수업의 연장으로서 아이들의 잠재력을 측정하고 적절한 조언을 제공한다는 원래의 목표를 되살리는 첫걸음을 찾을 수 있을 것이다.